国家自然科学基金青年项目（71902129）；四川省社科规划项目（SC17C041）

促销策略相关理论与实证研究

——从普通促销到参与式促销

曾 慧 著

中国农业出版社
北 京

内 容 简 介

促销作为企业营销的重要手段之一，对企业的产品销售等具有重要作用。国内外学者围绕促销展开了丰富的学术研究，促销策略无论在实践应用上还是理论研究上都受到大量关注。随着移动互联和智能终端的发展，促销方式也悄然发生了变化。本书系统地梳理了促销的研究现状和相关理论，结合营销实践和学术研究，将促销分为普通促销（不需要消费者付出努力，如直接买赠、打折等）和参与式促销（需要消费者付出努力才能获得优惠，如转发朋友圈、关注公众号等），指出了这两类促销的特点及给消费者带来的差异影响。本书首先研究了普通促销对消费者的差异影响，比对了普通促销方式对消费的影响，并考察了相关中介和调节变量；还将促销研究从普通促销推进到参与式促销，考察了参与式促销对消费者参与意愿等的影响，以及顾客参与了这种促销后的反应（如后续推荐意愿和后期“薅羊毛”行为等）。总体来说，本书基于消费者行为理论，通过一系列实证研究较为全面地探讨了普通促销和参与式促销对消费者的差异影响，丰富了促销领域的理论研究，并对未来促销研究方向提供了借鉴意义，研究结论可为企业营销实践，尤其是促销策略的制定提供参考的建议。

前　言

FOREWORD

长期以来，促销是企业提高产品销量的重要工具，也是国内外学者关注的焦点。随着移动互联和智能终端的发展，促销方式也悄然发生了变化。本书系统地梳理了促销的研究现状和相关理论，结合营销实践和学术研究，将促销分为普通促销（不需要消费者付出努力，如直接买赠、打折等）和参与式促销（需要消费者付出努力才能获得优惠，如转发朋友圈、关注公众号等），通过一系列实证研究来考察普通促销和参与式促销对消费者的差异影响。

本书的核心内容包括：首先系统梳理了促销的相关理论与文献回顾，为未来促销和消费者行为的相关研究提供了理论借鉴；其次通过实证研究比较了促销框架（不同促销形式：满送 vs 满减；买一赠一 vs 买两件打五折；打折 vs 买赠；打五折 vs 一元当两元用）对消费者的差异影响，并分别探讨了相关中介变量和调节变量的影响，这部分的促销框架比较研究主要是普通促销方式的对比研究；再次，本书通过系列实证研究来考察参与式促销（需要消费者付出努力的促销）对消费者的影响，分别考察了好评奖励计划和朋友圈分享奖励计划两种需要消费者参与的促销方式对消费者的差异影响及其不同的作用机理；最后，本书还分析了消费者参与促销后的反应，包括消费者参与促销后的积极和消极行为研究。积极行为主要考察的是不同在线参与促销方式对消费者后续推荐意愿的影响，消极行为主要考察的是消费者的“薅羊毛”行为。通过对以上内容的分析，使得本书关于促销的研究更加深入和系统。

本书整合了笔者博士论文以及其团队成员共同的某些研究成果，并在此基础上进行了补充和丰富，研究内容从普通促销的研究到参与式促销的研究。在此过程中除了考察线下促销对消费者的影响，也考察线上促销的影响。同时，除了考察参与式促销带给消费者的积极影响，还考察这类促销带来的消极影响（“薅羊毛”行为）。总的来说，本书对促销的研究相对比较全面和系统，研究结论将为未来的促销相关研究提供借鉴意义，也可对企业的营销实践提供指导作用。

本书的完成离不开大家的帮助，首先要对团队成员郝辽钢副教授和于贞朋博士表示感谢。还有合作者李永建老师、魏静同学和龙正琴同学表示衷心的感谢。其次，我还要感谢我的学生在本书整合与校对中所做的工作，他们是黄子恬、李小涵、李晓红、罗钰涵等。谢谢他们对该著作完成过程中所做的贡献。

最后，我要感谢国家自然科学基金青年项目：基于心理所有权的顾客促销参与行为研究（71902129）支持和资助，也要感谢四川省社科规划项目：消费者促销行为的跨文化研究——以“一带一路”沿线国家为例（SC17C041）的支持。

由于笔者能力有限，在本书撰写中难免会存在一些疏漏之处，如我们已经尽可能全地将引用的参考文献放于文末，但是如果存在不当或者疏漏之处，敬请谅解。促销形式多种多样，促销的实践应用也灵活多变，学术界和企业界对促销都非常关注，也有大量研究，笔者学术水平有限，若存在不足之处，也望批评指正。

曾慧

2022年3月

目　录

CONTENTS

第1章 绪论①

1.1 研究背景

促销是企业运用各种短期诱因从而鼓励消费者对其产品或服务的快速购买或购买更多（科特勒等，2011）。促销的真正目的是为消费者提供更多产品价值、刺激消费者需求和吸引更多新老消费者购买该品牌产品（罗永泰和卢政营，2004）。促销对企业产品销售的促进作用尤为明显。线上线下各类商家常开展各种促销活动，促销幅度较大，促销方式众多，这些促销活动刺激消费者产生了较多的购买行为，对商家的产品销量提升具有较明显的作用。促销在整个企业的经营活动中占据重要地位，促销费用不断增加，有文献指出消费品公司的促销费用占到了整个营销预算的近四分之一，促销作为市场营销的重要工具之一，将会在经济、信息和情绪三方面对消费者产生影响（Raghubir 等，2004）。虽然促销对促进企业产品销售具有重要作用，但是如果促销方式使用不当也会给企业带来一些负面影响，如相关研究证实频繁的价格促销不仅会降低消费者的价值感知（Grewal 等，1998），还可能会降低企业的品牌资产（江明华和董伟，2003）。因此，促销方式的恰当使用对企业尤为重要。

企业在激烈的市场竞争环境下常采用各种形式的促销方式来获取消费者，但大多数企业在选择促销策略时比较随意。“打 5 折”“买一赠一”“省 50%”“满 100 减 50”“满 100 送 50”等促销活动形式在市场上屡见不鲜。企业在同样的促销让利水平下，可以对促销表述方式有多种选择。根据框架效应可知，内容相同的信息以不同的方式表述会使决策者产生不同的理解（Kühberger，1995）。同时，国内外相关研究表明不同促销表述方

① 此章中有部分内容来自于曾慧 2017 年博士论文《促销框架对消费者反应的影响研究》。

式对消费者的影响是不同的。如国内学者刘红艳等（2012）比较了价格促销和赠品促销在不同任务类型、不同时间距离下的促销效果，结果表明在近期将来购物场景下，赠品促销方式比价格促销方式更好，而在远期将来购物场景下结果相反；国外学者 Crespo - Almendros 等（2015）比较了网上价格促销和非价格促销对消费者购买意愿的影响，结果表明新用户更喜欢价格促销，而老用户更喜欢非价格促销。除此之外还有学者也考察了促销信息框架对消费者的影响，结果表明折扣促销比赠品促销更能够正向影响消费者的绿色购买意愿，同时非绿替代吸引力在其中具有调节作用（盛光华等，2020）。企业在营销实践中常随意选择促销方式，缺乏相应的理论指导，促销效果不理想。即使是在同样促销让利水平下，不同促销框架对消费者的影响也有所不同。因此本研究将考察不同促销框架对消费者反应的差异影响。对促销框架效应的研究将有利于企业的营销实践，为企业的促销决策提供理论指导意义，并丰富促销领域的相关理论研究。

随着中国加入 WTO 和经济全球化的发展，跨国企业不断增加。同时，随着互联网技术的发展和交通运输的便利，全球购物行为变得越来越普遍。消费者的购买观念不断改变，消费者越来越接受海外代购、天猫国际和京东全球购等形式的跨国购买方式，跨国交易额不断增加。无论是线上跨国交易还是线下跨国交易，企业全球化经营的发展速度锐不可当。因此，企业对不同国家消费者的购买行为分析变得越来越重要。企业在做促销活动时应该如何根据不同国家消费者文化背景的不同制定相应的促销策略，这都是企业需要思考的问题。由此可见，消费者行为领域和促销领域将消费者文化背景因素纳入其中进行研究显得尤为重要（Engelen 和 Brettel，2011）。通过文献回顾可知，较多学者意识到促销的跨文化研究的重要性，并展开了相关促销跨文化研究。如 Lee 等（2015）比较了在中国和韩国限时信息描述和限量信息描述对消费者网上冲动购买的影响，结果发现相比韩国消费者，中国消费者在冲动购买行为上受限时信息描述的影响更大；Green（1995）比较了非洲裔美国人和英裔美国人对四种促销方式（优惠券、产品陈列、特色广告和价格折扣）的不同反应，结果发现不同文化背景下的消费者对优惠券的反应有所不同。国内学者戴鑫等（2013）通过文献综述发现现有较多研究是在同质化环境下来研究促销，并提出未来可以将文化背景作为异质性因素来研究促销。基于此，本书还将考察不同促销框架对消费者影响的跨文化研究以弥补现有研究的不足。

除此之外，随着科技的进步和移动互联网的发展，越来越多的商家利用消费者的社交网络平台等开展促销，商家的促销方式随着时代的发展有所变化。除了利用传统的促销方式（本书称为普通促销，如直接进店就可以享受打折、买赠、抽奖等促销活动），商家也会采用一些新型促销方式。如商家在消费者转发朋友圈或者关注公众号后给予其促销优惠，或让消费者下载 App 并注册后给予其促销优惠等促销活动，本书将此类促销活动称为参与式促销。参与式促销方式的共同特点是需要消费者付出一定努力才能得到优惠。这种需要消费者付出努力的促销到底会给消费者带来怎样的影响，本书也将进行探讨。与此同时，消费者参与促销后会带来哪些对企业有利的积极行为以及哪些不利的消极行为，这些影响受到哪些因素的作用都值得探讨。

综上，本书将系统探讨促销对消费者的影响作用，包括普通促销对消费者的影响；参与式促销对消费者的影响（如顾客的参与意愿等）；参与式促销对消费者后续行为的积极和消极影响。

1.2　研究问题的提出

1.2.1　普通促销对消费者反应的影响研究

1. 不同促销框架对消费者反应的影响研究

根据促销框架效应（promotional framing effects）可知，即使在完全相同的促销让利水平下，由于促销信息描述方式的不同带给消费者的心理感受也不同，从而带来不同的促销效果（Pacheco 和 Rahman，2015；Diamond，1992）。如减少损失型促销带给消费者的心理感受是损失的减少，成本的降低；而获得收益型促销带给消费者的心理感受是得到了额外的获得，增加了消费者的收益（Campbell 和 Diamond，1989）。因此，这两类促销框架会因为表述方式的不同带给消费者不同的影响。国内外学者针对这两类促销展开了相应研究，但通过文献综述发现，学者们针对这两类促销框架研究得到了不一致的研究结论。如国外学者 Kramer 和 Kim（2007）和 Diamond 和 Sanyal（1990）研究都表明获得收益型促销比减少损失型促销带来更好的促销效果，而国内学者金立印（2008）认为人们对损失更加敏感，并通过实证研究表明减少损失型促销比获得收益型促销的促销效果好。因此究竟促销框架被描述为获得收益型还是减少损失型更有利于消费者决策，这还值得深入研究。究其原因是不同调节变量的影响，企业要想达到较好的促销效果，必须让促销和消费者达到较好匹配，从而发挥促销的作用。除此之外，还有学者考察了不同类型的促销结束后对消费者的差异影响，如罗津等（2020）研究了消极框架促销的结束与积极框架促销的结束对于有不同类型自我构建的消费者而言产生的不公平感是不同的。独立自我构建消费者对于失去积极框架的促销会有更强的价格不公平感反应，而相依自我构建消费者对于消极框架促销结束会有更强的不公平感。

通过文献回顾发现，较多学者在考察促销框架效应时加入了不同调节变量进行研究。国内外较多学者考察了产品特征（如产品可储存性、产品消耗性水平、产品价格水平）（如 Sinha 和 Smith，2000；Li 等，2007）和消费者特征（如消费者调节定向特质、交易倾向）对促销框架效应的调节影响（如刘磊和王承璐，2012；彭璐珞等，2012；白琳，2010；Lee 等 2015；Choi 和 Kim，2008）。除此之外，也有学者考察了促销让利水平大小（Hardesty 和 Bearden，2003）、不同促销限制（促销时间限制、促销数量限制和促销身份限制）（李研，2014）和不同促销陈列的空间位置差异对促销框架效应的影响（Delvecchio 等，2009）。由此可见，国内外学者在研究促销框架调节变量选取上，多集中在产品特征和消费者特征上，而对促销时间限制的影响考察相对较少。因此为了弥补国内外在此方面的研究不足，本研究将考察不同调节变量对不同促销框架效应的差异影响。

综上，本研究将考察不同促销方式对消费者的差异影响，并进一步探讨影响这种促销框架效应的调节变量，以解决现有研究的一些矛盾之处，并丰富理论界关于促销框架效应的影响研究，为后续研究提供理论借鉴意义，也为企业的营销实践提供参考意义。

2. 不同促销框架对消费者影响的跨文化研究

文化背景的不同会导致消费者有不同的态度和信念等，在消费行为上也有所差异（Aaker，2000；Lalwani 和 Shavitt，2013）。因此，不同文化背景下的消费者对促销的反应也将不同。关于消费者行为的跨文化研究较多（如 Jahandideh 等，2014；Xiao，2010），而关于促销框架效应的跨文化研究还相对较少。文化背景的不同对企业制定促销策略具有重要指导意义，因此不同促销方式的跨文化比较研究显得尤为重要。通过文献梳理发现，虽有学者关注促销的跨文化影响，但现有研究还存在一些不足之处。例如 Choi 和 Kim（2008）考察了 SAS 促销（scratch and save promotion）在加拿大和韩国对消费者反应的不同影响，但是该研究没有对不同促销方式之间的促销效果进行对比。同时，Huff 和 Alden（1999）比较了中国、泰国和马来西亚消费者对优惠券促销和抽奖促销的不同态度，但该研究没有将促销让利水平控制在完全相等的情况下展开，且采用的是问卷调查（survey study）而不是实验调查（experiment study）。据此，本研究将采用实验研究法考察促销让利水平控制在完全相等情况下的两类促销在不同文化背景下对消费者的差异影响。

较多学者针对市场上常见促销类型展开了对比考察研究。如 Sinha、Smith（2000）和 Li 等（2007）都研究了打五折和买一赠一在不同情境下对消费者的差异影响；除此之外，Shen（2014）进一步考察了消费者在不同延伸感知契合度下对促销框架（买一赠一 vs 打五折）的评价。由此可见较多学者考察了买一赠一促销和打五折促销对消费者的差异影响，且是在实体环境下展开研究。从企业促销让利水平和消费者获利水平来看，与“买一赠一促销”完全相等的促销方式应该是“买两件打五折促销”。消费者对这两种完全相等获利水平的促销框架，由于描述方式的不同又会有什么不同反应呢？与传统购物渠道相对的是网络购物，网络购物的信息不对称性、匿名性、虚拟性等特征会增加网购的不确定性和风险（McKnight 等，2002），进而增加消费者的感知风险，同时在网络环境下商家的竞争更加激烈，为了更好地获得竞争，有必要探讨网络环境下不同促销方式对消费者的差异影响。因此，本研究将考察网络环境下促销让利水平完全相等的买一赠一和买两件打五折促销对消费者的影响。

本研究还将从跨文化角度出发，考察市场上常见两类网络促销框架（买一赠一和买两件打五折）对消费者反应的不同影响。研究结论可以为未来促销的跨文化研究提供理论支撑，也为跨国企业提供实践指导意义，同时对具体常见两种促销框架的对比考察也可以为企业的促销决策提供针对性的建议。

1.2.2　参与式促销对消费者反应的影响研究

参与式促销在本书中主要是指相较于普通促销，商家给予消费者促销优惠是需要消费者付出一定努力才能获得的，如需要消费者转发朋友圈或在线好评后才给以打折或者优惠券等。现实中，需要消费者参与才能获得促销优惠的活动越来越常见，如转发朋友圈点赞、关注公众号后获得优惠券等。国内外学者针对促销展开了较多研究，如陈传红和李雪燕（2021）在研究网络购物节促销策略对消费者参与意愿影响时，发现感知促销活动的趣味性对消费者参与意愿有显著的正向影响。Biyalogorsky 等（2001）研究发现，推荐奖励计划对消费者向他人提供产品或服务的正面信息有激励作用；Dobele 等（2008）进一步研究发现，物质奖励显著正向影响消费者的推荐意愿。朱翊敏和于洪彦（2016）还针对推荐奖励计划更为细致地探讨了奖励类型的不同对不同类型的顾客推荐意愿的影响，结果表明：在推荐奖励计划中，不同调节聚焦属性的顾客的推荐意愿不同，趋进型顾客的推荐意愿比规避型顾客高，同时该研究还发现了调节聚焦与奖励类型对顾客推荐意愿具有交互影响作用。除此之外，付东普和王刊良（2015）从社会关系理论视角研究评论回报类型对在线产品评论的不同影响，发现比起采用社会回报，采用小额经济回报的购物网站的在线产品评论的总体评分更高。类似地，李婷婷和李艳军（2016）分析了好评返现和产品体验的交互项对消费者在线星级评分和文本评论的影响，发现好评奖励额度高时，负面体验比正面体验的消费者对星级评分有更大的改变，文本评论内容的词性更趋向于中性；好评奖励额度低时，正面体验比负面体验的消费者对星级评分的改变更大，文本评论内容的词性更偏于褒义。李琪和阮燕雅（2016）研究发现赠送优惠券对鼓励消费者对其所购买的产品认真书写评论有明显的作用。由此可见，商家在激励消费者为其进行在线好评时常会使用各种促销手段。然而，需要消费者参与的促销活动未必都会对消费者的反应起完全正向的影响，如Gneezy和Rustichini（2000）发现货币奖励对任务绩效的影响不是完全正向的，高水平的货币奖励对行为有较好的促进作用，但低水平的奖励对行为促进的效果甚至不如无奖励时的情况，其促进作用较小。

综上，本书除了考察普通促销对消费者的差异影响，我们还将考察需要消费者付出一定努力的促销活动给消费者带来的差异影响。研究结论将丰富促销的相关研究，为现实企业营销实践提供借鉴意义。

1.2.3 参与式促销对消费者后续反应的影响研究

参与式促销除了对消费者的参与意愿或者购买意愿产生影响外，还会对消费者后续反应产生影响，如消费者后续的口碑推荐意愿，删除行为等。通过文献回顾发现，目前学术界关于这方面也有研究。如朱至文和张黎（2016）研究指出，参加推荐计划有利于提高消费者的忠诚度，即当同样的消费需求再次产生时，消费者可能会将其推荐过的产品或服务作为首选而再次购买，以保持自身行为与承诺的一致性。此外，其研究还指出推荐计划奖励额度的不同对消费者态度和行为两方面的忠诚度不同，大额的推荐计划奖励能同时提高两种忠诚度，而小额奖励的推荐计划只会对消费者的行为忠诚度有正面影响。需要消费者参与的促销（参与式促销）对消费者的后续行为也存在消极的影响。如李研等（2017）探讨了物质奖励对消费者口碑影响的消极作用，通过两个实验验证消费者在被迫参与好评活动之后的行为意愿及其影响机制，发现在被迫给出好评的情景下，抗拒体验对消费者删除被迫评论的意愿有正向影响，对消费者未来的口碑推荐意愿有负向影响。类似地，宋宏磊和张博（2019）对消费者参与好评奖励活动的后续负面行为与心理路径进行了研究，发现购物体验显著负向影响消费者参与好评奖励活动后续负面行为和认知失调，购物体验和奖励额度对消费者参与好评奖励活动后续负面行为和认知失调均具有交互效应；购物体验对认知失调在奖励额度与后续负面行为关系中的中介效应有调节作用。

现实中我们常看到消费者参与促销活动后除了有后续的推荐意愿等外，还常会存在“薅羊毛”现象。针对“薅羊毛”的定义后面我们有专门的界定，在本书中我们考察的“薅羊毛”行为主要是对商家不利方面的行为。回顾已有文献，我们发现针对消费者“薅羊毛”行为研究相对较少，但是也有学者对此进行关注和研究。如李鑫（2016）研究中提到P2P中这类特殊的“薅羊毛”者，利用促销策略抽走平台资金，易造成平台虚假繁荣，危害较大。一般羊毛党，可以通过微信等方式，推送或者获取优惠信息，进行“薅羊毛”活动。由于“薅羊毛”适用的外延一直随着网络消费不断扩张。周瑞春（2020）认为以关注、收集等方式利用互联网商品的优惠信息，并进行网络交易从中获利的行为皆可称之为“薅羊毛”。还有的学者从法律规范层面，针对恶意“薅羊毛”带来的危害进行了研究，提出了相关的法律措施，有利于引导消费群体合法消费（邹开亮和王米娜，2020）。

综上，本书除了考察消费者对参与式促销的参与意愿，还考察消费者参与促销后的消极和积极行为。这部分的研究将使得本书关于促销的研究更加全面和系统，同时为未来的相关研究提供研究思路和理论基础。

1.3 研究意义

本书通过一系列研究考察不同促销方式对消费者反应的影响。研究结论将丰富国内外关于促销有效性的文献研究，并促使我们深入了解促销策略是如何影响消费者的感知与行为。本研究的理论和实践意义具体如下。

1.3.1 本研究理论意义

第一，本研究站在消费者视角，考察了消费者反应过程中的“感知—判断和评价—决策”阶段是如何受到促销刺激的影响。本书通过一系列实验考察了消费者对不同促销框架（满送 vs 满减；买一赠一 vs 买两件打五折；打折促销 vs 买赠促销；打五折 vs 一元当两元用等）的反应及其受到的调节变量影响。研究结论填补了现有研究的不足，并丰富了学术上关于促销描述框架方面的文献研究，同时丰富了关于影响促销框架效应的调节变量的考察研究。通过文献回顾发现，大多数学者主要对打折、买赠、返券等促销方式进行研究（如Lowe，2010；Shen，2014），而对满送、满减这种满额促销方式的比较研究较少。因此，本研究选择满减促销和满送促销展开研究，并考察了相应调节变量，研究结论弥补学术上这方面的不足。除此之外，其他几组促销框架的对比研究结论也具有相应的理论意义。

第二，本书不仅从单一文化背景考察了消费者对不同促销框架的反应，还进行了促销框架效应的跨文化比较研究。本研究从跨文化视角考察了中国和巴基斯坦消费者对两种常见促销框架（买一赠一促销和买两件打五折促销）的不同反应。研究结论可以为未来中巴跨文化研究提供更多研究思路和理论支撑，也可为其他国家之间的促销框架跨文化比较研究提供理论借鉴意义。此部分的研究使得本书研究对象不局限于一个国家，而是拥有一定的国际视野。

第三，本研究证实了市场上几种常见促销类型对消费者的差异影响，并对不同促销框架描述效果进行了对比研究。虽然国内外学者也对市场上常见促销类型进行了对比研究，但是较多学者在研究中并没有把不同促销类型控制在相同促销让利水平，因此本书的研究将弥补和丰富学术界对这些常见促销类型的研究。

第四，本书不单单只考察了普通促销方面的研究，也考察了当下相对新颖的促销方式（参与式促销）带来的影响。即本书对参与式促销方面的考察将拓展普通促销的研究领域，丰富了促销领域相关研究。同时，对参与式促销后对消费者的后续影响研究也为未来促销领域提供了研究方向，尤其是对“薅羊毛”行为的研究将会弥补已有研究的不足，丰富促销研究成果。

1.3.2 本研究实践意义

企业往往在做促销活动时缺乏理论指导，实践环节经常存在很多问题。例如有的企业花了较高的促销费用，但是促销效果往往不尽如人意。

通过本研究对促销方式的系列研究，将为企业的营销实践提供理论支持，尤其对企业的促销策略制定和选择提供参考价值。具体如下：

第一，本研究关于普通促销方式研究的系列结论将告知营销者，在不同情境下应选择不同的促销类型与消费者进行匹配，才能获得更好的促销效果。如研究结论告知企业在面临高涉入度被促销品时应该选择满减促销；研究结论还指出企业在面临促销时间紧迫时，可以选择减少损失型促销（如打折等）来与消费者害怕错过和害怕后悔等心理进行匹配。同时本书的跨文化研究结论将为跨国企业提供实践指导意义。针对不同国家的消费者应采取不同的促销策略，以符合消费者文化背景因素在其购物行为中的影响，如企业针对高不确定性规避系数国家的消费者应选择感知风险较低的促销类型（如买一赠一促销）。与此同时，本书对常见促销类型的对比考察将为企业的促销策略选定提供更具体和有针对性的指导建议。

第二，除此之外，本书也考察了参与式促销对消费者的差异影响，研究结论为商家在制定促销策略时提供了理论借鉴。①在企业实践中若要想获得较多好评内容和好评数量，不能单纯依靠奖励来刺激消费者进行好评。这是因为消费者只有在对产品本身满意时，这种奖励手段才会有效，才能带来更高的好评意愿和店铺评价，而在消费者对产品不满意时，这种奖励方式会适得其反，会使消费者更不愿意进行好评，甚至还会降低消费者的店铺评价。与此同时，商家在设计好评方式时，应尽量设计消费者所需付出努力水平较低的奖励计划方式，不宜设计一些太过困难或麻烦的好评方式。商家也要多对自身目标消费群体的特质进行分析，针对不同特质的消费者在设计好评方式时有所不同，尤其当商家面临低交易倾向消费者时，更应设计简单容易的好评方式。②本研究还发现企业给予的奖励额度越高，消费者获得奖励动机和分享意愿就越高，因此建议企业可以在控制成本的基础上，尽量多给予消费者奖励。同时，结果还发现具有正面顾客体验比负面顾客体验带来更高的分享意愿，因此企业要注意保证自身产品或服务的质量，不能单纯依靠奖励来刺激消费者的分享行为。对于具有正面体验的消费者来说，高奖励额度比低奖励额度带来更高的分享意愿，但是在获得奖励动机上差别不大，这种分享意愿主要受到自身正面体验的影响。对于具有负面体验的顾客来说，设置高奖励额度会带来较高的获得奖励动机和分享意愿，因此建议企业如果为了增加消费者的分享，建议选择高奖励额度的分享计划。

第三，通过我们的研究发现企业在营销活动实践中，在保证参与率的前提下，应尽量使用类似转发朋友圈集赞这种非匿名的顾客在线参与计划，这样更容易对顾客产生“持续影响”。转发朋友圈集赞这种非匿名的在线参与方式使得顾客对企业或产品印象更加深刻，也更有利于积极后续行为的形成（推荐行为等）。同时，不同交易倾向的个体对不同在线参与方式与后续情感和行为关系的敏感度不一样，对于非匿名的参与方式（转发朋友圈集赞），高交易倾向顾客更容易产生较高的心理所有权，而低交易倾向顾客更容易产生较强的关系嵌入。因此要注意区分销售对象的特征，以制定相应的促销策略。

第四，本研究还考察了消费者参与后对消费者的后续行为影响，研究结论具有实践意义。在网络分享奖励计划情境下，正面的顾客体验比负面的顾客体验带来更低的删除分享信息的行为。因此，根据研究结论，企业要确保自身提供的产品质量或服务质量，以便消费者形成积极的、正面的顾客体验，对企业产品或服务整体满意，而不是单纯依靠奖励来刺激消费者进行好评或分享宣传。本研究还证实了高抗拒体验消费者比低抗拒体验消费者带来更高的删除意愿，因此商家在开展微信朋友圈分享活动时，要注意区别消费者特征，尤其针对高抗拒体验特质的消费者多用“建议”等词语，尽量减少消费者的抗拒体验。

1.4 研究范围与研究概念的界定

促销有广义促销和狭义促销之分。广义促销（promotion）是促进产品销售的简称，包括销售促进、人员推销、广告和公共关系四种（吴健安等，2007）。狭义促销是指销售促进（sales promotion），又称为营业推广，是指“企业运用各种短期诱因鼓励消费者和中间商购买、经销（或代理）企业产品或服务的促销活动”（吴健安等，2007）。本研究重点考察狭义的促销，即考察的是销售促进（sales promotion）的影响，同时为了丰富我们的研究也考察了广义促销中的广告对消费者的影响。促销根据促销的对象不同可以分为对消费者的促销、对中间商的促销和对销售人员的促销（吴世经等，2009）。对消费者的促销是指企业针对消费者采用的销售促进；对中间商的促销是指生产商针对中间商采用的销售促进；对销售人员的促销是公司针对销售队伍采取的促销活动（吴世经等，2009）。本研究主要站在消费者视角考察企业促销效果，因此考察的是消费者促销，不考察中间商促销和销售人员促销。同时注意，本书没有特意区分顾客和消费者的区别，在用词上主要根据已有文献的用词习惯或营销实践中的一些常见用法。

促销框架是指企业在为消费者提供相同的促销让利水平时而采用逻辑意义上相似但表述方式不同的促销信息描述（施卓敏等，2013；彭璐珞等，2012）。促销框架效应是指不同促销框架带给消费者的不同影响（Pacheco 和 Rahman，2015；Diamond，1992）。促销根据描述方式的不同可以划分为减少损失型促销（framed as a reduced loss）和获得收益型促销（framed as a gain）（Diamond 和 Sanyal，1990）。减少损失型促销主要带给消费者的心理感受是损失的减少，而获得收益型促销带给消费者的心理感受主要是获得了额外的收益（Campbell 和 Diamond，1989）。一般货币促销属于减少损失型促销，而非货币促销属于获得收益型促销（Campbell 和 Diamond，1989；Diamond 和 Johnson，1990）。除此之外，同一个货币促销也可以被描述为获得和减少损失（Thaler，1985；Lan 和 Monroe，2009）。本研究将考察减少损失型促销（如打折促销）和获得收益型促销（如买赠促销）这两种促销框架对消费者反应的不同影响。除此之外本研究还对比考察满送 vs 满减、买一赠一 vs 买两件打五折、打五折 vs 一元当两元用等促销方式。

本研究的跨文化研究主要针对中国和巴基斯坦两个国家展开。这两个国家的不确定性规避得分有所差异，因此对不同促销框架具有不同的感知风险。买一赠一促销和买两件打五折促销无论是在线上还是线下，国内还是国外都是比较常见的两种促销表述方式，这两种促销类型的促销让利水平完全相等，但是带给消费者的心理感受却有所不同。本研究将对比考察中国和巴基斯坦消费者对这两种促销框架的不同反应。

参与式促销是指：商家给予消费者促销优惠是需要消费者付出一定努力才能获得，如需要消费者转发朋友圈或在线好评后才给以打折或者优惠等。普通促销是指商家给以消费者促销优惠不需要消费者额外付出努力，消费者购买产品就可以直接获得促销优惠，如直接的买赠，直接的打折促销活动，直接免费赠送优惠券等。消费者在获取利益之后，会将商家设定的参与条件进行删除，例如取消关注公众号、卸载App、删除好评或者删除分享的朋友圈等，这就是当下较为常见的“薅羊毛”现象，消费者此类行为违背了商家的营销初衷，损害了商家的利益。目前学术界关于“薅羊毛”的界定存在不同定义，有学者认为“薅羊毛”是指消费者自主地参与一些优惠活动，用较小的成本付出获得较大的商品优惠（李鑫 2016）。也有学者认为“薅羊毛”是指消费者利用商家进行促销活动时存在的一些规则漏洞和失误，恶意地获取相关的赔偿或者非商家本意的大力度优惠（邹开亮和王米娜，2020）。在本研究中，我们主要考察对商家不利的“薅羊毛”行为，即本研究的“薅羊毛”行为主要是指消费者参与商家优惠活动后的删除行为。

1.5 研究方法与技术路线

本研究采用定性和定量研究法相结合来探讨促销对消费者反应的影响，主要采用了观察法、文献研究法、焦点访谈法、深度访谈法、实验法、问卷调研法等。

1. 观察法

观察法是指调查员直接或通过仪器在现场观察消费者的行为并加以记录而获取市场信息的一种方法（水延凯等，2010）。市场调研中经常用到观察法，如调查者可以通过观察消费者的行为来测定消费者的品牌偏好和促销的效果。本研究首先利用观察法对社会上普遍存在的促销策略应用情况进行观察。观察结果表明现实社会中促销形式各种各样，比如：打折、抽奖、返券、买赠、满送、满减、一元当两元用、转发朋友圈集赞、关注公众号、发放优惠券等。商家在同样的促销让利水平下可以将促销方式描述为多种形式。观察法可以为本研究促销框架的选择提供参考依据，使得最终选择出来用于比较的促销框架更具有现实价值。同时本研究在实验刺激物的选择上，也将通过观察法来初步确定刺激物的选择。

2. 文献调查法

文献调查法也称为二手资料调查法或文案调查法，是指研究者根据研究需要查阅大量文献，并通过对文献的阅读和梳理，从中筛选出与研究相关的信息资料的方法（王学川和杨克勤，2011）。本研究文献资料主要来自国内外顶级期刊论文，国内期刊主要来自《管理世界》《管理科学学报》《南开管理评论》《管理学报》等；国外期刊主要来自《Journal of Marketing》《Journal of Consumer Research》《Journal of International Business Studies》《International Business Review》等。通过文献研究法发现国内外现有研究的不足及国内外研究结论的一些不一致之处，以确定本研究内容。同时，通过文献研究法获取本研究测量量表。本研究大多测量量表来自国内外成熟量表。

3. 焦点访谈法和深度访谈法

观察法和文献研究法确定了研究问题和测量量表之后，我们还利用焦点访谈法及深度访谈法来确定本实验所用情境设置、实验刺激物及确定最终测量量表。焦点访谈法又称为小组座谈法，是指为了获得对某问题的了解，选取具有一定代表性的消费者，采用座谈会的方式在主持人的组织下进行讨论（水延凯等，2010）。焦点访谈法对了解消费者的态度，购买动机等具有较好作用。深度访谈法也是为了深入了解消费者的购买行为等，采用一对一的方式进行深入访问（水延凯等，2010）。

4. 实验法

实验一般是指为了检验某种理论假设而进行的实践活动（水延凯等，2010）。本研究主要采用“纸—笔实验”，即笔者根据实验目的设计相关情境描述，进而操纵一些变量，让被试在此情境下回答相关问题。本书中较多研究选取的被试主要是大学生消费群体，选取的理由如下：①本研究主要是检验特定理论假设，主要关心的是变量之间的影响关系，因此选择大学生样本合适；②大学生样本的同质性有助于在数据分析中的统计检定力（statistical power），同时样本的同质性便于操控，对比性实验研究很适合选择这样的样本；③在分发问卷前，问卷被随机打乱，通过这样的方法克服了样本带来的随机误差。综上，大学生样本适合本研究。除此之外，本研究也利用某些调查平台随机分发调查问卷给不同消费者，即本研究也具有消费者样本。

每个实验都包括预实验部分和正式实验部分。在预实验（pre－test）部分，我们通过文献回顾和询问部分消费者代表，初步确定实验情境、实验刺激物和实验测量量表。在实验刺激物的选择上还通过小范围问卷调查确定实验刺激物，如本研究中的部分实验选用的高涉入度产品和低涉入度产品，通过预实验的问卷调查获取消费者对不同产品涉入度水平的得分。再将初步确定的实验情境、实验刺激物和实验测量量表交给专家评议。在确定正式量表之前我们还进行了小范围的预调查，以纠正量表中存在的语义问题或错别字等。正式实验部分中，每位被试被随机指派到本研究的某个实验场景中，本研究大多实验采用组间设计。组间实验设计的目的是为了克服自变量之间的相互影响，且避免了练习效应和疲劳效应。同时，组间设计可以缩短每个被试的实验时间，对实验过程更容易操控。

5. 问卷调研法

通过问卷调研法收集的数据我们采用定量分析法进行分析，分析软件主要采用SPSS16.0软件。本研究运用的统计分析方法主要包括信度检验、卡方拟合优度检验，独立样本T检验，方差分析（ANOVA分析、MANOVA分析），协方差分析（ANCOVA分析、MANCOVA分析），回归分析（regression analysis）等。

本研究通过观察现实生活中的促销应用现状，并进行相关文献整理研究，从而明确本研究研究问题；在现有研究问题的基础上，设计研究内容；同时，参考相关文献测量量表和实验刺激物选择，并结合焦点访谈法和深度访谈法，以初步确定符合本研究实际情况的实验刺激物和测量量表；接下来我们将测量量表交给相关专家评议，并通过预实验以获得最终实验调研问卷；接下来进行实地“纸—笔”实验，获得调研数据；通过SPSS等统计软件对所获数据进行定量分析，以验证本研究假设及模型；最后将数据结果整理报告，得到本研究结论与讨论。具体研究技术路线图如图1－1所示。

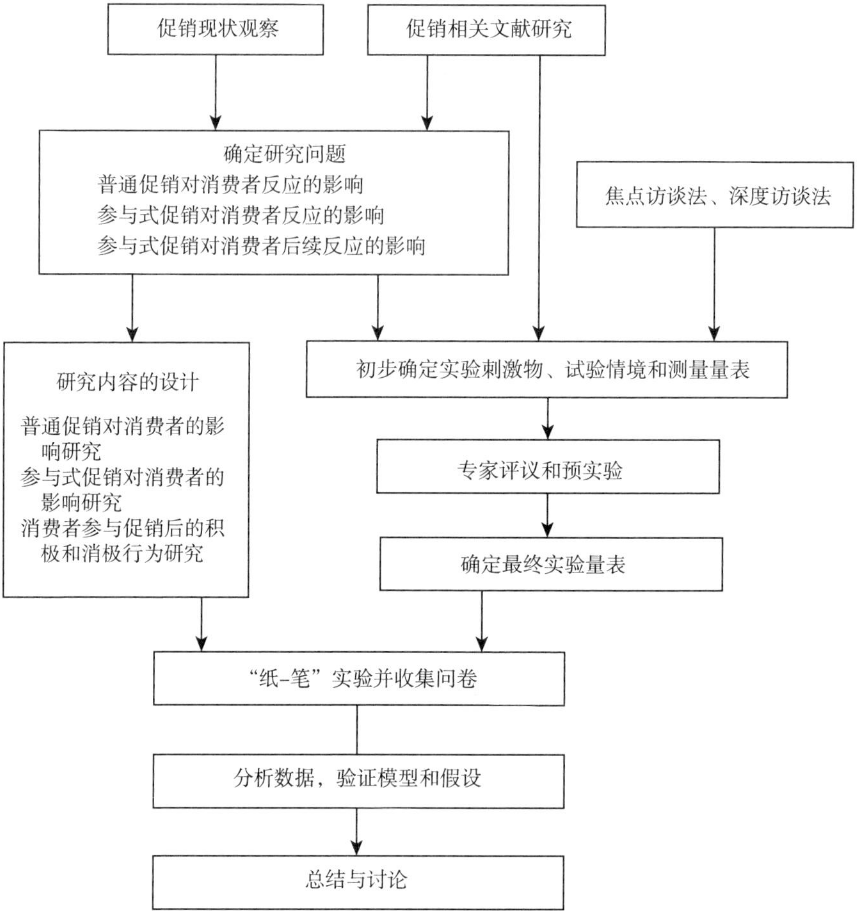

图 1-1　研究技术路线图

1.6　本书结构安排

本书研究分为四个部分，包括六个章节。

第一部分是第一章绪论，包括本书的研究背景，本书提出的三大研究问题（普通促销对消费者反应的影响、参与式促销对消费者反应的影响、参与式促销对消费者后续反应的影响），本书研究的理论和实践意义，本书研究范围与研究概念的界定，研究方法和技术路线，研究结构。

第二部分是第二章促销相关理论与文献回顾。本书首先回顾了促销的相关理论，通过对促销相关理论的回顾和总结，为本书促销框架效应的研究提供了理论依据。接着，本研究回顾了国内外关于促销框架的研究现状以及促销参与的相关文献，并对现有研究进行评述，以发现现有研究存在的不足之处，从而发现本研究问题和理论意义。最后是本章小结。

第三部分是本研究的相关实证研究。包括三章，分别是：第三章（普通促销对消费者的影响研究）、第四章（参与式促销对消费者的影响研究）和第五章（消费者参与促销后的积极和消极行为研究）。第三章主要考察普通促销对消费者的差异影响：包括两大块，第一块考察了不同促销框架对消费者的差异影响研究，包括满送促销 vs 满减促销对消费者的差异影响、买一赠一 vs 买两件打五折促销对消费者的差异影响、打折促销 vs 买赠促销对消费者的差异影响、打五折 vs 一元当两元用促销对消费者的差异影响。第二块是其他相关拓展研究，主要是关于平面促销广告的眼动实验研究。第二块研究内容是这一章主体研究的扩充研究，使得本研究更加系统和丰富。第四章主要考察参与式促销对消费者的差异影响。包括好评奖励计划对消费者的影响研究——消费者参与在线好评、朋友圈分享奖励计划对消费者的影响研究——消费者参与朋友圈转发信息、本章拓展研究——B2C 环境下消费者持续网络信任的实证研究。第五章主要考察消费者参与促销后的行为，包括积极行为和消极行为。第三章和第四章考察都是促销对消费者的购买意愿/参与意愿的影响，而第五章主要考察消费者参与后的行为，包括积极推荐行为，也包括消费者的“薅羊毛”行为。第五章内容是对第三章和第四章内容的延伸。

第四部分是本书的第六章，是对本书研究内容的总结。包括本书实证研究的主要结论，对第三部分研究主体内容进行总结，同时提出本研究的理论贡献和实践启示，并总结了本研究局限性和未来研究方向。

第 2 章　促销相关理论与文献回顾①

2.1　促销相关理论

促销相关理论较多，本书系统梳理了促销相关理论。借鉴已有研究（如 Blattberg 和 Neslin，1990；郝辽钢，2008；曾慧，2017），本书所用理论主要包括以下几类：①消费者行为学习理论。该理论关注消费者环境与行为，考虑促销刺激对消费者行为的影响。②消费者内在认知理论，关注消费者如何感知不同促销刺激，包括展望理论、心理账户理论、调节匹配理论、归因理论、认知失调理论、后悔理论和锚定效应。③消费者态度行为关系理论，主要用于解释消费者对促销的态度将如何影响其购买行为，包括 ABC 态度模型和 Fishbein 和 Ajzen（1975）的态度—行为模型。④框架效应理论。⑤社会交易理论。

2.1.1　行为学习理论

行为学习理论（behavioral learning theories）是行为主义心理学派中关于“学习”的理论。行为学习理论又称为刺激—反应理论。该理论认为人们所有行为都是学习得到的，人们的思维是与外界环境相互作用的结果，也就是“刺激（stimulus）—反应（response）”的结果。学习者会对不同刺激作出相应反应。环境可以作为刺激，人们对应的有机体行为就可以看作反应。行为学习理论的代表人物有约翰·华生、斯金纳。斯金纳认为人们的一切行为都是反射构成的，不同强化物（能增强反应概率的刺激和事件）的强化作用将导致人们不同的行为。行为学习理论在教育实践中应用较多，学生通过学习获得各种不同行为习惯。与此同时，行为学习理

① 此章中有部分内容来自于曾慧 2017 年博士论文《促销框架对消费者反应的影响研究》。

论对解释消费者行为有重要帮助。在营销实践中，消费者将对不同营销刺激产生不同反应。本书中大部分研究都是考察消费者在不同促销刺激下的不同反应。

2.1.2　消费者感知理论

1. 展望理论

展望理论（Prospect Theory），又称为前景理论。该理论在 1979 年由 2002 年诺贝尔经济学奖获得者丹尼尔·卡尼曼（Daniel Kahneman）和他的合作者特维斯基（Tversky）提出。该理论主要揭示了人们的非理性心理决策行为，主要包括以下几点内容：①确定效应。确定效应（certainty effect）是指人们在面临确定获得时会表现出风险厌恶，表现出不愿意冒险的态度。即人们在确定性获得时会低估概率性结果。②反射效应。反射效应（reflection effect）是指人们在面临确定损失的时候往往更愿意冒险，表现出风险喜好的态度。③孤立效应。孤立效应（isolation effect）是指人们在考虑问题的时候常常会忽略所有前景的共同部分。同样的问题如果用不同的方式呈现会使得人们产生不同的偏好。

除此之外，丹尼尔·卡尼曼（Daniel Kahneman）和特维斯基（Tversky）还提出了价值函数（value function）和权重函数（weighting function）。

价值函数具有以下几个特点：①人们感知到的得到和失去是相对于某个参考点而言，而不是绝对的得到和失去，因此改变人们的参考点将改变人们对得到和失去的感知大小。②价值函数曲线是一条近似“S”曲线，得与失呈现敏感性递减的规律，在参考点的右上边是利得，呈现为凹型，而在参考点的左下边是损失，呈现为凸型。离参照点越近的差额人们越敏感，而离参照点越远的差额人们越不敏感。例如，人们会感觉到 5 元与 10 元之间的差距大于 50 元与 55 元的差距。③损失曲线比获得曲线更加陡峭。同样价值的损失比同样价值的获得带给人们的心理感受更强烈。如损失 50 元的痛苦比获得 50 元的快乐要大很多。

权重函数曲线图表明人们除了在小概率范围内，相比一致的可能性，一般都会做出更低的决策权重。也就是人们通常会低估中大概率，而高估小概率事件。这个结论可以对不确定性和赌博这种小概率事件有帮助。基于展望理论的这个研究结论，有学者将其运用到促销领域，如高充彦等（2009）基于此理论发展了一个促销价值模型，比较了抽奖促销和赠券促销对消费者的不同影响及其边界条件。

2. 心理账户理论

心理账户理论（mental accounting theory）是由国外学者 Thaler（1985）提出。该理论是在展望理论的基础上提出，该学者认为展望理论只能描述消费者行为，而不能选择行为。“账户”是用于帮助个人或公司记录收入或支出的一种办法。同样的，在人们心目中也存在这样的账户，称为“心理账户”。心理账户理论认为每个人或家庭或企业都有一个明确或潜在的心理账户系统。人们在做购买决策的时候这种心理账户系统将遵循一种潜在的心理运算规则，这种运算规则可能会违背理性经济法则（Thaler，1985）。

心理账户理论主要包括以下三点：

（1）特定运算规则。心理账户运算的核心概念是价值函数。价值函数的特点在上文已经阐述，在此不赘述。心理账户理论在运算得与失的过程中认为，两笔盈利应该分开，两笔损失应该整合在一起。如两次获得 50 元的快乐比一次获得 100 元的快乐要大；而两次损失 50 元的痛苦比一次损失 100 元的痛苦要大。大得小失要整合，这样可以抵消损失带来的不快。如获得 1 000 元与损失 50 元则可以合并到一起。小得大失则要分情况，提出“银衬里”法则（silver lining）：如果小得和大失差距比较大时，则应该分开，这样可以让人们有一种被安慰的感觉，而小得和大失差距不大的时候，则应该合并，这样可以让消费者感觉失去的额度是在可接受范围内。如失去 1 000 元与获得 50 元则应该分开，这样可以使得到的 50 元作为失去后的一种安慰；而失去 60 元与获得 50 元则应该合并，这样会让消费者感觉只失去了 10 元，从而使失去的额度可以接受。

（2）非替代性原则。理性上，金钱是可以相互替代的，而 Thaler（1985）发现心理账户具有不可替代性。这是因为人们把金钱划分到了不同的心理账户里，每个心理账户里的钱都有其不可替代的功能和用途。不同消费支出的账户具有不可替代性，同样的，不同收入来源的账户也具有不可替代性。如，人们心中“消费支出”账户和“培训支出”账户具有不可替代性；“意外收入”账户与“工资收入”账户具有不可替代性。例如，人们愿意花费彩票中奖得到的收入，而舍不得花自己辛苦工资赚来的收入。

(3) 交易效用理论。Thaler (1985) 将感知价值分为感知获取价值和感知交易价值。其中感知获取价值取决于获得与花费的比较（产品性能/交易价格）；而交易价值取决于花费与参考价格（交易价格/参考价格）。该理论重点提出交易效用取决于参考价格，即提出参考价格对消费者尤为重要。因此企业在提价的过程中可以考虑提高消费者的参考价格或模糊消费者的参考价格。

3. 调节匹配理论

调节匹配理论（regulatory fit theory）在调节聚焦理论的基础上由Higgins 学者在 2000 年提出。该理论认为个体的自我调节聚焦与他们的行为策略之间存在着相互匹配的关系（Higgins，2000；林晖芸和汪玲，2007）。Higgins (2000) 认为，当人们的行为策略支持其自我调节聚焦时，就会产生调节性匹配的价值（value from fit）。这种调节性匹配会让人们产生一种正确感和重要性体验（Cesario 等，2004；林晖芸和汪玲，2007）。如促进聚焦的消费者与渴望—接近策略更匹配，而防御聚焦的消费者与警惕—回避策略更匹配。根据调节匹配理论可知，人们在做决策时感知到的价值取决于个人决策过程中的个人目标与决策战略方式的匹配结果（Avnet 和 Higgins，2006）。

4. 归因理论

归因理论（attribution theories）是用于分析人们活动因果关系的心理学理论。具体而言，归因理论就是关于人们如何解释自己或他人行为，且这种解释又将如何再影响人们的态度和行为的理论。归因理论在社会认知理论和人际关系理论的基础上，由罗斯和安德鲁斯等人提出。营销界常用归因理论来解释消费者的行为。如李巍和王志章（2011）运用归因理论解释了不同口碑发布平台对消费者产品判断的不同影响。除此之外，归因理论对促销也具有启示意义。企业在做促销活动时必须给出一个较好的解释理由，如果不这样，消费者将会自己对促销活动进行归因。例如企业产品降价，消费者可能归因于产品质量有问题，企业资金出现问题等对企业不利的原因。因此归因理论对不同营销活动影响消费者的行为具有重要解释意义。

归因理论常用于价格—质量判断，即消费者一般认为产品高价格对应产品高质量，产品低价格对应产品低质量。消费者这种根据产品价格判断产品质量的方法就是归因理论的体现。当产品价格下降时，消费者有可能会归因于产品质量在下降、产品款式陈旧、产品有缺陷或企业财务遇到危机等。因此企业不能一味地进行价格战，在降价的时候也要给予消费者一个充分的理由。

5. 认知失调理论

认知失调理论（cognitive dissonance theory）是指消费者在面对新的情境时，心理上会出现新认知和原来的旧认知相互冲突的情形。这种认知的不一致性就称为认知失调。该理论是由 Festinger（1962）提出，主要用于解释消费者内在动机。当消费者面临新认知和旧认知不一致时，人们可能会对新认知进行否定，维持旧认知。人们也可能去寻找更多支持新认知的信息，提高新认知的可信度，从而取代旧认知。人们具有保持认知一致性的趋向。在实际生活中，随处可见相互矛盾的事物，但是这种外部的不一致并不表示消费者内心也会感知到不一致，这是因为人们会把这些不一致的事物理性化，进而保持一致。但是如果人们不能够将这些事情保持一致性，心理上就会产生矛盾和痛苦的感受。

6. 后悔理论

后悔理论（Regret Theory）又称遗憾理论，是金融学的四大研究成果之一。后悔理论是由 Loomes 和 Sugden（1982）和 Bell（1982）提出的，该理论认为人们对自己的决策存在一定的预期反应，当人们意识到自己的决策方案不如备选方案时就会产生后悔情绪，反之则会产生愉快情绪。Bell（1982）认为后悔是将一件给定事件的状态与未来将要选择的状态进行比较之后所产生的情绪。Landman（1993）认为后悔是指消费者在主观或客观条件的影响下，对过去采取或者没有采取某种行动而导致的消极结果所产生的自责、懊恼、悔恨等情绪。Kahnema 和 Miller（1986）将后悔分为采取了某种行动而感到后悔（即做的后悔）与没有采取某种行动而感到后悔（即不做的后悔）。同时，根据期望理论，Janis 和 Mann（1997）构造了预期后悔，即害怕现在不做而导致将来产生后悔，即“不做的后悔”。后悔理论在金融投资领域应用较多，如人们在股票投资过程中常感到后悔状态。投资者因为害怕后悔而将采取一些相应的办法尽量避免后悔的发生。除此之外，后悔理论也可以应用到营销领域，如消费者错过购买某促销产品也会感到一定程度的后悔。本书部分研究中的预期后悔主要是考察消费者在促销活动过程中由于没有购买而产生的后悔状态。

7. 锚定效应

锚定效应（anchoring effect）是指人们会将某些特定数值作为初始值来制约估测值，这个初始值就像“锚”一样制约着估测值（Wansink 等，1998）。“锚”就好比一个参照物，人们在估测时会考虑这个参考值的影响。当参照物与估测的答案越相近时，锚定效应就越显著。锚定效应是由卡纳曼（Kahneman）和特沃斯基（Tversky）在 1974 年通过实验来加以证明的。实验中两位学者让被试估计非洲国家在联合国所占席位的百分比，分母是 100，需要被试估测分子的大小。被试首先旋转摆放在他们面前的罗盘，随机选择 0～100 的数值。然后，实验者将暗示被试他选择的数值比真实值偏大还是偏小，最后被试进行估测。结果发现，被试随机选择的数值大小对后面他们的估测值影响很大。例如，当被试选择 10 作为开始值，其估测值是 25，而如果被试选择 65 作为开始值，其估测值则变为 45。该实验说明初始值对预测值具有较大影响，被试的估测值将会锚定在初始值的一定范围内。锚定效应在生活中运用较多，在促销领域应用也较为广泛。例如，促销中的人员推销术语会影响消费者的购买数量。具体而言，如果销售人员询问消费者购买 1 件还是 2 件产品时，可能消费者在购买数量上就在 1 和 2 之间选择，但如果销售人员询问消费者是购买 4 件还是 5 件时，消费者可能最终购买的数量将大于第一种询问方法。

2.1.3　消费者态度行为理论

1. ABC 态度模型

ABC 态度模型由 Hovland 和 Rosenberg 在 1960 年提出，该模型认为

人们的感情、行为反应倾向和认知三部分要素共同构成了人们的态度。这三部分具有相互影响关系，其中感情（affect）是指人们对态度对象的感觉；行为反应倾向（behaviour tendency）是指人们采取行动的倾向，但是这种倾向并不一定代表行为会实际发生；认知（cognition）是指人们对态度对象所拥有的信念。感情、行为和认知三者之间具有相互作用关系，消费者对态度对象的动机水平不同，三者的相对重要性和影响顺序也将不同。下面介绍三种层级的不同态度形成步骤：①基于认知信息加工的态度：认知—感情—行为；②基于行为学习过程的态度：认知—行为—感情；③基于享乐主义的消费态度：感情—行为—认知。

在此基础上，本书大多研究会基于认知信息加工态度（认知—感情—行为）来考察消费者对不同促销刺激的反应。不同促销方式会影响消费者不同认知——消费者不同认知将影响消费者对此促销有不同感情——不同感情将影响消费者不同购买行为倾向。

2. 态度—行为模型

根据 Fishbein 和 Ajzen（1975）的态度—行为模型可知，人们对某事物不同的态度会影响其对应不同的行为。将此模型运用到促销领域也就是消费者因为受到某种促销刺激的影响，进而对该促销产品产生不同购买意愿，这种购买意愿将直接影响其真实购买行为，即意愿越强烈则越可能产生购买行为。这种意愿受到消费者对该促销活动的态度和主观规范的影响（郝辽钢，2008）。其中消费者对该促销活动的态度就是本书研究的促销影响消费者购买意愿过程中的中间变量，如消费者感知质量、感知价值、感知风险、心理所有权和预期后悔等。消费者在促销活动中受到的主观规范影响主要是指消费者在接受该促销活动过程中受到他人或社会的规范影响的程度（郝辽钢，2008）。

2.1.4 框架效应

展望理论是风险决策下的一个重要理论，其核心内容前面已经阐述。其中展望理论里面的一个非常有趣的结果就是人们面临风险选择时主要受到选项描述的影响，即框架效应。选项被描述为获得时，比选项被描述为减少损失时人们更不愿意选择冒险。根据展望理论可知人们的购买决策包括决策描述阶段和评价阶段（贾建民，2002）。在决策描述阶段，人们会运用不同的描述方式，将可能的结果描述为相对利得或相对损失（高充彦等，2009），在这个阶段，框架效应将会影响人们的判断和决策过程。

框架效应（framing effect）是指同样的内容信息以不同的方式表述会使决策者产生不同的理解（Kühberger，1995）。Levin 等（1998）将框架效应分为三种类型，分别是风险选择框架、属性框架和目标框架。三种不同类型的框架效应对应不同的作用机制和结果（施卓敏等，2013）。具体如下：

（1）风险选择框架（risky choice framing）。Kahneman 和 Tversky（1979）最早提出风险选择框架，认为人们会根据风险程度描述方式的不同而选择不同的结果。Kahneman 和 Tversky（1979）在亚洲疾病治疗决策方案中采用两种描述方式供人们选择，第一种是获得型描述："A 方案是有 200 人可以生还；B 方案是有三分之一的机会 600 人可以生还，而有三分之二的机会全部死亡"；第二种是损失型描述："C 方案是有 400 人将死亡；D 方案是有三分之一的机会没有人死亡，而有三分之二的机会 600 人将全部死亡。"研究结果发现，人们在面临获得时规避风险，将选择 A 方案，而人们在面临损失时偏爱风险，将选择 D 方案。

（2）属性框架（attribute framing）。属性框架指人们会根据某一事物或事件的某些特征是否被置于框架操控的核心而带来不同的评价（Levin 和 Gaeth，1988）。如 Levin 和 Gaeth（1988）研究发现牛肉以 75%瘦肉展示比 25%肥肉展示能带来更高的消费者感知质量和购买意愿。

（3）目标框架（goal framing）。目标框架会影响交流信息的说服力，其行为目标是被框定的。目标框架将信息分为积极目标框架和消极目标框架。积极框架提倡行为被描述为"促进得到"的机会，人们更多关注"得到"的目标；而消极框架提倡行为被描述为"避免失去"的机会，人们更多关注"规避失去"的目标（Levin 等，1998；施卓敏等，2013）。

综上，施卓敏等（2013）将三种框架的比较总结如表 2-1 所示：风险选择框架主要是对风险选项的不同描述，从而影响人们对风险选择的比较；属性框架是对事物不同属性的描述，用以衡量某一项目的吸引力；目标框架是对某行为的目标或结果的不同描述，从而影响人们采取某种行为的可能性。

表 2-1 风险框架、属性框架和目标框架的比较

框架类型	被框架的对象	被影响因素	衡量方式
风险选择框架	不同描述的风险选项	风险偏好	风险选择的比较
属性框架	事物的属性或特征	项目评估	某一项目的吸引力
目标框架	某行为的目标或结果	说服力	采取某行为的可能性

信息的不同描述框架将影响人们的不同决策行为（Kahneman 和 Tversky，1979）。框架效应常用以解释人们如何根据不同的信息描述方式采取不同的行为结果（Levin 等，1998）。框架效应在消费者行为领域和促销领域等运用较多。因此，消费者对促销方式的选择也取决于这些促销如何被描述（Diamond 和 Johnson，1990）。在框架效应的定义基础上，本书中将促销框架效应（sales promotional framing effects）定义为同样让利水平下的促销由于表述方式不同而对消费者产生不同的影响（Pacheco 和 Rahman，2015；Diamond，1992）。本书第三章将对比考察不同促销框架带给消费者的差异影响。

2.1.5 社会交易理论

社会交易理论指出人们的行为是建立在合理选择的基础上，消费者是否进行交易行为取决于在交易中所获得的报酬和付出的成本的比较（朱翊敏，2013）。本书除了考察普通促销下消费者的反应外，还将考察需要消费者付出一定努力才能得到促销优惠的奖励方式（如转发朋友圈、关注公众号、在线好评、口碑推荐等）带给消费者的影响，即考察参与式促销对消费者的影响。商家给消费者优惠有时候不是单纯的消费者到店即可得到，而是需要消费者完成一定任务，因此这就涉及消费者需要权衡付出和回报之间的关系。在此部分研究中社会交易理论就能很好地解释消费者对促销奖励计划的反应。其中消费者在交易中获得的报酬包括外在报酬（如金钱奖励等）和内在报酬（如爱、尊敬、社会地位和荣誉等），而所需付出的成本包括时间、精力等（朱翊敏，2013）。消费者是否愿意进行口碑

推荐取决于在交易中感知的预期收益和预期成本的比较（Ryu 和 Feick，2007）。

社会交易理论（social exchange theory）认为消费者的推荐行为取决于感知收益和感知成本的权衡（Ryu 和 Feick，2007）。不同的推荐奖励计划将带给消费者不同的感知收益和感知成本，如推荐者向弱关系朋友和强关系朋友进行推荐时所面临的感知收益和感知成本将有所不同（Ryu 和 Feick，2007）。在强关系下，推荐者将感知到更高的社会成本和心理成本，而在弱关系下，推荐者的社会成本和心理成本将降低，而奖励所带来的感知收益将变大（Ryu 和 Feick，2007）。本书部分研究将运用社会交易理论，通过系列实验来考察需要消费者参与促销对消费者反应的影响。

2.2　促销的研究现状和文献综述

2.2.1　用 Citespace 软件梳理结果

本研究首先通过 Citespace 软件对目前文献进行梳理。Citespace 软件主要是对共引网络的分析和可视化，以对文献进行科学计量分析（Dosi，1982）。此部分内容首先对国内 CNKI 促销研究现状进行梳理，然后对国外文献通过 Web of Science 数据库进行收集。国内外数据检测时间为 2021 年 10 月 14 日，为了便于比较和梳理近几年的研究现状，本部分大多数选择分析近五年数据，即 2017—2021 年。除了文献数量特别少的，其余文献比较均选择的是近 5 年数据。

国内文献，以 CNKI 数据库为数据源，文献类型为“期刊”，以“促销”为主题词，筛选从 2017 年到 2021 年的 CSSCI 促销文献，共计文献 165 篇，知识图谱如图 2－1 所示。从图 2－1 中可知，网络密度为 0.013 2，包括 121 条节点间的连线和 136 个关键词节点。接着我们整理了共现频率排名靠前的关键词，如表 2－2 所示，发现频率最高的是“促销”，其次分别是“促销努力”“购买意愿”“供应链”“感知价值”“定价”“价格促销”等。

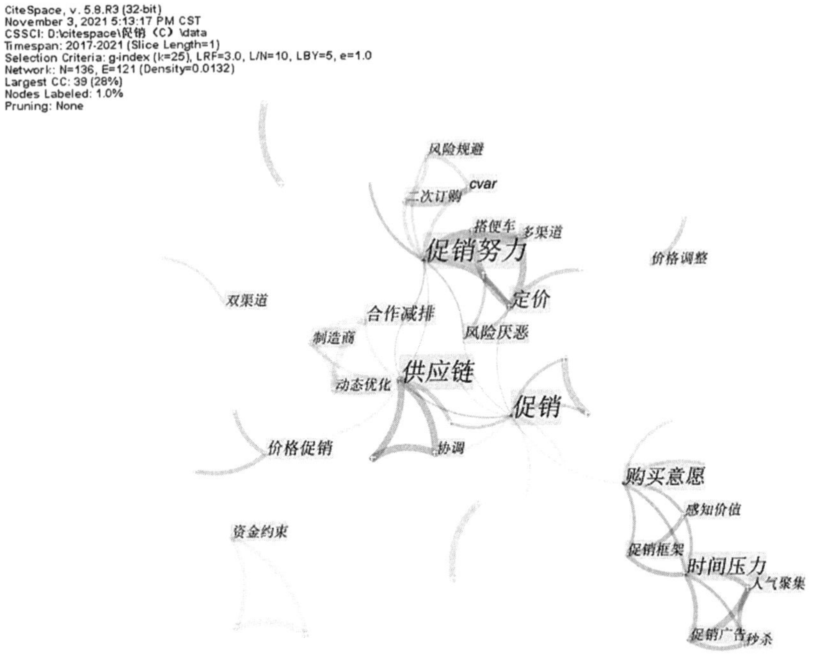

图 2-1　促销研究关键词共现知识图谱（CSSCI 文献）

表 2-2　关键词频、中心度统计（CSSCI 文献）

关键词	频次	初始年份	中心度	关键词	频次	初始年份	中心度
促销	14	2017	0.1	顾客信任	2	2019	0
促销努力	14	2017	0.05	产品定位	2	2018	0
购买意愿	6	2017	0.06	秒杀	2	2017	0
供应链	6	2017	0.05	预支情绪	2	2020	0
感知价值	4	2017	0	定价策略	2	2019	0.01
定价	4	2017	0.02	谈判能力	2	2018	0
价格促销	3	2018	0	协调	2	2017	0
促销策略	3	2017	0	中介效应	2	2018	0
双渠道	3	2017	0	二次订购	2	2018	0
促销决策	2	2019	0	合作减排	2	2020	0
最优策略	2	2020	0	价格调整	2	2018	0
退货政策	2	2018	0	cvar	2	2018	0

（续）

关键词	频次	初始年份	中心度	关键词	频次	初始年份	中心度
搭便车	2	2017	0	电商企业	2	2018	0
买赠促销	2	2017	0	时间压力	2	2017	0.02
风险规避	2	2019	0	预期情绪	2	2020	0
促销广告	2	2017	0	促销框架	2	2017	0
风险厌恶	2	2018	0.01	人气聚集	2	2017	0
资金约束	2	2020	0	多渠道	2	2017	0

接着，为了回顾和了解目前国外学者促销研究现状，我们以 Web of Science 数据库为数据源，选择文献类型“期刊”、主题词为“promotion”、时间阈值为“2017—2021 年”的高被引用期刊论文 1 891 篇。从知识图谱图 2-2 中可以看到，共有 1 779 条节点间的连线和 337 个关键词节点，网络密度为 0.031 4。在知识图谱的基础上，对共现频率排名靠前的重要关键词进行排序（表 2-3）。其中，频率最高的是“performance”，其次分别是“model”“expression”“nanoparticle”“system”“impact”等。

图 2-2　促销研究关键词共现知识图谱（英文）

表 2-3　关键词频、中心度统计（英文）

关键词	频次	起始年份	中心度	关键词	频次	起始年份	中心度
performance	78	2017	0.04	generation	25	2017	0.03
model	70	2017	0.09	stability	25	2017	0.03
expression	61	2017	0.04	activation	25	2017	0.02
nanoparticle	58	2017	0.05	reduction	25	2017	0.05
system	57	2017	0.03	gene expression	24	2017	0.01
impact	53	2017	0.06	receptor	24	2017	0.04
growth	49	2017	0.06	arabidopsis	24	2017	0.05
cell	46	2017	0.03	energy	24	2017	0.05
mechanism	46	2017	0.06	electrode	23	2017	0.02
water	45	2017	0.03	association	23	2017	0.03
gene	45	2017	0.01	behavior	22	2017	0.06
dynamics	43	2017	0.04	transport	22	2018	0.03
catalyst	42	2017	0.02	oxidation	22	2017	0.03
design	41	2017	0.05	risk	22	2017	0.04
protein	41	2017	0.05	diversity	21	2017	0.05
efficient	38	2017	0.03	cancer	20	2017	0.03
graphene	37	2017	0.06	classification	20	2017	0.03
identification	36	2017	0.04	polymer	20	2017	0.02
evolution	36	2017	0.06	phase	20	2017	0.01
nanosheet	35	2017	0.05	promotion	19	2017	0.07
network	32	2017	0.05	temperature	19	2017	0.04
surface	31	2017	0.02	carbon dioxide	19	2017	0.02
oxide	29	2017	0.03	algorithm	19	2017	0.02
degradation	28	2018	0.05	efficiency	19	2017	0.03
transition	27	2017	0.06	climate change	19	2017	0.05
emission	26	2017	0.02	framework	18	2017	0.03

通过上文分析，我们发现“促销努力”的频率较高，同时本书的第 4 章将考察需要消费者付出努力的促销对消费者的影响，为了更好地了解目前对促销努力的研究现状，我们接下来继续对促销努力展开检测。

针对国内文献，我们以 CNKI 数据库为数据源，文献类型为“期刊”，以“促销努力”为主题词，筛选 2017—2021 年的文献，共计文献 66 篇。通过 Citespace 软件我们绘制了促销努力关键词知识图谱，如图 2-3 所示。从图 2-3 中可知，网络密度为 0.035 9，包括 200 条节点间的连线和

106 个关键词节点。接着我们整理了共现频率排名靠前的关键词，如表 2-4 所示，发现频率最高的是“促销努力”，其次分别是“促销”“供应链”“微分博弈”“风险规避”“定价”等。

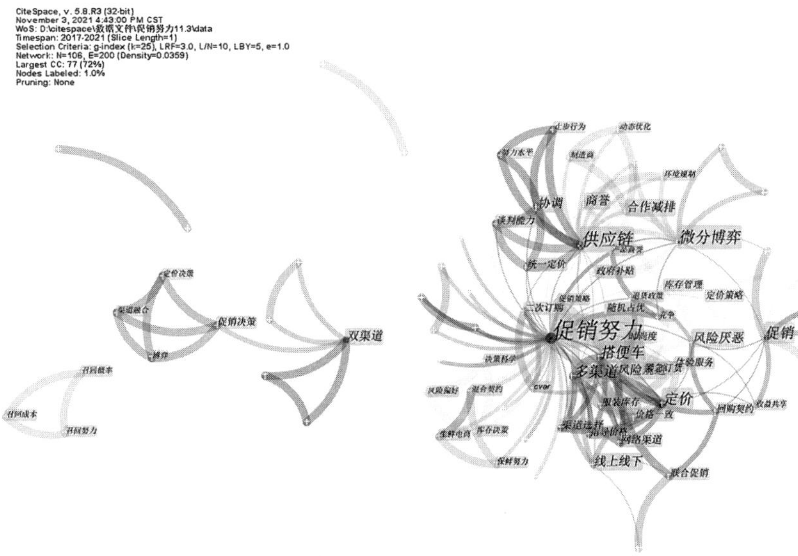

图 2-3　“促销努力”知识图谱

表 2-4　“促销努力”的关键词分析

关键词	频次	初始年份	中心度	关键词	频次	初始年份	中心度
促销努力	25	2017	0.8	促销决策	2	2018	0.08
促销	8	2017	0.1	退货政策	2	2018	0
供应链	7	2017	0.11	线上线下	2	2019	0.03
微分博弈	6	2017	0.13	混合契约	2	2018	0
风险规避	5	2017	0.03	商誉	2	2020	0.01
定价	5	2017	0.05	成本分担	2	2019	0
搭便车	4	2017	0.01	定价策略	2	2021	0.03
风险厌恶	4	2017	0.04	合作促销	2	2017	0
双渠道	4	2017	0.21	合作减排	2	2020	0.02
多渠道	4	2017	0.01	生鲜电商	2	2018	0
协调	3	2017	0.02	回购契约	2	2017	0.01
二次订购	3	2018	0	cvar	2	2018	0
联合促销	3	2017	0	竞争	2	2017	0

为了回顾和了解目前国外学者促销努力研究现状，我们以 Web of Science 数据库为数据源，选择文献类型“期刊”、主题词为“promotion efforts”，时间阈值为“2017—2021 年”的论文有文献 5 114 篇。从知识图谱 2－4 中可以看到，共有 3 261 条节点间的连线和 444 个关键词节点，网络密度为 0.033 2。在知识图谱的基础上，对共现频率排名靠前的重要关键词进行排序（表 2－5）。其中，频率最高的是“impact”，其次分别是“health”“model”“behavior”“intervention”等。

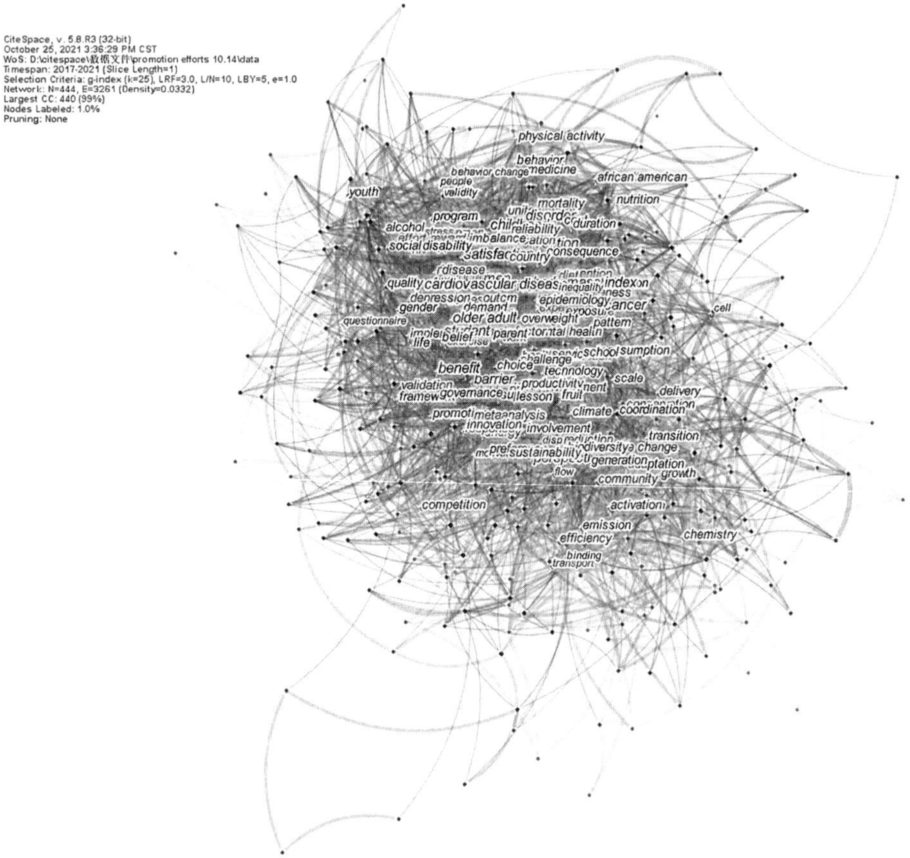

图 2－4 “promotion efforts”知识图谱

同样，企业跨国经营越来越普遍，因此我们接着分析关于促销跨文化比较研究。

表 2-5　"promotion efforts"关键词分析

关键词	频次	起始年份	中心度	关键词	频次	起始年份	中心度
impact	277	2017	0.01	quality	86	2017	0
health	261	2017	0.01	women	86	2017	0.01
model	230	2017	0.01	population	81	2017	0.01
behavior	195	2017	0.01	attitude	78	2017	0
intervention	183	2017	0.02	community	77	2017	0.02
promotion	179	2017	0.01	determinant	73	2017	0.01
risk	168	2017	0.01	adolescent	72	2017	0.01
prevalence	136	2017	0.01	expression	71	2017	0.02
system	132	2017	0	mortality	70	2017	0.02
performance	131	2017	0.02	water	65	2017	0.01
united states	130	2017	0.02	mental health	64	2017	0.01
physical activity	124	2017	0.01	education	64	2017	0.01
children	122	2017	0.01	experience	63	2017	0.02
care	120	2017	0.01	stress	63	2017	0.01
management	114	2017	0.01	disease	63	2017	0.01
prevention	109	2017	0.01	people	62	2017	0.01
association	108	2017	0.01	information	61	2017	0
program	98	2017	0.01	evolution	61	2017	0.01
obesity	94	2017	0.01	mechanism	60	2017	0.02
policy	91	2017	0.01	growth	60	2017	0.03
strategy	89	2017	0	health promotion	60	2017	0.01
design	88	2017	0.01	dynamics	58	2017	0.01
knowledge	87	2017	0.01	outcome	57	2017	0.01
adult	87	2017	0.01	metaanalysis	57	2017	0.01
perception	87	2017	0	risk factor	57	2017	0.02

以"跨文化 促销"为主题词搜寻了 CNKI 里面的文献，只有文献 42 篇，时间是从 2002 年到 2020 年，2021 年暂未收集到数据。因为文献较少，因此我们对这部分文献全部进行处理。通过数据分析我们发现频率最高的是"文化差异"，其次分别是"跨文化""文化""营销""国际营销"

等。其中“一带一路”词频是1。用同样的方法，我们检索了跨文化促销的外文文献，选择文献类型“期刊”、主题词为“cross - cultural, promotion”，时间阈值为“2017—2021年”的期刊论文有文献104篇。结果表明频率最高的是“children”“model”，其次分别是“promotion”“behavior”“attitude”“strategy”等。

通过以上citespace分析结果，我们得到以下结论：

（1）关于普通促销的研究较多，其中包括促销努力的研究。促销努力的研究文献大多是和供应链等结合展开的研究，而营销领域中的促销努力研究还比较缺乏。现如今，随着互联网的发展，移动终端营销越来越普遍，商家在开展促销活动时常想借助顾客的社会网络进行产品或信息的宣传，消费者为了得到促销优惠常会付出一定努力，而关于这种的促销努力研究较少。基于此，本书将对此进行考察。

（2）中文的文献回顾中，国内文献对跨文化促销的研究相对较少。回顾英文文献发现关于跨文化促销研究的数量比中文文献多，但是整体上关于中国与“一带一路”沿线国家结合起来研究跨文化促销的文献相对缺乏。基于此，本书中的部分研究将关注中国和“一带一路”沿线国家的跨文化促销比较。

接下来我们具体对近几年的中英文文献进行回顾。目前关于跨文化研究的文献较多。如Ioannou和Rusu（2012）从跨文化视角考察了品牌资产的定义和构成等。Ruffolo（2015）比较了英国和意大利两国酒店网站因为文化背景的不同采用不同的语言策略以提高自身的生态意识。关于促销研究的中英文文献均较多，如Liu和Chou（2015）考察了促销包装类型（作为捆绑促销vs作为礼品促销）如何影响消费者价格感知和重购意愿。王琴和王良燕（2018）考察了不同激励类型（金钱vs精神）对促销效果的差异影响，并考察了消费者童年社会经济地位的调节作用。汪旭晖等（2017）考察了隐藏式赠品促销对消费者的影响（网络店铺忠诚）。黄静等（2016）考察了不同促销限制方式（时间vs数量）对消费者购买行为的影响，并加入了产品类型作为调节变量，并考察了感知控制感的中介作用。王琦等（2018）考察了不确定性促销的效果。卢长宝和王传声（2018）考察了过多促销品对消费者行为影响的机制，并加入了时间压力作为调节变量考察。目前文献将促销和跨文化结合研究的较少，但是文献回顾发现也有学者对此展开了研究，如Choi和Kim（2008）考察了SAS（scratch and save）促销在韩国和加拿大对消费者的不同反应，结果表明SAS促销在具有低不确定性规避系数的加拿大对购买意愿的刺激作用比具有高不确定性规避系数的韩国更强烈。综上可见，学术界还是有较多学者关注跨文化的研究，但是将跨文化与促销结合考虑的文献相对较少，因此将促销与跨文化结合展开研究值得深入探讨。

2.2.2 不同促销框架对消费者影响研究现状

1. 价格折扣促销和赠品促销对消费者影响的相关研究

国内外学者对价格折扣促销和赠品促销对消费者的差异影响展开了大量研究。如国内学者刘红艳等（2012）比较了价格促销和赠品促销在不同任务类型、不同时间距离下的促销效果，结果表明在近期将来购物场景下，赠品促销方式比价格促销方式更好，而在远期将来购物场景下结果相反。同时Palazon和Delgado-Ballester（2009）也比较了价格折扣促销和赠品促销对感知价值和购买意愿的影响，并引入促销利益水平作为调节变量，研究指出在高促销利益水平下价格折扣促销比赠品促销更好，而在低促销利益水平下赠品促销比价格折扣促销更好，在中等促销利益水平下价格折扣促销和赠品促销之间没有差异。与此同时，韩睿和田志龙（2005）研究了中国市场上常见的三种促销类型（买赠、打折、返券）对感知交易价值和购买意愿的不同影响，结果发现打折促销对消费者内心参考价格的负面影响最大，但是在信任程度、交易价值和购买意愿上的评价最高，其次是买赠，而返券促销的效果最差。类似地，国外学者Munger和Grewal（2001）也比较了免费赠品、打折和现金返还三种促销方式对消费者的影响（感知质量、感知价值、价格接受程度和购买意愿），研究结果却发现消费者对免费赠品促销评价最好，其次是打折促销，最后是现金返还。Gilbert和Jackaria（2002）对比研究了美国市场常见四类促销（优惠券、价格折扣、样品赠送和买一赠一）的不同促销效果，结果发现买一赠一促销效果最好，其次是打折促销和样品赠送促销，最后是优惠券促销。Hardesty和Bearden（2003）考察了促销幅度大小对促销框架（打折 vs

附加赠送）效应的调节影响，结果发现，在低等水平和中等水平促销让利下，两种促销框架没有显著差异，而在高等水平促销让利下，打折促销效果更好。戴国良（2019）也考察了不同促销方式（折扣、买赠、满赠等）对消费者的影响。王国才等（2021）同样也比较了在促销方式不同的条件下，限时促销和限量促销所产生的购买意愿强度是不一样的。当是赠送促销时，限时会比限量产生更强的购买意愿，当是折扣促销时，限量会比限时更能促进消费者的购买行为。除此之外，有学者通过建立数学模型考察了短期折扣与买赠促销下的订货策略（朱桂阳等，2019）。除了这些方法的应用，龚艳萍等（2015）采用事件相关电位技术（ERP）考察了促销信息模糊程度不同的两类促销（打折促销 vs 赠品促销）对消费者影响的神经机制，结果发现消费者面对打折促销和赠品促销刺激时，脑电波 P2、N2 和 P3 的波峰幅值具有显著差异，消费者对赠品类促销感知到更高的决策风险，即从神经层面得到结论认为，消费者更喜欢打折类促销。综上所述，价格折扣促销和赠品促销对消费者的影响研究结论还存在分歧。

2. 买一赠一、打五折和买两件打五折促销对消费者影响的相关研究

买一赠一、打五折和买两件打五折都是企业经常使用的促销方式。通过已有文献回顾可知，国内外学者针对买一赠一、打五折和买两件打五折促销展开了相关研究，如 Sinha 和 Smith（2000）研究了买一赠一、打五折、买两件打五折三种促销方式对消费者感知价值的不同影响，结果表明打五折产生的交易价值最大，其次是买一赠一，最后是买两件打五折。同时这三种促销方式对消费者的影响还受到产品的可存储性调节：在不能存储商品情况下，打五折和买一赠一在感知价值上的差异将变大；而在能存储商品情况下，买一赠一和买两件打五折在感知价值上的差异也将变大。Li 等（2007）在 Sinha 和 Smith 研究的基础上，再次对比研究了打五折和买一赠一对消费者的感知价值影响，并引入产品消耗性高低作为调节变量，结果表明在高消耗产品水平下买一赠一比打五折更好，而在低消耗产品水平下打五折比买一赠一更好。除此之外，Lowe（2010）考察了感知功能风险在免费附加赠品促销（如买一赠一）和价格折扣促销（如打五折）对消费者影响中的调节作用，发现针对低感知功能风险产品，消费者对免费附加赠品促销评价更高，而针对高感知功能风险产品消费者对价格折扣促销评价更高。Shen（2014）在 Lowe（2010）的研究基础上进一步考察了消费者在不同延伸感知契合度下对促销框架的评价，结果表明针对产品线延伸，消费者更喜欢买一赠一促销，而针对品牌延伸消费者更喜欢打五折促销，这是因为产品线延伸带来的感知功能风险比品牌延伸带来的感知功能风险更低。通过以上文献回顾可知，较多学者考察了买一赠一和打五折促销对消费者的影响，而对买一赠一和买两件打五折促销对消费者的差异影响研究相对较少。

3. 价格折扣促销框架对消费者影响的相关研究

通过文献回顾可知，在框架效应下，不同价格折扣促销框架对消费者的影响不同。如郝辽钢等（2008）研究发现用金额表述促销信息比用百分比表述促销信息更好，但价格折扣计算难易程度和促销品价格在其中起到调节作用。具体而言，针对价格折扣计算困难和高价格促销品下，金额表述促销方式比百分比表述促销方式带来更高的消费者感知价值和购买意愿，而在价格折扣计算容易和低价格促销品下这种差异消失。与此类似地，白琳（2010）考察了价格促销信息的两种陈述方式（金额陈述信息方式和比率陈述信息方式）对消费者购买意愿的影响，同时加入消费者调节定向作为调节变量。结果表明，求成聚焦的消费者比较喜欢比率的价格促销陈述方式；而避败聚焦的消费者则比较喜欢金额的价格促销陈述方式。同时，张黎等（2007）研究表明在不同产品价格和降价幅度水平下，基于百分比的相对数值降价方式与绝对数值降价方式对消费者感知降价幅度与购买意愿均有不同影响。类似关于促销相关的研究还有很多，如盛光华等（2020）考察了促销信息框架对于消费者绿色购买意愿的影响，其中发现折扣促销比赠品促销更能正向影响消费者的绿色购买意愿，非绿替代吸引力在其中起到调节作用。同时张跃先等（2021）在研究免费赠品的促销本质时，发现了赠品促销中会由于赠品的类型（享乐型和实用型）不同，导致消费者的喜悦程度也会不同。再比如黄静等（2018）着眼于两种新型促销方式（单店满减和跨店满减），结合消费者思维加工模型，发现在单店满减的条件下，若启动整体加工模式，会促使消费者产生比跨店满减更强的冲动性购买意愿；而在跨店满减的条件下，若启动局部加工模式会带来更高的消费者冲动性购买意愿。

彭璐珞等（2012）基于调节匹配理论，考察了减价促销和打折促销对消费者感知价值的影响，并通过实验激发消费者的调节定向倾向来与不同促销框架进行匹配，结果发现针对促进导向的消费者，减价促销的效果比打折促销效果好，而针对防御导向的消费者，打折促销的促销效果比减价促销的效果好。国外学者 Delvecchio 等（2009）基于接近—兼容原理和人类记忆原则提出了折扣信息呈现的平面位置会影响消费者的价格评估，该研究通过三个实验考察了折扣呈现的两个位置（离正常价格信息近和远）与折扣框架（直接省钱、节省百分比、现在销售价格）对消费者价格评估的交互影响，研究证实了促销位置和折扣促销框架会共同影响消费者对产品的价格评估。由此可见，不同调节变量对价格折扣促销框架效应的影响不同。

4. 网络促销框架对消费者影响的相关研究

国内外学者除了考察线下促销框架对消费者的影响，也有学者考察线上促销框架对消费者的影响。如 Crespo - Almendros 等（2015）比较了网上价格促销和非价格促销对消费者购买意愿的影响，结果表明新用户更喜欢价格促销，而老用户则更喜欢非价格促销。同时，Crespo - Almendros 和 Del Barrio - García（2016）比较了网上打折促销和免费礼品促销对品牌形象的影响，结果发现针对高促销倾向的消费者，网上折扣促销对品牌形象的正面影响大于免费礼品促销，而针对低促销倾向的消费者结果相反。除此之外，Chatterjee（2011）对比考察了线上三种常见网络促销框架（降低运输价格 vs 降低基础产品价格 vs 降低整体价格）对消费者感知交易价值的影响，并加入消费者特征（邮费怀疑论者、非怀疑论者）和运费相对产品价格高低作为调节变量。施卓敏等（2013）考察了网络促销框架（赠送礼品促销 vs 包邮促销）对消费者网络购买意愿的影响，结果发现消极促销框架（如包邮促销）比积极促销框架（如赠送礼品促销）能带来更高的消费者网上购买意愿，同时消费者调节定向特质和产品价格高低会对这种促销框架效应产生调节作用。

5. 减少损失型促销和获得收益型促销对消费者影响的相关研究

在框架效应下，同一促销信息可以被描述为减少损失型也可以被描述为获得收益型。国内外针对这两种类型的促销框架研究较多，但研究结论不尽相同。如 Kramer 和 Kim（2007）站在促销信息表述流畅性和新颖性的角度对比考察了优惠券促销强调获得和强调避免失去（得到原价 20%的折扣 vs 不用付原价的 20%）对消费者交易感知和使用意愿的影响，结果发现具有流畅性表达的强调获得的促销描述方式比具有新颖性表达的强调避免失去的促销描述方式带来更好的促销效果。同时，该研究考察了消费者交易倾向的调节作用，结果发现在消费者低交易倾向下，两种促销框架的差异影响消失。该研究主要是站在新颖性和流畅性信息处理的角度考察了这两种促销框架的差异影响，而没有考察在同一水平下（如两种促销表述方式都比较新颖或都比较普遍）两种促销信息表述方式的差异影响，因此在使用该研究结论时需注意看前提条件和具体适用条件。Diamond 和 Sanyal（1990）通过实证研究发现优惠券促销描述为获得比描述为减少损失能带来更好的促销效果。相反，国内学者金立印（2008）认为人们对损失的感知比对同等金额的获得的感知更加敏感，因而推测人们对减少损失型的促销（降低成本型促销，如价格优惠）比同等价值的获得型促销（附加价值型促销，如免费赠品）更敏感，并通过实证研究得以证实。其研究结论表明减少损失型促销比获得收益型促销带来更好的促销效果。

除此之外，有较多学者在对比考察减少损失型促销和获得收益型促销对消费者影响时加入了不同调节变量。如 Aaker 和 Lee（2001）研究发现，针对防御导向型的消费者，强调避免损失型的信息描述比强调获得收益型的信息描述的说服力更好，而针对促进导向型的消费者，结果相反。与此类似，我国学者刘磊和王承璐（2012）研究结果表明当消费者处于促进定向时，促销被描述为获得比减少损失能带来更高的购买意愿，当消费者处于预防定向时，促销被描述成减少损失比获得能带来更高的购买意愿。与此同时，国外学者 Lan 和 Monroe（2009）研究了购买目标对促销框架效应（少付多少钱 vs 省多少钱）的调节影响，结果表明当消费者有提前购买目标时更喜欢减少损失型促销描述（如少付多少钱——“pay less”），而当消费者没有提前购买目标时则更喜欢获得收益型促销描述（如省更多钱——“save more”）。

综上，减少损失型促销和获得收益型促销对消费者会产生不同影响，这种影响受到不同调节变量的影响。现有相关研究对这两类促销框架效应的研究结论还存在不一致之处，据此，关于这两类促销框架对消费者反应的影响研究还值得进一步深入。本书将继续对减少损失型促销（如打折促销）和获得收益型促销（如买赠促销）对消费者的差异影响展开研究。

2.2.3 促销框架效应的跨文化研究现状

1. 消费者行为的跨文化相关研究

文化是区分群体之间思想不同的集体规划，文化只在对比中存在，如果没有对比，文化也就没有意义（Hofstede，2001；Eisingerich 和 Rubera，2010）。文化背景的不同会导致消费者有不同的态度和信念等，在消费行为上也有所差异（Aaker，2000；Lalwani 和 Shavitt，2013）。Moon 等（2008）研究发现文化的四个维度（个人主义和集体主义、不确定性规避、权力距离、男性化和女性化）会影响消费者的购买意愿，其中个人主义背景下的消费者比集体主义背景下的消费者更喜欢网上购买定制产品。Xiao（2010）研究了文化背景有显著不同的中国消费者（集体主义、高不确定性规避、高权力距离、长期利益导向）和美国消费者（个人主义、低不确定规避、低权力距离、短期利益导向）在网络购物上的差异。与此同时，Eisingerich 和 Rubera（2010）也对中国和美国进行了跨文化比较研究，主要对比中国和美国在个人主义和集体主义、长期利益导向和短期利益导向、高权力距离和低权力距离文化背景的影响下品牌创新、品牌顾客导向、品牌相关性和品牌社会责任对品牌承诺的影响。Jin 等（2008）则比较了美国（个人主义、低不确定性规避、低语境、高社会信任）和韩国（集体主义、高不确定性规避、高语境、低社会信任）文化背景下的公司声誉与满意、信任和忠诚的影响关系。同时，Schumann 等（2010）对比考察了 11 个国家消费者对口碑推荐的不同反应，结果发现消费者接受的口碑推荐（received WOM referrals）对感知服务质量有正面影响，且在高不确定性规避文化背景下这种影响更大。有学者指出不确定性规避会影响顾客忠诚，并对信任和顾客忠诚的关系进行调节影响，高不确定性背景消费者比低不确定性背景消费者的影响更大（Ndubisi 等，2012）。除此之外，Jahandideh 等（2014）从跨文化视角考察了中国消费者和阿拉伯消费者的不同抱怨行为。不同文化背景的消费者对价格的敏感性不同，经济发达的国家和次发达国家的消费者在价格信息搜寻、加工和处理等环节上有所差异（Doti 和 Sharir，1981）。同时，不同文化背景的消费者对价格判断质量的依赖性也不同（Lalwani 和 Shavitt，2013）。

2. 促销行为的跨文化相关研究

不同文化背景下的消费者对促销刺激的反应不同。国内外学者对不同促销对消费者的影响展开了跨文化研究。如国内学者侯建荣等（2015）对比考察了中国和西方消费者在预付卡办卡意愿上的差异，结果发现中国消费者比西方国家消费者更加重视预付卡的优惠程度，由此可见不同文化背景下的消费者对促销优惠的重视程度不同。Lee 等（2015）比较了在中国和韩国限时信息描述和限量信息描述对消费者网上冲动购买的影响，结果表明相比韩国消费者，中国消费者在冲动购买上受限时信息描述的影响大于限量信息描述的影响。Choi 和 Kim（2008）考察了 SAS（scratch and save）促销在韩国和加拿大对消费者的不同影响，结果表明 SAS 促销在具有低不确定性规避系数的加拿大对购买意愿的刺激作用比具有高不确定性规避系数的韩国更强烈。但是该研究仅考察的是一种促销方式的影响，而没有比较不同促销描述带给消费者的差异影响。Green（1995）比较了非洲裔美国人和英裔美国人对四种促销方式（优惠券、产品陈列、特色广告和价格折扣）的不同反应，结果发现不同文化背景下的消费者对优惠券的反应有所不同。同时 Huff 和 Alden（1999）比较了中国、泰国和马来西亚消费者对优惠券促销和抽奖促销的不同态度。该文比较的三个国家都是集体主义国家，只是进行了国家间的分析比较。同时该研究用的是问卷调查（survey study）而不是实验调查（experiment study），且没有将两类促销完全操纵在相同促销让利水平下进行。

综上所述可知，不同文化背景下的消费者对营销活动有不同评价反应。关于促销框架效应的跨文化研究还值得进一步深入探讨。

2.2.4　促销参与的相关文献回顾

促销参与在本书中主要是指消费者参与促销活动。通过文献回顾我们也发现越来越多学者在考察参与式促销对消费者的影响。

通过文献回顾我们发现关于顾客参与在线评论后获得商家的促销优惠方面的文献较多。如付东普和王刊良（2015）考察了不同回报方式（社会回报 vs 小额经济回报）对顾客在线产品评论的差异影响，结果发现比起采用社会回报，采用小额经济回报的购物网站的在线产品评论的总体评分更高；同样，李婷婷和李艳军（2016）考察了好评返现和产品体验的交互项对消费者在线星级评分和文本评论的影响；李琪和阮燕雅（2016）研究结果证实赠送优惠券对鼓励消费者对其所购买的产品认真书写评论有明显的作用。由此可见，商家在激励顾客为其进行在线好评时常会使用各种促销手段，让顾客参与在线评论从而给以促销优惠。在此基础上，本书除了继续考察顾客参与在线好评计划的影响，还将考察顾客参与朋友圈转发信息然后获得促销优惠的影响。

除此之外，Yu 等（2021）考察了普通促销与需要消费者付出努力的促销带给消费者的差异影响，该研究通过系列实验证实需要消费者付出努力的促销比普通促销带来更高的心理所有权、预期后悔和使用意愿。由此可见需要消费者参与的促销带给消费者的影响与普通促销带来的影响是不同的。除此之外，还有学者考察了顾客参与促销后的后续行为。如李研等（2017）通过实验考察了顾客面临被迫好评情境下的反应，如顾客在餐厅就餐结账时被告知需要微信朋友圈分享信息才能获得促销折扣优惠时顾客的反应，结果发现在这种情景下，顾客的抗拒体验会对顾客后续行为（删除意愿、未来口碑推荐意愿）产生影响。宋宏磊和张博（2019）对消费者参与好评奖励活动的后续负面行为与心理路径进行了研究，发现购物体验显著负向影响消费者参与好评奖励活动后续负面行为和认知失调，购物体验和奖励额度对消费者参与好评奖励活动后续负面行为和认知失调均具有交互效应；购物体验对认知失调在奖励额度与后续负面行为关系中的中介效应有调节作用。由此可见，参与式促销除了会对消费者参与意愿等产生影响外，还会对消费者后续行为（如后续口碑推荐、后续重复购买、后续删除评论等）产生影响。现实中我们常看到消费者参与促销活动后除了有后续的推荐意愿等外，还常会存在“薅羊毛”现象。李鑫（2016）研究中提到 P2P 中这类特殊的“薅羊毛”者，利用促销策略抽走平台资金，易造成平台虚假繁荣，危害较大。文献回顾发现关于消费者“薅羊毛”行为相关研究较少，本书将针对消费者参与促销后的“薅羊毛”行为展开研究。

综上，通过对已有文献的梳理，我们发现关于促销参与的文献相对普通促销的文献少很多，但是也有学者在这个领域进行研究，促销参与的相关研究受到越来越多的关注。在此基础上，本书从普通促销到参与式促销系统考察促销带给消费者的影响。

2.2.5　研究现状的综合评述

通过对促销相关文献的综述，本研究对此总结如下：

（1）关于促销框架效应研究的文献中，有部分学者在对比考察不同促销策略时，并没有将促销让利水平完全控制在相等水平下，只是笼统对比不同促销策略的差异效果，如Gilbert和Jackaria（2002）和韩睿和田志龙（2005）的研究。在企业促销预算费用和促销目的相同的情况下，促销的表述方式不同也将会带来不同的消费者影响，对这方面的考察对企业的营销实践具有重要作用。因此，本书部分研究将考察促销让利水平完全相等的促销类型带给消费者的差异影响。

（2）对有关于促销被描述为获得还是减少损失，哪种描述更加有效，现有研究还存在不一致的结论。如国外学者Kramer和Kim（2007）和Diamond和Sanyal（1990）研究表明获得收益型促销比减少损失型促销带来更好的促销效果，而国内学者金立印（2008）研究结论表明减少损失型促销比获得收益型促销的促销效果好。因此对这两类促销的研究还值得进一步深入考察。究其原因，我们发现不同学者选择不同促销类型代表和不同调节变量所获得的研究结论不一致。因此对这两类促销的考察还需要结合不同调节变量展开研究。在使用此类促销框架效应研究结论时要注意研究前提条件和和适用条件。本书还将继续考察减少损失型促销（打折促销）和获得收益型促销（买赠促销）对消费者的差异影响。

（3）通过以上文献综述可以发现，国内外文献针对“打折”和“买赠”等促销方式研究较多，而对满额促销方式研究较少。而在当今市场营销环境下，较多商家运用如“满送促销”“满减促销”等活动。因此对满额促销的考察很有必要，可以弥补现有研究的不足，因此本书选取了满额促销作为促销刺激。同时，现有研究关于打折促销和赠品促销的有效性比较研究结论也存在不一致之处，因此对这两类促销的对比研究也值得进一步深入考察，本书还将继续对比考察打折促销和赠品促销对消费者的影响。除此之外，针对价格折扣促销框架的文献回顾发现，不同价格折扣促销框架在不同调节变量的影响下对消费者的影响有所区别，故加入不同调节变量来考察价格折扣促销框架效应的文献研究还有必要。

（4）通过文献回顾发现促销框架的促销效果具有情景依赖性。较多学者在考察促销框架效应时加入了不同调节变量进行研究。影响促销框架效应的调节变量总结如下：①被促销品特征：产品可储存性、产品消耗性水平、产品价格水平等（如 Sinha 和 Smith，2000；Li 等，2007）；②消费者特征：消费者的调节定向特质、交易倾向、消费者的文化背景等（如刘磊和王承璐，2012；彭璐珞等，2012；白琳，2010；Lee 等，2015；Choi 和 Kim，2008；Huff 和 Alden，1999）；③促销情境因素设计：促销让利水平大小（Hardesty 和 Bearden，2003），不同促销限制（促销时间限制、促销数量限制和促销身份限制）（李研，2014），不同促销陈列空间位置（Delvecchio 等，2009）。通过促销框架效应研究的调节变量回顾发现，国内外学者在研究促销框架调节变量选取上，多集中在产品特征和消费者特征上，而对促销时间限制的影响考察相对较少。为了弥补国内外在此方面的研究不足，本书将系统考察促销品特征、消费者特征、时间压力因素等在促销框架影响消费者反应中的调节作用。

（5）通过文献回顾可知，较多学者比较了买一赠一促销和打五折促销对消费者的差异影响（如 Sinha 和 Smith，2000；Li 等，2007；Lowe，2010；Shen，2014），但此类研究对比分析的买一赠一促销和打五折促销的促销让利水平并不完全相等，且是在传统购物情境下的促销方式比较。买一赠一促销消费者还是支付了原价的货币成本，而打五折促销消费者没有支付原价的货币成本，因此这两类促销只在单位成本上相等，而在消费者绝对成本上不相等（Sinha 和 Smith，2000）。与传统购物渠道相对的是网络购物，网络购物的信息不对称性、匿名性，虚拟性等特征会增加网购的不确定性和风险（McKnight 等，2002），进而增加消费者的感知风险，从而对促销框架的反应也将有所不同。因此，本书还将考察网络购物环境下促销让利水平完全相等的买一赠一和买两件打五折促销对消费者的影响。

（6）通过已有文献回顾发现，较多学者关注消费者行为差异的跨文化比较研究（如Jahandideh等，2014；Xiao，2010），但对不同促销表述方式对消费者影响的跨文化比较研究相对较少。文化背景的不同对企业制定促销策略时具有重要指导意义，因此不同促销方式的跨文化比较研究显得尤为重要。虽有部分学者关注文化背景的不同对不同促销策略的影响，但相关研究还存在一些不足之处。如Choi和Kim（2008）考察了SAS促销（scratch and save promotion）在不同国家对消费者的不同影响，但是该研究没有对不同促销方式之间的促销效果进行对比；Huff和Alden（1999）的研究虽对比考察了不同国家消费者对优惠券促销和抽奖促销的不同态度，但该研究并没有考察促销让利水平完全相等的促销类型带来的差异影响，且该研究采用的是问卷调查（survey study）而不是实验调查（experiment study）。基于此，本书将采用实验研究法考察促销让利水平控制在完全相等情况下的两类促销在不同文化背景下对消费者的差异影响。

（7）通过对促销对消费者反应的影响研究的文献回顾发现：较多学者对促销领域展开了相关研究，由单一促销自身设计的差异对消费者差异的影响研究（Hardesty和Bearden，2003；Delvecchio等，2009；李研，2014）拓展到不同促销策略之间的对比研究（如Munger和Grewal，2001；Gilbert和Jackaria，2002）。由于不同促销策略对比研究没有将促销让利水平控制在完成相等水平下，这样可能导致消费者反应的偏差，进而越来越多学者研究了促销框架对消费者反应的影响（Palazon和Delgado-Ballester，2009；Hardesty和Bearden，2003）。文献回顾发现，较多学者在考察促销框架效应时加入了不同调节变量进行研究。如国内外较多学者考察了产品特征（产品可储存性、产品消耗性水平和产品价格水平）（Sinha和Smith，2000；Li等，2007）、消费者特征（消费者调节定向特质和交易倾向）（Lee等，2015；Choi和Kim，2008；刘磊和王承璐，2012）等对促销框架效应的调节影响。除此之外，随着互联网的发展，越来越多的学者聚焦于网络促销研究，考察了网络促销框架对消费者的差异反应（Crespo - Almendros 等，2015；Crespo - Almendros 和 Del Barrio - García，2016）。同时，随着全球化的深入，考察不同国家对促销策略的差异反应变得越来越普遍，学术界对促销的跨文化比较研究不断增加（Lee 等，2015；Choi 和 Kim，2008）。从这样的研究趋势可以看出，促销研究领域的深度和广度不断增加，但大多数研究都集中于考察普通促销形式，关于新型的顾客促销参与方面的研究相对较少。本书将针对普通促销和消费者参与式促销展开研究，除了考察普通促销带来的影响，还将考察参与式促销带来的差异影响。

2.3 本章小结

通过本章的理论分析和文献回顾，我们发现了关于促销的研究现状。目前关于促销的研究较多，但是也存在一些可以补充和完善的地方，如普通促销对比分析中关于调节变量的考察还可以继续挖掘。同时文献回顾发现关于新型促销参与的比较研究还很少，而这种方式应用越来越广泛，因此关于新型促销方式的比较研究亟待增加。综上，本书将系统考察普通促销和参与式促销对消费者的差异影响。接下来的研究分为普通促销相关研究和需要消费者参与的新型促销相关研究。

我们在大量梳理了近年相关文献的基础上，对促销进行了分类。其中普通促销方式，主要是指直接的买赠、打折、赠送优惠券等，这类促销一般不需要顾客付出额外努力，只要购买产品就可以享受这种促销优惠。而参与式促销是指顾客需要付出一定努力才能获得优惠，如下载 App，关注公众号，转发朋友圈等，这类促销不再单纯直接给予顾客促销优惠，而是需要顾客付出一定努力，让顾客参与其中，帮助企业信息传播和销售更多，顾客参与促销后再给予优惠。下面是一些现实生活中普通促销和需要顾客参与促销的示例图片（图 2 - 5、图 2 - 6）。

通过以上促销图片信息我们可以知道，现实生活中有各类促销形式，有直接给予消费者促销优惠的形式，如图 2 - 5 所示“凡元宵节进店消费，每人即送一份汤圆”，即直接赠送礼品，同时也有很多需要顾客付出努力的促销形式，如图 2 - 6 所示“需要邀请新朋友才能得到 15 元全场券”，即需要顾客邀请自己的好友共同参与才可以获得优惠。以上两种促销方式会带给消费者怎样的影响？这都值得探讨。

图 2-5　普通促销形式

图 2-6　需要顾客参与促销形式

在本书中我们将顾客参与促销活动简称为顾客促销参与，需要顾客付出努力才能获得促销优惠的活动简称为参与式促销。基于现有理论和实际促销情境，本书将顾客促销参与定义为：顾客通过自己的努力，如下载App、关注商家公众号或转发微信朋友圈等参与商家要求的任务从而获得促销优惠的行为。接下来本书将对普通促销和顾客参与式促销展开研究，除了考察参与式促销对消费者参与意愿的影响，还将考察顾客参与促销后的积极行为（如后续推荐意愿）和消极行为（如“薅羊毛”行为）。

第3章　普通促销对消费者的影响研究[①]

本章先介绍促销框架对消费者的差异影响，通过一系列的实证研究来证实不同的促销方式对消费者的影响不同，同时考察了相关调节变量和中介变量的作用。除此之外，还分析了促销信息在平面广告中对消费者的差异影响，并通过眼动实验来证实。

3.1　促销框架选择概述

不同促销框架对消费者的影响不同。促销框架是指企业在为消费者提供相同的促销让利水平时而采用逻辑意义上相似但表述方式不同的促销信息描述（施卓敏等，2013；彭璐珞等，2012）。促销框架也可以称为不同的促销表述方式。促销方式的不同对消费者的影响不同。与此同时，网络促销框架是指网络上不同促销信息的描述（施卓敏等，2013）。国内外学者站在不同的角度对促销框架进行了分类。

（1）Gilbert 和 Jackaria（2002）根据成本/利益原则认为促销策略可以划分为两类，分别是价值附加型促销（value adding promotions）和价值增加型促销（value increasing promotions）。价值附加型促销包括抽奖促销，赠送样品促销等，价值增加型促销包括特价促销，打折促销等。

（2）有学者从货币性和非货币性层面将促销分成了货币性促销（monetary promotions）（如打折、减钱、优惠券等）和非货币性促销（nonmonetary promotions）（如买赠、免费样品、抽奖等）（Campbell 和 Diamond，1989）。

（3）根据展望理论，从信息描述的角度可以将促销分为减少损失型促

① 此章部分内容来自于曾慧博士论文及其他研究成果。

销（framed as a reduced loss）和获得收益型促销（framed as a gain）（Diamond 和 Johnson，1990）。一般货币促销对应的是损失的减少，非货币促销对应的是获得（Diamond 和 Johnson，1990；Campbell 和 Diamond，1989）。有学者指出即使是同一货币促销，也可以根据描述方式的不同，分为减少损失型货币促销和获得收益型货币促销（Thaler，1985；Lan 和 Monroe，2009）。如花了 100 元钱购买，然后返现 50 元就相当于获得型；而直接降低 50 元则是减少损失型促销。同时，Lan 和 Monroe（2009）认为价格促销描述为"少付（pay less）"属于减少损失型促销描述，诱使消费者感知到花费的减少，而"省更多（save more）"则属于获得收益型促销，诱使消费者感知到获得了额外节省。

（4）国内学者戴鑫等（2013）从成本—收益的角度将促销分为四类，分别是降低消费者经济成本促销（如打折促销、数量折扣促销、现金折扣促销等）、降低消费者心理成本促销（如价格信息的不同表述方式）、提高消费者经济收益促销（如买赠促销）和提高消费者心理收益促销（如竞赛促销、抽奖促销等）。

（5）国外学者 Yeshin（2006）将促销分为三类，分别是基于财务刺激的促销（如优惠券促销、特价促销等）、基于产品的促销（如免费礼品促销、免费产品试用促销等）和其他促销（如抽奖促销、竞赛促销等）。

除此之外，也有学者将促销框架分为积极促销框架和消极促销框架，其中积极促销框架强调获得，而消极促销框架强调避免失去（Levin 等，1998）。国内外学者对此促销框架效应展开了相应研究。如 Gamliel 和 Herstein（2012）对比研究了积极促销框架和消极促销框架（如果你买会得到 vs 如果你不买会失去）对消费者购买意愿的影响，结果发现，相对于积极促销框架，人们对消极促销框架的购买意愿更强。同时，该研究还考察了消费者卷入度的影响，发现无论是高介入度消费者还是低介入度消费者，消极促销框架都比积极促销框架效果好。

3.1.1　常见促销策略

促销策略在现实生活中的应用随处可见，促销策略的方式也是多种多样。“打折”“买赠”“满送”“满减”“优惠券”“抽奖”“特价”“减价”“赠品”“免费样品”等都是促销常见表述方式。韩睿和田志龙（2005）通过调查发现中国企业最常使用的三种促销策略分别是：买赠、打折和返券，并对这三种促销方式进行了对比分析，发现这三种促销方式对消费者的感知交易价值和行为意向都有差异影响。国外学者 Gilbert 和 Jackaria（2002）认为美国市场常见的四类促销是优惠券、买一赠一、价格折扣和样品赠送。由此可以看出，无论是国外市场还是国内市场的常见促销策略具有相似之处。

结合国内外市场常见促销策略的运用情况，本研究对以下常见促销策略进行介绍：

1. 价格折扣促销

价格折扣促销就是我们常说的打折促销，是指企业或商家在短期内对产品进行折扣优惠，从而降低商品价格，吸引消费者购买。价格折扣的形式多样，包括直接打折，也包括减价百分之多少等。例如打 7 折，立减 30%都属于价格折扣促销。

2. 赠品促销

赠品促销，又叫买赠促销（free gift with purchase），是指企业在消费者购买产品后，给消费者赠送一些产品或小赠品，对消费者进行额外的赠送优惠。赠品促销可以让消费者获得额外的附加价值，但是赠品必须要具有吸引力和特色，从而才能更好地吸引消费者购买产品。市场上常见的赠品促销有买赠、赠送样品等活动。

3. 抽奖促销

抽奖促销是指消费者在购买产品，能获得抽奖的机会，消费者可能会因为自己的“好运”得到额外的惊喜。抽奖环节是商家提前设计好，利用消费者的侥幸心理来吸引消费者，只要消费者购买产品即有机会参加。在促销预算费用一定的情况下，企业可以选择采用大概率的“人人中奖”方式或小概率的“幸运大奖”方式进行抽奖促销。“人人中奖”抽奖方式，都是小奖励，消费者都能获得奖品，只是得到的奖励物稍微有所区别，如市场上常见的“幸运转盘”抽奖方式；“幸运大奖”抽奖方式，只有少数几位消费者可以获得奖品，奖励较大，但是消费者获奖的概率较小。两种抽奖方式最后的总促销费用一样，但是带来的效果却有所差别。如高充彦等（2009）通过对抽奖促销和赠券促销对比研究发现：当奖品的总价值一定且奖品是功用性奖品时，为了让抽奖促销效果最大化，建议企业不要考虑使用“人人中奖”的方式，而是使用具有低中奖概率、高奖品价值的“幸运大奖”的方式。

4. 赠送优惠券促销

赠送优惠券促销也叫赠送抵价券促销，是指消费者购买商家产品，达到商家赠送优惠券的要求后，商家会赠送相应优惠券。消费者可以在下次购买该商家产品时直接抵扣商品价格。这种促销方式可以很好地留住顾客，增加顾客重复购买行为。优惠券没有降低消费者的内在参考价格，因此对消费者的感知质量一般没有影响，但是消费者如果要使用该优惠券就必须还要去该商家进行再次消费。

5. 满额促销

满额促销是指消费者购买满一定金额时，可以享受一定优惠。如市场上常见的满 100 送 50 或满 100 减 50 活动就属于购买满一定金额享受一定优惠的促销活动。商家采用满额促销的主要目的是为了增加营业收入。消费者会为了获得促销优惠，而购买更多金额的商品以凑足优惠条件。在现实生活中，满额促销应用越来越普遍。如京东商城经常做满 199 减 100 元的促销活动。

6. 数量促销

数量促销是指消费者在此店铺购买商品达到了一定数量后，商家会给予一定促销优惠。数量上的折扣，如买两件打五折，买三件打四折等。商家采用数量促销是为了增加销售数量或解决产品库存积压问题，消费者可能会为了获得优惠而购买更多数量的产品。除了消费者购买更多数量获得打折外，有的商家还采用买一赠一、买二赠一等活动，其目的也是为了销售更多数量的产品。数量促销在现实生活中运用非常广泛，如屈臣氏在某段时间主推的两类促销方式就是买一送一和量多折扣（如两件 7.5 折，三件或以上 7 折）。

7. 特价促销

特价促销是指商家在短期内直接对商品价格进行降价，这时的商品价格明显低于平时的购买价格。这种方式非常简单、方便，也很容易被消费者接受。通过归因理论，我们知道消费者会对这次特价怀有疑问，因此商家必须要给出一个合理的理由来进行这种促销，不然消费者会归因于其他对企业不利的因素。

8. 节日促销

节日促销是指在不同节日展开促销活动。如每年的11月11日“光棍节”商家进行大力促销，使得消费者在当天购买更多的产品。节日促销对消费者的影响力较大，商家如果能很好利用节日促销，营业额可能会是平时非节日营业额的好几倍。如“天猫双11购物节”，大多数商家线上线下的产品销量都有较大增长。在现实生活中，企业几乎在每个节日都会采取不同的促销活动，与节日主题相符合的促销或广告词屡见不鲜。商家利用节日这个营销机会展开促销，消费者会将产品的促销活动归因于节日，而不太会归因于质量的下降。因此节日为商家开展促销活动提供了很好的时机。

总之，国内外企业常采用各种各样的促销来吸引消费者，刺激消费者快速购买或购买更多。根据研究的需要，本章将重点关注两类促销带来的促销效果。一类是与数量无关的促销，如满额促销（满多少钱送多少、满多少钱减多少）、减少损失型促销（打折促销）与获得收益型促销（买赠促销）、新颖性与否促销（打五折 vs 一元当两元用）；另一类是与数量相关的促销，如买两件打五折促销、买一赠一促销，对比分析买一赠一和买两件打五折促销对消费者的影响。

3.1.2 促销框架选择

1. 阈值促销（选择对比代表：满减促销 vs 满送促销）

阈值促销主要是指这类促销活动需要满足一定条件才能获得优惠的促销。在现实生活中常看到“满多少减多少”，“满多少送多少”等促销活动。本研究首先对比这类阈值促销带来的不同影响，选择满减促销和满送促销作为代表来进行对比，主要对比满减促销和满送促销对消费者的差异影响。目前，关于“打折”“买赠”“优惠券”等促销方式对消费者的影响研究较多（如刘红艳等，2012；龚艳萍等，2015；Palazon 和

Delgado－Ballester，2009），而对市场上常见的满送、满减这种满额促销方式对比研究较少。为了弥补此方面研究的不足，本研究将考察市场上常见的满减促销和满送促销对消费者反应的影响。满减促销是指消费者购买的产品满一定金额，则可以相应减少一部分现金的支付；满送促销是指消费者购买的产品满一定金额，则可以获得一部分现金的返还或礼品的赠送。这两类促销都是需要顾客满足一定条件后才可以获得优惠。

2. 数量促销（选择对比代表：买一赠一 vs 买两件打五折）

数量促销是指消费者在此店铺购买商品达到了一定数量后，商家会给予一定促销优惠。数量上的优惠，如买多少件打多少折，买几件送几件等。商家采用数量促销是为了增加销售数量或解决产品库存积压问题，消费者可能会为了获得优惠而购买更多数量的产品。数量促销在现实生活中运用得非常广泛。据此，本研究将对比分析买一赠一和买两件打五折对消费者的差异影响。买一赠一和买两件打五折是我国和国外企业经常使用的两种具体促销方式，两类促销都属于与数量相关的促销，商家都是为了销售更多数量的产品而采取的促销方式。买一赠一是指消费者购买一件产品后再赠送消费者一件同等价值的产品。买两件打五折是指消费者一次性购买两件产品则会在原价的基础上为消费者打五折。通过已有文献回顾可知，国内外学者针对买一赠一和买两件打五折展开了相关研究，如Sinha和Smith（2000）研究了买一赠一、打五折、买两件打五折三种促销方式对消费者感知价值的不同影响及相关调节变量的作用。本研究将继续考察这两种促销方式给消费者带来的差异影响及相关调节变量的作用。

3. 减少损失型促销 vs 获得收益型促销（选择对比代表：打折促销 vs 买赠促销）

减少损失型促销带给消费者的心理感受是损失的减少，成本的降低；而获得收益型促销带给消费者的心理感受是得到了额外的获得，增加了消费者的收益（Campbell和Diamond，1989）。因此，这两类促销框架会因为表述方式的不同带给消费者不同的影响。本研究将选择打折促销和买赠促销分别作为减少损失型和获得收益型促销代表，以考察时间压力和消费者特征对其的差异影响。打折促销是指消费者购买促销品时可以享受一定现金折扣；买赠促销是指消费者购买促销品之后可以获得相应礼品赠送。虽有较多学者已经考察了打折促销和买赠促销对消费者的差异影响，但结合时间压力和消费者特征作为调节变量进行考察的文献较少。

4. 新颖性与否促销（选择对比代表：打五折 vs 一元当两元用）

在本章最后，我们还将对比考察普通常见促销和相对新颖性促销对消费者的差异影响。同样是打五折，我们在市场中也会看到有些商家将其表达为“一元当两元用”促销。普通常见促销主要会启动消费者的加工流畅性机制，而新颖性促销会使得消费者觉得比较新奇。一方面，消费者对新奇刺激的信息加工深度决定了他们对新颖促销的偏好（如 Aaker 和 Williams，1998）。另一方面，消费者喜欢普通的促销，因为处理更加流畅，使信息更容易处理（如 Lee 和 Aaker，2004）。消费者面对这两种促销，到底是哪种机制驱使其更偏好哪类促销，值得深入研究。“打五折”和“一元当两元用”这两种促销带给消费者的让利水平相同，但是表述方式的不同带来的影响有何差异也值得进一步研究。

综上，本章将系统比较这几组促销框架对消费者的差异影响。我们首先在 3.2 节分析满送和满减对消费者的差异影响及边界作用条件。其次，我们在 3.3 节分析买一赠一和买两件打五折促销对消费者的影响，这其中包括这两类促销对中国消费者的影响，除此之外还进行了跨文化对比研究，系统地对这两类促销方式进行了全面的比较和分析。再次，我们在 3.4 节分析打折促销和买赠促销给消费者带来的差异影响。最后，在 3.5 节分析打五折和“一元当两元用”这两种促销表达方式对消费者的差异影响。

3.2 满送促销和满减促销对消费者的差异影响①

促销是企业运用各种短期诱因从而鼓励消费者对其产品或服务的购买（科特勒，2009）。“买一送一”“打五折”“满 300 减 50”“满 300 送 50”等促销活动形式在市场上屡见不鲜。企业在同样的促销让利水平下，可以

① 此内容部分来自于曾慧 2017 年博士论文《促销框架对消费者反应的影响研究》。

对促销表述方式有多种选择。然而，研究表明不同促销表述方式对消费者的影响是不同的（如 Chen 等，1998；Li 等，2007；Valette - Florence 等，2011）。如 Chen 等（1998）研究发现在相同促销让利水平下，优惠券比打折促销能带来更高的购买意愿；Li 等（2007）对比研究了买一送一与打五折对消费者感知价值的不同影响。促销表述方式不仅会影响消费者感知价值、购买意愿，还会对企业的品牌资产产生影响（Valette - Florence 等，2011）。品牌资产是企业非常重要的无形资产，是企业通过以往在品牌方面的营销努力进而产生的赋予产品或服务的附加价值（范秀成，2000）。国内外学者关于促销与品牌资产的影响关系研究较多，但研究结论不尽一致。如 Palazon 和 Delgado - Ballester（2005）认为非价格促销和价格促销均对品牌资产有正面影响，而 Villarejo - Ramos（2005）研究认为，长期来看价格促销对品牌资产具有负面影响。

目前，关于“打折”“买赠”“减价”“优惠券”等促销方式对消费者的影响研究较多，而对市场上常见的“满送”“满减”这种阈值促销方式对比研究较少。如 Gilbert 和 Jackaria（2002）对比研究了打折、返券、买一送一和样品试用这四种促销方式对消费者购买行为的影响，结果发现打折效果最好，其次是买一送一、样品试用，最后是返券促销。研究结论具有可借鉴性，但不足之处是四种促销方式没有在同等让利水平下进行比较。因此本研究将比较在同等促销让利水平下的满送促销和满减促销对消费者的影响。Gilbert 和 Jackaria（2002）将促销方式分为具有价值增值型（value increasing）的促销和价值附加型（value adding）的促销。满送促销主要为消费者增加了额外利益，属于价值附加型促销；而满减促销主要为消费者减少了花费，属于价值增值型促销（Gilbert 和 Jackaria，2002）。由框架效应可知，同样的内容信息以不同的方式表述会使决策者产生不同的理解（Kühberger，1995）。因此即使在同样的促销让利水平下，满送、满减促销由于表述方式的不同也会给消费者带来不同的影响。由此我们可以预测，具有价值附加型的满送促销方式会增加消费者的利得，从而提高消费者感知价值；而具有价值增值型的满减促销会降低消费者的损失，进而减少消费者的损失，也会提高消费者感知价值。感知利得的增加和感知损失的减少都将提高消费者的感知价值，从而提高购买意愿（Dodds 等，

1991），进而带来更高品牌资产（江明华和董伟民，2003）。但是究竟哪种促销表述方式对消费者的感知价值、购买意愿及品牌资产的影响更大，这都是值得探讨的问题。同时，在不同产品涉入度水平下，消费者对产品信息的处理方式有所不同（Cacioppo 和 Petty，1979），因而对促销表述方式的认知和判断也有所差异，进而对消费者感知价值，购买意愿和品牌资产产生不同影响。本研究将产品涉入度水平作为边界条件进行考察。

本研究通过实证研究探讨满送促销与满减促销对品牌资产的影响关系及其边界条件。在相同的让利水平下，满送促销与满减促销对品牌资产的影响有何差异？促销表述方式对品牌资产影响的作用过程是什么？消费者感知价值、购买意愿在其中起到怎样的影响作用？在不同产品涉入度水平下，满送促销与满减促销对品牌资产的影响差异又将如何？这都是本研究将探讨的问题。

3.2.1 理论回顾

1. 品牌资产

品牌资产（brand equity）作为市场营销研究的重要概念，受到国内外学者的广泛研究。本研究的消费者影响主要考察的是对消费者品牌资产的影响。目前对品牌资产概念尚没有统一定义。综合已有文献，国内外学者主要从三种视角对品牌资产进行定义：公司财务视角、市场视角和消费者视角（卢泰宏等，2000）。Farquhar（1989）从消费者视角指出品牌资产是指相对于无品牌的产品，有品牌的产品所带来的超越其使用价值的附加价值或附加利益。我国学者范秀成（2000）站在消费者视角认为品牌资产是指企业通过以往在品牌方面的营销努力进而产生的赋予产品或服务的附加价值。本研究对品牌资产的概念界定沿用范秀成的品牌资产定义。通过已有文献可知，国内外学者对促销与基于消费者的品牌资产之间的关系研究较多（如 Valette - Florence 等，2011；Palazon 和 Delgado - Ballester，2005；江明华和董伟民，2003；Buil 等，2013）。如 Palazon 和 Delgado - Ballester（2005）研究发现，非价格促销和价格促销均对品牌资产有正面影响，但非价格促销相比价格促销对品牌资产的建立更合适。同时，Valette - Florence 等（2011）研究发现，过度的价格促销将会损坏品牌资产。江明华和董伟民（2003）的研究也表明，深度折扣的价格促销对提高购买意向有积极作用，但是对品牌资产的评价明显降低。除此之外，Buil 等（2013）还对比研究了广告支出、广告态度、价格促销和非价格促销对品牌资产的不同影响。通过以上文献回顾可知，不同促销方式会对品牌资产产生不同影响，关于促销与品牌资产之间的研究结论也不尽一致。已有文献大多是从单一促销方式进行研究或者多个促销方式对比研究，但不足之处是多个促销方式对比研究中没有将促销让利控制在同等水平下进行比较。为了弥补这方面的不足，本研究将对比研究在促销利益水平完全相同下的满送促销与满减促销对品牌资产的影响。

2. 框架效应

框架效应（framing effect）是指同样的内容信息以不同的方式表述会使决策者产生不同的理解（Kühberger，1995）。Levin 等（1998）将框架效应分为三种类型，分别是风险选择框架、属性框架和目标框架。三种不同类型的框架效应对应不同的作用机制和结果（施卓敏等，2013）。Kahneman 和 Tversky（1979）最早提出风险选择框架，认为人们会根据风险程度描述方式的不同而选择不同的结果，人们在面临获得时规避风险，在面临损失时偏爱风险。属性框架是指人们会根据某一事物或事件的某些特征是否被置于框架操控的核心而带来不同的评价（Levin 和 Gaeth，1988）。如 Levin 和 Gaeth（1988）研究发现，牛肉以 75%瘦肉展示比 25%肥肉展示能带来更高的感知质量和购买意愿。目标框架会影响交流信息的说服力，其行为目标是被框定的，积极框架提倡行为被描述为“促进得到”的机会，人们更多关注“得到”的目标；而消极框架提倡行为被描述为“避免失去”的机会，人们更多关注“规避失去”的目标（Levin 等，1998；施卓敏等，2013）。

框架效应理论在促销领域运用较多，如郝辽钢等（2008）研究发现用金额表述促销信息比用百分比表述促销信息更好，但价格折扣计算难易程度和促销品价格在其中起到调节作用。在框架效应下，同一促销信息可以被描述为增加利益也可以被描述为减少损失。Kramer 和 Kim（2007）研究发现优惠券在广告中强调获得比强调减少损失能产生更好的促销效果。我国学者刘磊和王承璐（2012）也对比研究了促销被描述为获得和被描述为减少损失对消费者购买意愿的影响，结果表明当消费者处于促进定向时，促销被描述为获得比减少损失能带来更高的购买意愿，当消费者处于预防定向时，促销被描述成减少损失比获得能带来更高的购买意愿。通过现有文献可知，在框架效应下，不同促销表述方式对消费者的影响不同。

3. 产品涉入度

Vaughn（1986）认为产品涉入度是指产品或服务所拥有的潜在价值连续体，是产品拥有的潜在价值大小。一般认为，高涉入度产品具有较高产品价值，价格相对昂贵，消费者较陌生，消费者在购买时面临较高感知风险，决策过程中需要投入较多时间和精力；而低涉入度产品通常具有较低产品价值，价格低廉，消费者在购买时面临较低感知风险，在做决策过程中不需要花费较多时间来搜集相关信息。研究表明涉入度会影响消费者对产品信息的处理方式（Cacioppo 和 Petty，1979），在高涉入度产品下，消费者会全面、仔细地处理产品信息，即会采用系统的信息处理方法；而在低涉入度产品下，消费者只会依据简单的线索来进行判断，即采取简单直觉的信息处理方法（Meyers - Levy 和 Maheswaran，2004）。在品牌研究方面的文献中，较多学者已意识到了产品涉入度对其的重要影响作用。如郭晓凌（2007）研究发现品牌质量差异和消费者产品涉入度总体上对品牌敏感具有正向影响，但受到产品涉入度的调节作用。

被促销品特征会对促销框架效应产生影响。如国外学者 Sinha 和 Smith（2000）在考察促销框架效应时发现产品可储存性水平对消费者具有调节作用。同时，Li 等（2007）考察了产品消耗性水平对消费者的调节作用。除此之外，产品价格水平高低也会对促销框架效应产生不同影响，较多学者对此也进行了考察（如张黎等，2007；郝辽钢等，2008）。本研究主要考察不同产品涉入度水平对促销框架效应的影响作用。产品涉入度也指不同产品受到消费者不同的投入和重视的程度（Cohen，1982），它反映了产品对消费者的重要程度（高媛等，2011）。在不同产品涉入度水平下，消费者对产品信息的处理方式有所不同（Cacioppo 和 Petty，1979），因而对促销表述方式的认知和判断也有所差异，进而表现出对不同促销框架的差异反应。本研究将产品涉入度水平作为影响促销框架效应的边界条件进行考察。基于此，在研究不同促销表述方式对品牌资产的影响过程中将产品涉入度水平作为调节变量加入其中进行探讨。

3.2.2 研究假设与模型

1. 促销框架对感知价值、购买意愿和品牌资产的影响

据框架效应理论可知，内容相同的信息以不同的方式表述会使决策者产生不同的理解（Kühberger，1995）。同样促销让利水平下，企业既可以把促销信息描述为获得利益也可以把促销信息描述为减少损失。消费者支付的价格一般被认为是损失，减少支付价格即减少了消费者损失。因此满送促销主要为消费者增加了利益，而满减促销主要为消费者降低了成本，减少了损失。

由展望理论可知，消费者在面对相同水平下的获得和减少损失时更加倾向于减少损失（Kahneman 和 Tversky，1979）。金立印（2008）认为消费者对于损失的感知比同等金额获得的感知更加敏感，据此我们推测满减促销比满送促销能带来更高的消费者感知价值、购买意愿。促销表述方式不仅会影响消费者的购买意愿，还会影响促销品品牌资产（Valette - Florence，2011；江明华和董伟民，2003）。如江明华和董伟民（2003）研究发现深度折扣的价格促销会对促销品品牌资产产生负面影响。因此满送促销和满减促销也会对被促销品品牌资产产生不同影响，相比而言，由于消费者更倾向于减少损失，故我们预测满减促销比满送促销能带来更好的消费者反应。感知价值是消费者对感知到的获得与付出进行比较之后对产品效用的总体性评价（Zeithaml，1988）。消费者内部参考价格和产品销售价格之差会影响到消费者感知交易价值的评价，进而对购买意愿产生影响（Della Bitta 等，1981；韩睿和田志龙，2005）。购买意愿（purchase intention）是指消费者对获得某种产品或服务的主观愿望强度（江明华和董伟民，2003），是消费者想要购买某产品或服务的行动倾向。较多研究者将购买意愿作为预测消费者实际购买行为的最准确的预测项（如白琳，2010）。基于此，我们提出以下假设：

H1：满减促销比满送促销能带来更高的消费者感知价值。

H2：满减促销比满送促销能带来更高的消费者购买意愿。

H3：满减促销比满送促销能带来更高的被促销品品牌资产。

2. 产品涉入度调节作用

涉入度会影响消费者对产品信息的处理方式和信息加工水平（Cacioppo和Petty，1979）。Kim和Kramer（2006）从信息处理过程角度对价格折扣形式的研究发现，消费者认知需要越高，信息处理程度越深入，计算精确度就越高，进而导致更高的感知节省和购买意愿。高涉入度产品一般是价值比较高的产品，消费者购买会面临较高风险，因此在高涉入度产品下，消费者更加积极主动地搜集产品相关信息，会考虑更多产品属性，在购买时比较理性，对促销信息表述方式处理更加精细，因而满送促销和满减促销在对消费者感知价值、购买意愿和品牌资产影响上的差异将变大；而低涉入度产品一般价值较低，购买风险较小，因此消费者购买决策不会投入太多精力，在购买时相对比较随意，对促销信息的处理程度相对不够深入，因而满送促销和满减促销在对消费者感知价值、购买意愿和品牌资产影响上的差异将变小。基于此，本研究提出以下假设：

H4a：不同促销表述方式（满送、满减）对消费者感知价值的影响受到产品涉入度的调节作用影响：具体而言，针对高涉入度产品满减促销比满送促销能带来更高的感知价值，而针对低涉入度产品满减促销与满送促销的差异消失。

H4b：不同促销表述方式（满送、满减）对消费者购买意愿的影响受到产品涉入度的调节作用影响：具体而言，针对高涉入度产品满减促销比满送促销能带来更高的购买意愿，而针对低涉入度产品满减促销与满送促销的差异消失。

H4c：不同促销表述方式（满送、满减）对被促销品品牌资产的影响受到产品涉入度的调节作用影响：具体而言，针对高涉入度产品满减促销比满送促销能带来更高的被促销品品牌资产，而针对低涉入度产品满减促销与满送促销的差异消失。

3. 促销框架、感知价值、购买意愿与品牌资产

郝辽钢等（2008）研究证实消费者感知获取价值和交易价值均正向显著影响购买意愿。Dodds等（1991）也发现感知价值是消费者对价格的感知与消费者购买意愿之间的中介变量。据此我们推断消费者感知价值是促销表述方式与消费者购买意愿之间的中介变量。

消费者购买意愿的变化会引起市场份额的变化，而市场份额的变化会引起品牌资产的变化（江明华和董伟民，2003）。江明华和董伟民（2003）认为购买意愿是比市场份额和销售额更理想的品牌资产维度，消费者较高购买意愿会带来较高的品牌资产。据此我们推断消费者购买意愿是促销表述方式与品牌资产之间的中介变量。基于此，本研究提出以下假设：

H5a：消费者感知价值正向影响消费者购买意愿。

H5b：消费者感知价值是不同促销表述方式与消费者购买意愿之间的中介变量。

H6a：消费者购买意愿正向影响品牌资产。

H6b：消费者购买意愿是不同促销表述方式与品牌资产之间的中介变量。

综上所述，本研究模型如图3-1所示：

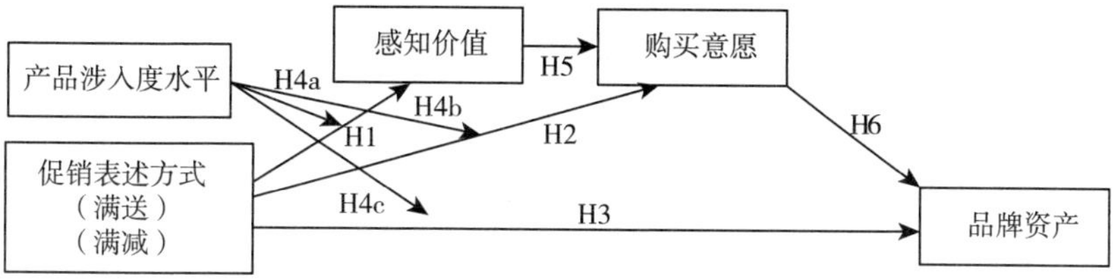

图3-1　研究模型

3.2.3　研究设计与数据分析

1. 研究方法和实验设计

本实验采用2（促销表述方式：满送、满减）×2（产品涉入度水平：高涉入度产品、低涉入度产品）的研究设计，共设计4个版本问卷。我们选择成都市4所高校大学生为调查对象，以班级为单位进行问卷调查。总共分发问卷240份，有效回收207份问卷，有效回收率为86.25%。整个调查过程由班级辅导员和调查者共同指导监督进行，并对被调查者不清楚的地方进行及时解释。同时，为了保证调查的随机性，4个版本问卷在分发前被随机打乱顺序，每位被调查者随机分配到4个实验中的一组，每组实验具有不同的实验情景描述。

考虑到不同促销利益水平将对消费者产生不同影响（Hardesty 和 Bearden，2003），因此本研究借鉴 Kramer 和 Kim（2007）的实验研究设计，统一将促销利益水平控制在 20%。同时为了把满送促销和满减促销控制在完全相等的促销让利水平下，本研究在实验情景描述中把满送促销活动描述为送现金，满减促销活动描述为减现金。根据已有文献研究（Buil 等，2013；Hardesty 和 Bearden，2003），本实验选择服装为高涉入度产品，洗涤用品为低涉入度产品，并在问卷中进行操控性测量。涉入度量表参照 Vaughn（1986）的 3 个测量题项。为了排除品牌名称对消费者的影响，本实验所有刺激产品品牌均使用虚拟品牌。有研究表明促销新颖性会对消费者产生不同影响（Kramer 和 Kim，2007），因此为了排除促销表述方式的新颖性的干扰影响，我们用 3 个题项对新颖性进行测量（Kramer 和 Kim，2007）。因变量主要包括感知价值、购买意愿和总体品牌资产。其中感知价值测量题项主要参照 Munger 和 Grewal（2001）的量表，包括 3 个题项；购买意愿测量题项主要参照江明华和董伟民（2003）根据国外量表改编而成的符合中国消费者的量表，包括 3 个题项；总体品牌资产测量量表参照的是 Yoo 和 Donthu（2001）开发的 CBB 量表，包括 4 个测量题项。所有测量题项均采用 Likert 七级量表评分，其中“1”代表强烈不同意，“7”代表强烈同意。在问卷的最后获得人口统计学变量，包括性别、年龄及所在年级。

2. 实验操控性检验

本研究主要对比研究满送促销与满减促销对品牌资产的不同影响，其中满送促销主要是为消费者增加了利益，我们看作价值附加型促销；而满减促销主要是为消费者减少了花费，我们看作价值增值型促销。因此在问卷的开始我们对这两种促销方式给消费者带来的心理感受进行了测量。操控结果显示：在满送促销方式下大部分消费者选择了“增加利益”选项，而在满减促销方式下大部分消费者选择了“减少花费”选项。同时卡方检验结果（$\chi^2(1)=13.11$，$p<0.01$）表明两者差异显著。为了排除促销方式新颖性的影响，我们比较了两种促销方式的新颖性，结果表明满送（$M_1=3.15$）与满减（$M_2=3.09$）的新颖性没有显著差异（$p>0.05$）。以上两者的检验结果均符合我们的假设前提。同时为了验证服装和洗涤用品分别代表高涉入度产品和低涉入度产品，我们也对其涉入度进行了测量，结果显示：服装的涉入度均值（$M_1=4.45$）显著高于洗涤用品的涉入度均值（$M_2=3.96$），且 $p<0.01$，两者差异显著。综上所述，本实验操控成功。

3. 信度检验

本研究通过 SPSS18.0 软件对数据进行信度分析，结果显示：因变量感知价值、购买意愿、品牌资产的 Cronbach's Alpha 值分别为 0.61，0.76 和 0.81。通常认为 Cronbach's Alpha 在 0.5～0.7 之间则可以使用，因此总体看来本研究信度系数较高，可信性较好。

4. 假设检验

（1）促销表述方式主效果方差分析

本研究首先比较满送促销与满减促销对感知价值、购买意愿和品牌资产的影响。以促销表述方式为自变量，感知价值、购买意愿、品牌资产为因变量进行方差分析，结果表明促销表述方式对这三个因变量均有显著影响关系，结果如图 3-2 所示。具体而言：针对感知价值，满减促销方式（$M_1=3.99$）比满送促销方式（$M_2=3.73$）能带来更高感知价值（$F=4.738$，$p<0.05$），假设 H1 通过检验；针对购买意愿，满减促销方式（$M_1=3.77$）比满送促销方式（$M_2=3.50$）能带来更高购买意愿（$F=5.509$，$p<0.05$），假设 H2 通过检验；针对品牌资产，满减促销方式（$M_1=3.86$）比满送促销方式（$M_2=3.60$）能带来更高品牌资产（$F=$

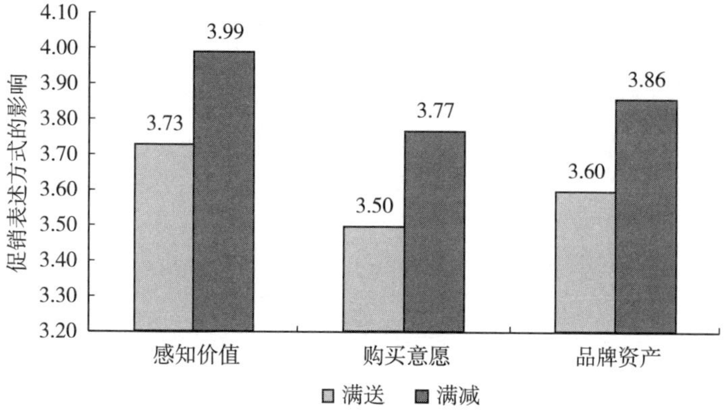

图 3-2　促销表述方式对感知价值、购买意愿和品牌资产的影响

4.185，$p<0.05$），假设 H3 通过检验。

（2）产品涉入度调节作用方差分析

为了进一步研究产品涉入度对促销表述方式与感知价值、购买意愿和品牌资产的影响关系，我们将“促销表述方式”这一分类变量转换为哑变量，用“0”表示满送促销方式，“1”表示满减促销方式；同时将产品涉入度转换为哑变量，用“0”表示高涉入度产品，“1”表示低涉入度产品，对其进行方差分析，从表 3－1 结果可知产品涉入度对促销表述方式与感知价值、购买意愿、品牌资产的调节作用显著。

表 3－1　产品涉入度高低调节作用

源	因变量	Ⅲ 型平方和	*df*	均方	*F*	*Sig.*
促销方式×产品涉入度	感知价值	3.418	1	3.418	4.771	0.030
	购买意愿	2.795	1	2.795	4.066	0.045
	品牌资产	4.988	1	4.988	6.276	0.013

接着，我们将产品涉入度分为高涉入度产品与低涉入度产品两部分进行分析，结果如表 3－2 所示。具体而言：①针对感知价值，在高涉入度产品组，促销表述方式对感知价值产生显著影响，且满减促销方式（$M_1=4.11$）比满送促销方式（$M_2=3.61$）能带来更高感知价值（$p<0.01$）；而在低涉入度产品组，促销表述方式对感知价值的差异未达到统计显著性水平（$p>0.05$），差异消失，假设 H4a 通过检验。②针对购买意愿，在高涉入度产品组，促销表述方式对购买意愿产生显著影响，且满减促销方式（$M_1=3.97$）比满送促销方式（$M_2=3.50$）能带来更高购买意愿（$p<0.01$）；而在低涉入度产品组，促销表述方式对购买意愿的差异未达到统计显著性水平（$p>0.05$），差异消失，假设 H4b 通过检验。③针对品牌资产，在高涉入度产品组，促销表述方式对品牌资产产生显著影响，且满减促销方式（$M_1=3.97$）比满送促销方式（$M_2=3.40$）能带来更高品牌资产（$p<0.01$）；而在低涉入度产品组，促销表述方式对品牌资产的差异未达到统计显著性水平（$p>0.05$），差异消失，假设 H4c 通过检验。

表 3-2　产品涉入度高低、促销表述方式与品牌资产的方差分析

产品涉入度	源	因变量	Ⅲ 型平方和	*df*	均方	*F*	*Sig.*
高涉入度产品	促销方式	感知价值	6.737	1	6.737	9.672	0.002
		购买意愿	5.924	1	5.924	9.198	0.003
		品牌资产	8.448	1	8.448	9.552	0.003
低涉入度产品	促销方式	感知价值	0.004	1	0.004	0.006	0.940
		购买意愿	0.001	1	0.001	0.001	0.976
		品牌资产	0.089	1	0.089	0.128	0.722

（3）促销表述方式对品牌资产影响的路径分析

——促销表述方式、感知价值、购买意愿

为了进一步研究感知价值在促销表述方式与购买意愿之间的中介作用，我们做了以下回归分析：首先将促销表述方式作为自变量，感知价值作为因变量进行回归分析，结果如表 3-3 所示。表明不同促销表述方式对感知价值具有显著正向影响。接着，以购买意愿为因变量，促销表述方式为自变量进行回归分析，表 3-4 的模型 1 结果表明不同促销表述方式显著正向影响购买意愿。最后以促销表述方式、感知价值为自变量，购买意愿为因变量进行回归分析。表 3-4 的模型 2 结果表明感知价值显著正向影响购买意愿，假设 H5a 得到验证；将感知价值纳入回归模型后，模型拟合优度显著提高（$\Delta R^2=0.159$，$F_{1,204}=39.880$，$p<0.01$），且促销表述方式对购买意愿的影响不显著，因此感知价值是促销表述方式影响购买意愿的完全中介变量，假设 H5b 得到验证。

表 3-3　感知价值与促销表述方式的回归分析

模型		非标准化系数		标准系数	*t*	*Sig.*
		估计值	标准 误差	Beta 值		
1	（常量）	3.470	0.185		18.754	0.000
	促销方式	0.258	0.119	0.150	2.177	0.031

注：$R^2=0.018$，$F_{1,205}=4.738$，$p<0.05$。因变量：感知价值。

表 3-4 购买意愿与促销表述方式、感知价值之间关系的回归分析

模型		非标准化系数		标准系数	t	*Sig.*
		估计值	标准 误差	Beta 值		
1	（常量）	3.226	0.182		17.681	0.000
	促销方式	0.274	0.117	0.162	2.347	0.020
2	（常量）	1.842	0.276		6.683	0.000
	促销方式	0.171	0.108	0.101	1.582	0.115
	感知价值	0.399	0.063	0.404	6.315	0.000

注：①对于模型 1：$R^2=0.021$，$F_{1,205}=5.509$，$p<0.05$。②对于模型 2：$R^2=0.177$，$F_{2,204}=23.217$，$p<0.01$；$\Delta R^2=0.159$，$F_{1,204}=39.880$，$p<0.01$。因变量：购买意愿。

——促销表述方式、购买意愿、品牌资产

接下来检验消费者购买意愿在不同促销表述方式与品牌资产影响关系中的中介作用。分析步骤同上。首先分析不同促销表述方式对购买意愿的影响，结果表明不同促销表述方式对购买意愿具有显著正向影响。接着分步回归不同促销表述方式对品牌资产的影响及不同促销表述方式、购买意愿对品牌资产的影响，结果见表 3-5 所示。表中模型 1 结果表明不同促销表述方式显著正向影响品牌资产。模型 2 结果表明购买意愿显著正向影响品牌资产，假设 H6a 得到验证。将购买意愿纳入回归模型后，模型拟合优度显著提高（$\Delta R^2=0.180$，$F_{1,204}=45.836$，$p<0.01$），且促销表述方式对品牌资产的影响不显著，因此购买意愿是促销表述方式影响品牌资产的完全中介变量，假设 H6b 得到验证。

表 3-5 品牌资产与促销表述方式、购买意愿之间关系的回归分析

模型		非标准化系数		标准系数	t	*Sig.*
		估计值	标准 误差	Beta 值		
1	（常量）	3.343	0.196		17.085	0.000
	促销方式	0.257	0.125	0.141	2.046	0.042
2	（常量）	1.861	0.282		6.608	0.000
	促销方式	0.130	0.115	0.072	1.133	0.258
	购买意愿	0.459	0.068	0.430	6.770	0.000

注：①对于模型 1：$R^2=0.015$，$F_{1,205}=4.185$，$p<0.05$。②对于模型 2：$R^2=0.192$，$F_{2,204}=25.468$，$p<0.01$；$\Delta R^2=0.180$，$F_{1,204}=45.836$，$p<0.01$。因变量：品牌资产。

3.2.4　研究结论与讨论

本研究主要探讨在框架效应下，不同促销表述方式（满送促销 vs 满减促销）对品牌资产的影响及内在作用过程和边界条件，并通过对成都市207名在校大学生的实地问卷调查，得到以下研究结论：满减促销比满送促销能带来更高的消费者感知价值、购买意愿和品牌资产；满减促销与满送促销对消费者感知价值、购买意愿和品牌资产的影响受到产品涉入度的调节作用影响。具体而言，针对高涉入度产品满减促销比满送促销能带来更高的消费者感知价值、购买意愿和品牌资产，而在低涉入度产品下满减促销与满送促销的差异消失。消费者感知价值是不同促销表述方式影响购买意愿的完全中介变量，同时消费者购买意愿又是不同促销表述方式影响品牌资产的完全中介变量，即消费者通过对不同促销表述方式的感知价值进行认知和判断，从而决定自己的购买意愿，进而对被促销品品牌资产产生影响。本研究结论丰富了学术上相关研究，并弥补了国内外研究的不足。

本研究结论为企业的促销决策提供了很好的指导意义。在同样促销让利水平下，企业在选择满送促销和满减促销时，建议选择满减促销表述方式，这是因为它对消费者感知价值、购买意愿和品牌资产的影响都相对较大；企业在选择的同时还应考虑自身产品是属于高涉入度产品还是低涉入度产品，在高涉入度产品时更应选择满减促销表述方式，而在低涉入度产品时则无所谓选择哪种促销方式。值得企业注意的是，无论是满减促销还是满送促销，消费者在感知价值、购买意愿和品牌资产上的均值得分几乎都小于4（七级里克特量表），这意味着消费者对其的意愿均不强，这可能是因为这两种促销方式属于阈值促销，即消费者必须满足一定条件才能享受这种促销利益，正是这种限制性优惠条件降低了消费者的积极性，因此企业在做促销决策时还可以考虑更多其他不同促销表述方式。

本研究存在一定局限性。首先本研究采用实验室研究方法，而没有在真实的消费背景下进行研究；同时为了比较促销让利完全相等的满送和满减促销对消费者的不同影响，因而在满送促销实验情景描述上将其描述为送现金，进而与满减（减现金）促销的让利水平完全等同，但这与现实促销背景略有不同，这使得研究结论的推广受到一定限制；本研究在调节变量的考虑上，主要考虑了产品涉入度的调节作用，而实际上消费者的定向特质、消费者个人收入水平、产品类别等均会对不同促销表述方式与品牌资产的关系产生调节影响，这也为后续研究提供了方向。

3.3 买一赠一和买两件打五折促销对消费者的差异影响

接下来，此部分主要对比考察买一赠一和买两件打五折促销对消费者的差异影响。在这部分中我们分为两个研究来展开。其中 3.3.1 是针对中国消费者的研究，3.3.2 是针对跨文化比较研究。两个研究系统地把这两类促销对比得更加深入，同时跨文化的比较研究也将丰富该领域的研究内容。

3.3.1 买一赠一和买两件打五折对中国消费者的差异影响

中国互联网络信息中心（CNNIC）发布第 45 次《中国互联网络发展状况统计报告》显示，截至 2020 年 3 月，我国网民规模为 9.04 亿，互联网普及率达 64.5%（CNNIC，2020）。互联网以其多元化的展现形式、较低的推广门槛等优势，已经超越了报纸、电视及电台等传统营销推广渠道。在激烈的网络市场竞争中，各网络商家常采用各种各样的促销策略来赢得消费者。促销是企业通过各种短期刺激从而鼓励一项产品或者服务的购买或销售（Kotler，2009）。不同类型的促销策略会对消费者的购买意愿产生不同影响（Kotler，2009；Li 等，2007；Sinha 和 Smith，2000；王丽丽等，2008）。如王丽丽等（2008）研究发现价格促销效果不如赠品促销效果，赠品促销相对价格促销更容易产生冲动性购买行为。Li 等（2007）在研究消费者对快速消费品的购买中也发现赠品促销比价格促销效果好。与此相对，Sinha 和 Smith（2000）在研究中发现价格促销对可存储性商品的效果比赠品促销的效果好。也有研究发现，商家的促销策略不仅会影响消费者的购买意愿，还会影响品牌资产（Valette - Florence，2011）。品牌资产是一种超越商品有形资产外的价值，是品牌赋予产品的附加价值或效用（范秀成，2000）。江明华和董伟民（2003）发现频繁的价格促销和深度价格促销都将有损品牌资产，同时 Villarejo - Romaos 等（2005）发现价格促销对消费者感知的品牌资产具有负面影响。然而 Palazon 等（2005）研究认为价格促销和非价格促销均能改善消费者的品牌知识。综上所述可知，学术界关于价格促销和非价格促销对购买意愿和品牌资产的影响没有统一结论，仍值得继续研究。

框架效应（framing effects）认为同样的内容信息用不同的方式表述会使决策者产生不同的理解（Kühberger，1995）。因此即使在相同的促销让利水平下，不同的促销表述形式也会给消费者带来不同的购买意愿和品牌资产（Li 等，2007；Sinha 和 Smith，2000；Valette - Florence 等，2011；Villarejo - Ramos 和 Sánchez - Franco，2005；Palazon 和 Delgado - Ballester，2005）。框架效应理论在促销领域应用较多，如施卓敏等（2013）将框架效应运用到网上促销研究中发现，消极促销框架（包邮促销）比积极促销框架（赠送礼品促销）能带来更高的消费者购买意愿。Gilbert 和 Jackaria（2002）将促销策略分为两类，分别是具有价值增值型（value increasing）和价值附加型（value adding）的促销方式。买一赠一和买两件打五折是我国企业经常使用的两种促销方式，其分别是非价格促销和价格促销，同时也分别隶属于价值附加型和价值增值型促销（Gilbert 和 Jackaria，2002），也是跟数量有关的促销方式。我们可以预测价值附加型的买一赠一促销方式主要带给消费者的感受是获得了额外利益，增加了感知利得，进而提高顾客感知价值；而价值增值型的买两件打五折的促销方式主要带给消费者的感受是降低了货币成本，从而减少了感知损失，也会提高顾客感知价值。感知利得的增加和感知损失的减少都将提高顾客的感知价值，从而提高购买意愿（Dodds，1991）。但是究竟哪种促销表述形式对消费者的影响更显著，以及这两种不同类型的促销表述形式如何影响品牌资产，这都值得我们进行深入探讨。

与传统购物渠道相比，网络购物的信息不对称性、匿名性，虚拟性等特征会增加网购的不确定性和风险（McKnight 等，2002），进而增加消费者的感知风险。而消费者在网络环境下购买产品时的感知风险除了源自网络的不确定性和信息不对称外，还来源于产品本身的感知风险，不同性质的产品本身具有高低不同的感知风险。有研究指出消费者感知风险是影响消费者购买行为的重要因素（Beneke 等，2012；井森等，2007）。有学者研究发现促销效果也会受到被促销产品本身品牌资产高低的影响，如杨德锋和王新新（2008）研究发现不同品牌资产梯队的品牌，价格促销对品牌资产的影响存在显著差异。因此，网络商家如何在网络环境下根据产品特性（如被促销品本身品牌资产高低、被促销品感知风险）选择合适的促销手段，对消费者的购买意愿与品牌资产有重要影响。

本研究基于框架效应理论，通过两个实验探讨不同促销表述形式（买一赠一促销 vs 买两件打五折促销）对消费者购买意愿和品牌资产的影响，并考虑网络环境下被促销品本身品牌资产高低与被促销品感知风险的调节作用。具体而言，在实验一中，本研究将具有不同品牌资产的产品作为研究对象，以验证在网络环境下买一赠一和买两件打五折对消费者购买意愿的影响；在实验二中，本研究将被促销品感知风险作为调节变量，以验证在网络环境下买一赠一和买两件打五折对被促销品品牌资产的影响。通过本研究，以期进一步完善网络环境下市场营销的理论体系，为网络商家的网络促销活动提供理论依据。

3.3.1.1 文献回顾与研究假设

1. 促销表述形式与消费者购买意愿

消费者的购买意愿（purchase intention）是指消费者对某产品或服务购买的可能性（Monroe，1973）。国内外学者通过大量对比研究来探讨不同促销表述形式对购买意愿的影响。如 Chen 等（1998）研究发现，在相同让利情况下优惠券比打折更容易改变消费者的购买意愿。Laroche 等（2001）比较了买一赠一和优惠券这两种促销方式对消费者的影响异同，研究结果表明优惠券较买一赠一更能加速消费者的购买。刘红艳等（2012）比较了价格促销和赠品促销在不同任务类型、不同时间距离下的促销效果。Sinha 和 Smith（2000）也比较了买一送一、打五折和买两样打五折三种促销策略对交易价值的影响，结果表明打五折效果最好，其次是买一送一，最后是买两样打五折。与此同时，Li 等（2007）对比研究了买一送一与打五折对消费者感知价值的影响。在此基础上本研究主要比较在促销让利完全相同的情况下，买一赠一与买两件打五折对消费者购买意愿和品牌资产的影响情况。

买一赠一与买两件打五折带给消费者的心理感受具有差异。研究发现商品价格是反映产品质量的重要信息，并且价格和质量之间存在着一种正相关关系（Rao和Monroe，1989）。因此消费者面对买两件打五折时，价格的降低会使部分消费者认为该产品质量在下降，购买有质量问题的产品是比较有风险和不理性的行为，并且在网络这种虚拟的交易环境下，网上购物的风险会加大消费者的总体感知风险。消费者会因为感知风险的增加而推迟或改变购买决策（Kotler，1988）。而与买两件打五折相比，买一赠一会使消费者觉得产品的价值没有降低，获赠商品又将增加消费者的总体利益，进而加强消费者的购买意愿。据此，本研究提出以下假设：

H1：买一赠一比买两件打五折能带来更高的消费者购买意愿。

2. 促销表述形式、被促销品品牌资产高低与消费者购买意愿

高资产品牌产品通常是指具有较高质量和市场份额的产品，而低资产品牌产品通常是指质量低下，具有较多瑕疵，市场份额较低的产品（Sloot等，2005）。有研究发现，与低资产品牌产品相比，高资产品牌产品能从促销中获利更多（Blattberg和Wisniewski，1989）。这源于高资产品牌和低资产品牌之间的竞争存在着“不对称性”：当高资产品牌在降价时，消费者更愿意从原来购买低资产品牌转换到购买高资产品牌；但是当低资产品牌降价时，消费者则不愿意从原来购买高资产品牌转换到购买现在低资产品牌（Blattberg和Wisniewski，1989）。Allenby和Rossi（1991）从经济学角度解释了这种不对称性，当低资产品牌降价时，替代效应会使消费者继续购买该品牌，但是收入效应会使消费者转向购买高资产品牌；而当高资产品牌降价时，替代效应和收入效应两者均会促使消费者购买高资产品牌。因此消费者在同样的促销方式刺激下，对品牌资产高低不同的产品的反应是有差异的，即促销表述形式对购买意愿的影响受到被促销品品牌资产高低的影响。在网络环境下，虽然信息不对称的购物环境在一定程度上加深了消费者感知风险，但是高资产品牌的较高质量和口碑将降低这种购买风险，因此高资产品牌无论是采取买一赠一还是买两件打五折，消费者感知到的风险都会被高品牌资产所降低。相反，低资产品牌产品会加大这种感知风险。同时现有文献证实感知风险与购买意愿具有负向影响关系（Beneke等，2012），故本研究提出以下假设：

H2：不同促销表述形式（买一赠一、买两件打五折）对消费者购买意愿的影响受到被促销品本身品牌资产高低的调节作用影响。具体而言，对于品牌资产低的品牌产品买一赠一比买两件打五折能带来更高的购买意愿，而品牌资产高的品牌产品买一赠一与买两件打五折的差异消失。

3. 促销表述形式与品牌资产

品牌资产（Brand Equity）是指与没有品牌的产品相比较，有品牌的产品所带来的超越其使用价值的附加价值或附加利益（Farquhar，1990）。品牌资产一直是营销界研究的热点问题。国内外学者从不同的角度对品牌资产的维度与影响因素进行了大量的研究。Yoo和Donthu（2001）开发了测量品牌资产的三个维度，分别是：品牌忠诚（brand loyalty）、感知质量（perceived quality）、品牌知晓（brand awareness）/品牌联想（brand associations）。江明华和董伟民（2003）从感知质量、购买意向和品牌忠诚研究了价格促销的折扣量对品牌资产的影响，研究结果发现深度折扣的价格促销对消费者的感知质量和品牌忠诚具有负面影响，对提高购买意向有积极作用，但是对品牌资产的评价明显降低。除此之外，江明华和董伟民（2003）还研究了价格促销频率对品牌资产的影响，结果表明频繁的价格促销对感知质量、购买意向、品牌忠诚都具有负面影响，而且频繁的价格促销将损害品牌资产。Yoo等（2000）通过实证研究也发现高频率的价格促销（比如折价等）会带来低品牌资产。

品牌资产是企业非常重要的一项无形资产，企业开展的各种营销活动无论结果好坏，都会对品牌资产产生一定影响。有研究证实不同类型促销策略会对品牌资产产生不同影响（Buil等，2013）。韩睿和田志龙（2005）在研究中发现打折会给消费者的内心参考价格带来负面影响，而购买意愿受消费者内心参考价格的影响。当销售价格低于内心参考价格时，消费者的购买意愿较强；当销售价格高于内心参考价格时，消费者的购买意愿相对较低（Green，1995）。消费者面对买两件打五折时会怀疑标签的价格，会怀疑商家把产品价格提高后再故意打折，此时的销售价格会高于消费者内心参考价格，因此会带来较低的购买意愿，较低的购买意愿会带来较低的销售额和市场份额，进而带来较低的品牌资产（江明华和董伟民，2003）。Darke和Chung（2005）研究发现价格促销会降低消费者的感知质量，而赠品促销不会降低感知质量，因而买两件打五折由于产品价格的降低，会使消费者产生较低的感知质量，进而带来较低的品牌资产（Buil等，2013）。因此，本研究提出以下假设：

H3：买一赠一比买两件打五折能带来更高的被促销品品牌资产。

4. 促销表述形式、被促销品感知风险与品牌资产

感知风险（perceived risk）通常指消费者在购买产品时对各种客观风险的心理感受和主观认识（井淼等，2007）。消费者在虚拟的网络环境中购物，由于不能真实接触到商品，这在一定程度上增强了消费者的感知风险。同时，除了网络的不确定性和信息不对称性带来的感知风险，消费者的感知风险也会因商品本身性质的不同存在差异。如Palazon和Delgado-Ballester（2005）通过实证研究发现不同性质的商品是影响品牌资产的重要调节变量。因此，本研究推测不同促销表述形式对被促销品品牌资产的影响差异受到被促销品的风险性质调节，针对高感知风险的被促销品这种差异将被放大，而针对低感知风险的被促销品这种差异将消失。基于以上分析，本研究提出以下假设：

H4：不同促销表述形式（买一赠一、买两件打五折）对被促销品品牌资产的影响受到被促销品感知风险的调节作用影响。具体而言，针对高感知风险的被促销品买一赠一比买两件打五折能带来更高的品牌资产，而针对低感知风险的被促销品买一赠一与买两件打五折的差异消失。

3.3.1.2 研究设计与研究结果

为了验证以上假设，本研究分别做了两个实验。实验一主要研究在被促销品本身品牌资产高低不同的水平下，买一赠一与买两件打五折对消费者购买意愿的影响，从而验证假设1和假设2；实验二主要研究在被促销品感知风险不同的情况下，买一赠一与买两件打五折对被促销品品牌资产的影响，从而验证假设3和假设4。

1. 实验一

实验一采用的是2（被促销品本身品牌资产高低：高资产品牌、低资产品牌）×2（促销表述形式：买一赠一、买两件打五折）的实验研究设计，共设置了4份对比性的情景问卷。本实验的调研对象是成都高校具有网购经验的在校大学生。本实验以班级为单位在其课堂上现场进行问卷调查，共发放问卷250份，成功回收221份问卷，剔除没有回答完整和没有网购经验问卷9份，总共得到有效问卷212份，有效回收率达到84.80%。本次调查问卷有四个版本，为了保证调查的随机性，问卷在分发之前被随机打乱顺序，调查者也不知道到底被调查者会做什么类型的问卷，这样就确保了问卷的随机性。为了提高调查质量，调研人员在调查开始前向调查对象阐明了此次调查的学术目的和调查的匿名性，以消除被调查者的顾虑。调查人员在整个调查过程中对调查对象不清楚的地方进行及时解释。

因变量购买意愿的测度量表，我们选取的是江明华和董伟民（2003）根据道兹、贝特和尤奥等人的量表改编而成的符合中国消费者的测量量表。本研究采用Likert 5点评分，其中1代表“完全不同意”，5代表“完全同意”。

（1）实验操控性检验

借鉴已有文献（曾慧和郝辽钢，2016），本研究首先对这两种促销表述形式给消费者心理带来差异感受进行操控。结果表明：在买一赠一问卷中，大部分消费者选择了增加利益；在买两件打五折问卷中，大部分调查者选择了降低成本。卡方检验结果 χ^2（1）$=9.11$，$p<0.01$，表明在0.01水平下，差异显著，说明这两种促销方式带给消费者的感受确实不同，结果通过操控性检验。同理，参照杨德锋和王新新（2008）的实验设计，本研究通过四个题项来操控测量被促销品本身品牌资产的高低（Yoo和Donthu，2001）。操控结果显示：消费者对高资产品牌感知（$M_1=3.04$）显著高于对低资产品牌感知（$M_2=2.76$），$p<0.05$，这表明本实验操控成功。

（2）信度检验

通过SPSS18.0对数据分析，结果显示：购买意愿信度Cronbach's Alpha系数为0.83，被促销品本身品牌资产的信度系数为0.82。通常认为Cronbach's Alpha系数在0.5～0.7则可以使用，大于0.7则为较高信度系数。因此实验一量表具有较高信度系数，可信性较好。

（3）假设检验

从图 3-3 可以看到：消费者在买一赠一促销表述形式下的购买意愿均值（$M_1=3.20$）大于买两件打五折时购买意愿均值（$M_2=2.96$），且差异显著（$p<0.05$）。这说明买一赠一比买两件打五折能带来更高的购买意愿，假设 H1 得到验证。

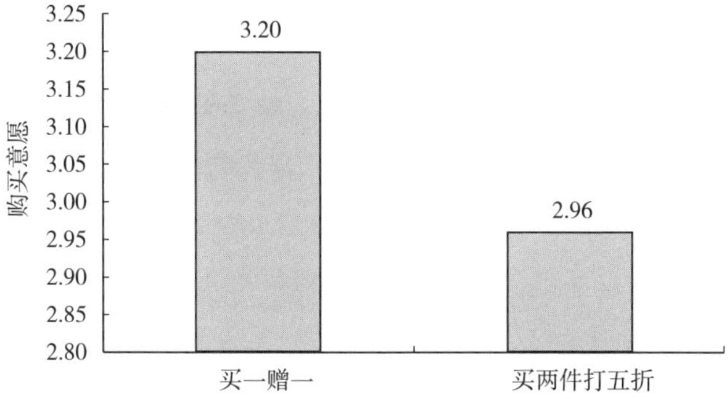

图 3-3　实验一：促销表述形式对购买意愿的影响

从表 3-6 可以看出被促销品本身品牌资产高低对促销表述形式与购买意愿的影响具有显著调节作用（$F=4.33$，$p<0.05$）。接着，我们将被促销品品牌资产高低分为高资产品牌和低资产品牌两部分进行分析，结果如图 3-4 所示：对于高资产品牌产品，买一赠一促销（$M_1=3.26$）与买两件打五折促销（$M_2=3.23$）在购买意愿上没有显著差异（$p>0.05$）；对于低资产品牌产品，消费者对买一赠一促销（$M_1=3.12$）比买两件打五折促销（$M_2=2.71$）有更高的购买意愿，这种差异效果显著（$p<0.01$）。假设 H2 通过验证。

表 3-6　实验一　被促销品品牌资产高低调节作用

源	Ⅲ 型平方和	*df*	均方	*F*	*Sig.*
品牌资产高低	5.80	1	5.80	13.09	0.00
促销表述形式	2.57	1	2.57	5.80	0.02
品牌资产高低×促销表述形式	1.92	1	1.92	4.33	0.04

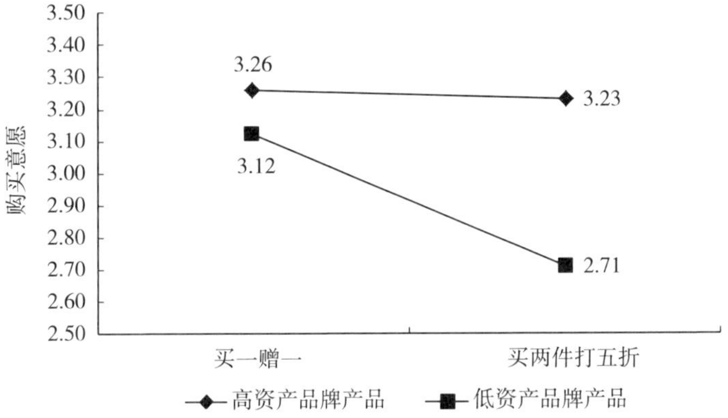

图 3-4　实验一：被促销品品牌资产高低、促销表述形式与购买意愿的影响

2. 实验二

实验二采用的是 2（被促销品感知风险：高感知风险产品、低感知风险产品）×2（促销表述形式：买一赠一、买两件打五折）的实验研究设计，共设置 4 个实验组。本研究成功对 216 名具有网购经验的成都高校大学生进行问卷调查。被调查者被随机分派到四个实验组，这样就保证了调查的随机性，从而保证了调查的有效性。具体调研方法和过程与实验一大体相同，但是所选调查对象不同，这样可以避免同一个调查对象做两份问卷，确保每位调查对象只参与本研究的一组实验。

因变量品牌资产的量表，我们选取的是 Yoo 和 Donthu（2001）开发的 CBB 量表中 4 个题项的总体品牌资产量表。本研究采用 Likert 5 点评分，其中 1 代表“完全不同意”，5 代表“完全同意”。

（1）操控性检验

借鉴已有文献（曾慧和郝辽钢，2016），与实验一类似，我们也测量了这两种促销表述形式给消费者带来的心理感受。结果显示：买一赠一（$M_1=3.26$）比买两件打五折（$M_2=2.92$）能够给消费者提供更多的额外附加价值，且差异显著（$p<0.05$）；买两件打五折（$M_1=3.27$）比买一赠一（$M_2=2.95$）能够给消费者提供更高的产品价值，且差异显著（$p<0.05$）。由此可见，两种促销方式的不同带给消费者的心理感受不同，操控成功。被促销品感知风险不同使得促销表述形式对品牌资产的影

响也不同，本实验主要选取的是具有高感知风险的服装和低感知风险的U盘。服装和U盘是否在消费者心目中分别具有高感知风险和低感知风险，我们对此进行操控性检验。感知风险测量量表主要借鉴井淼等（2006）研究，包括四个题项。结果显示：消费者对服装的感知风险（$M_1=3.49$）显著大于对U盘的感知风险（$M_2=3.02$），$p<0.01$，操控性检验成功。

（2）信度检验

统计数据结果显示，品牌资产信度Cronbach's Alpha系数为0.66；被促销品感知风险信度Cronbach's Alpha系数为0.80，由此看出，实验二量表具有较好信度。

（3）假设检验

从图3-5可以看到：消费者在买一赠一促销表述形式下的品牌资产均值（$M_1=3.10$）大于买两件打五折时品牌资产均值（$M_2=2.80$），且差异显著（$p<0.001$）。这说明买一赠一促销比买两件打五折促销能带来更高的品牌资产，假设H3得到验证。

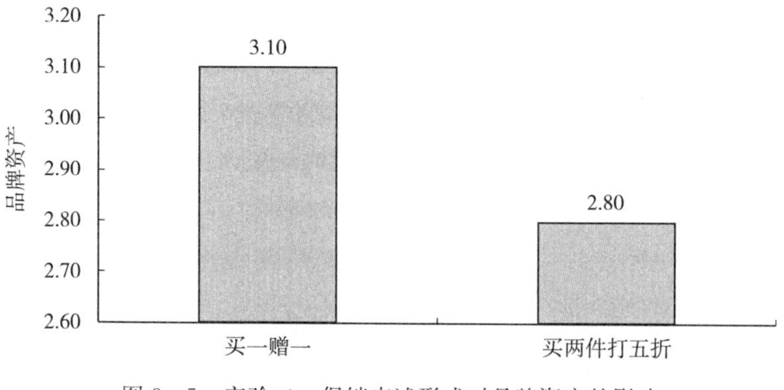

图3-5　实验二：促销表述形式对品牌资产的影响

从表3-7可以看出被促销品感知风险对促销表述形式与品牌资产的影响具有显著调节作用（$F=4.05$，$p<0.05$）。接着，我们将被促销品感知风险分为具有高感知风险产品和低感知风险产品两部分，结果如图3-6所示：针对高感知风险的被促销品，买一赠一促销（$M_1=3.06$）比买两件打五折促销（$M_2=2.66$）能带来更高的品牌资产，且差异显著

($p<0.001$)；而针对低感知风险的被促销品，买一赠一促销($M_1=3.13$)与买两件打五折（$M_2=3.06$）在品牌资产影响上没有显著差异（$p>0.05$）。因此假设 H4 得到验证。

表 3-7　实验二　被促销品感知风险调节作用

源	Ⅲ 型平方和	*df*	均方	*F*	*Sig.*
被促销品感知风险	2.77	1	2.77	8.47	0.00
促销表述形式	2.71	1	2.71	8.29	0.00
被促销品感知风险×促销表述形式	1.32	1	1.32	4.05	0.04

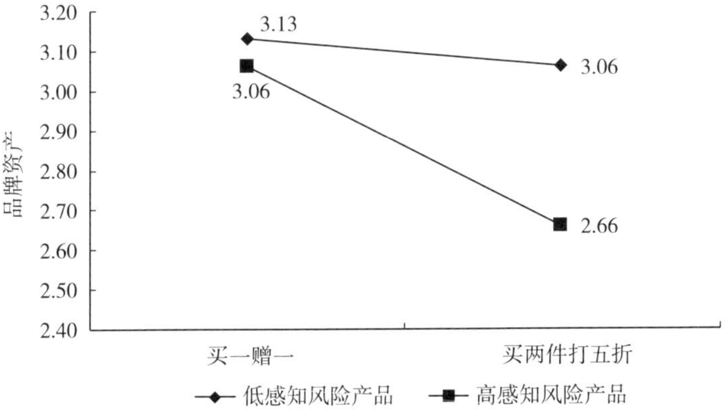

图 3-6　实验二：被促销品感知风险、促销表述形式与品牌资产的影响

3.3.1.3　研究结论与启示

本研究通过两个实验来验证在网络环境下不同促销表述形式对消费者的影响。实验一结果表明：买一赠一比买两件打五折能带来更高的消费者购买意愿；买一赠一和买两件打五折对消费者购买意愿的影响受到被促销品本身品牌资产高低的调节作用影响。对于品牌资产低的品牌产品买一赠一比买两件打五折能带来更高的购买意愿，而对于品牌资产高的品牌产品买一赠一与买两件打五折的差异消失。实验二结果表明：买一赠一比买两件打五折能带来更高的被促销品品牌资产；不同促销表述形式对被促销品品牌资产的影响受被促销品感知风险的调节作用影响。针对高感知风险被促销品的买一赠一比买两件打五折能带来更高的品牌资产，而针对低感知

风险的被促销品买一赠一与买两件打五折的差异消失。

在网络环境下，为了更好地吸引顾客，企业试图采取各种各样的促销手段来刺激消费者的购买意愿，增加品牌资产。但是研究表明不是任何促销表述形式都能增加消费者的购买意愿和品牌资产，运用不当反而会降低消费者的购买意愿，甚至降低品牌形象和品牌资产等（Yoo 等，2000）。本研究给网络商家有以下启示：第一，在网络环境下，网络商家不能随意选择促销表述形式。促销表述形式的选择应当充分考虑到被促销品本身品牌资产的高低以及被促销品带给消费者的感知风险水平等因素；第二，商家在面对买一赠一和买两件打五折促销表述形式时，建议尽量选用买一赠一，因为买一赠一总体在购买意愿和品牌资产影响上都优于买两件打五折；第三，企业不要想单纯依靠促销策略来吸引消费者，促销带来的利益毕竟是短期的销售增长，企业应尽可能降低消费者在网络环境下的感知风险水平，尽量打造高资产品牌产品，为顾客创造价值，从而实现多赢。

本研究的研究结论为企业在网络环境下对促销表述形式的选择上具有一定指导意义，但也存在一些局限性。第一是本部分研究主要对比考察的是买一赠一和买两件打五折对消费者的影响，未来还可以对比其他促销框架带来的不同影响；第二是本研究调节变量的考察上，考察了被促销品品牌资产和被促销品感知风险，未来可以结合研究考察更多调节变量；第三，在研究促销表述形式对购买意愿和品牌资产的影响中，只加入了相应调节变量进行探讨，未考虑更多的中介变量在其中的影响作用。希望在以后的研究中能考虑到更多的影响变量（如感知价值等），深入探讨促销表述形式对购买意愿和品牌资产的影响机制。

3.3.2　买一赠一和买两件打五折促销的跨文化比较研究①

本书除了研究买一赠一和买两件打五折对中国消费者的差异影响，还进行了跨文化比较研究。

文化背景的不同会导致消费者有不同的态度和信念等，在消费行为上

① 这部分主要内容来自于曾慧 2017 年博士论文《促销框架对消费者反应的影响研究》。

也有所差异（Aaker，2000；Lalwani 和 Shavitt，2013）。因此，不同文化背景下的消费者对促销的反应也将不同。目前，关于消费者行为的跨文化研究较多（如 Jahandideh 等，2014；Xiao，2010），而关于促销框架效应的跨文化研究还相对较少。文化背景的不同对企业制定促销策略具有重要指导意义，因此不同促销方式的跨文化比较研究显得尤为重要。通过文献梳理发现，虽有学者关注促销的跨文化影响，但现有研究还存在一些不足之处。例如 Choi 和 Kim（2008）考察了 SAS 促销（scratch and save promotion）在加拿大和韩国对消费者的不同影响，但是该研究没有对不同促销方式之间的促销效果进行对比。同时，Huff 和 Alden（1999）比较了中国、泰国和马来西亚消费者对优惠券促销和抽奖促销的不同态度，但该研究没有将促销让利水平控制在完全相等的情况下展开，且采用的是问卷调查而不是实验调查。据此，本研究将采用实验研究法考察促销让利水平控制在完全相等情况下的两类促销在不同文化背景下对消费者的影响。

较多学者针对市场上常见促销类型展开了对比考察研究。如 Sinha、Smith（2000）和 Li 等（2007）都研究了打五折和买一赠一在不同情境下对消费者的差异影响；Shen（2014）进一步考察了消费者在不同延伸感知契合度下对促销框架（买一赠一 vs 打五折）的评价。由此可见较多学者考察了买一赠一和打五折对消费者的差异影响，且是在实体环境下展开研究。从企业促销让利水平和消费者获利水平上来看，与“买一赠一促销”完全相等的促销方式应该是“买两件打五折促销”。消费者对这两种完全相等获利水平的促销框架，由于描述方式的不同又会有什么不同反应呢？与传统购物渠道相对的是网络购物，网络购物的信息不对称性、匿名性、虚拟性等特征会增加网购的不确定性和风险（McKnight 等，2002），进而增加消费者的感知风险，同时在网络环境下商家的竞争更加激烈，为了更好地获得竞争，有必要探讨网络环境下不同促销方式对消费者的差异影响。

综上，本研究将从跨文化角度出发，考察市场上常见两类网络促销框架（买一赠一 vs 买两件打五折）对消费者反应的不同影响。研究结论可以为未来促销的跨文化研究提供理论支撑，研究结论也为跨国企业提供实践指导意义，同时对具体常见两种促销框架的对比考察也可以为企业的促销决策提供针对性的建议。

3.3.2.1　文献回顾和研究假设

1. 不同促销框架对消费者的影响

（1）买一赠一促销 vs 买两件打五折促销

当你在网上购物时，“买一赠一”与“买两件打五折”促销，哪种促销方式更能激发你的购买意愿？理性上这两种促销方式的让利水平在经济上完全相等，但在你脑中的处理过程是否会有所不同呢？根据框架效应（framing effect）可知，同样的内容信息用不同的方式表述会使决策者产生不同的理解（Kühberger，1995），因此，即使这两种促销方式的让利水平完全相等，但由于表述方式的不同也会给消费者带来不同影响。

通过文献回顾发现，国内外学者针对买一赠一促销和打五折促销对比研究较多（如 Sinha 和 Smith，2000；Li 等，2007；Shen，2014），而对促销让利水平完全相等的“买一赠一促销”和“买两件打五折促销”的对比研究相对较少。同时较多研究是在实体环境下展开的，对网络环境下的这两类促销的对比考察研究较少。网络环境下的不同促销方式称为网络促销框架（施卓敏等，2013）。消费者网络购物将面临更高的感知风险，不同的网络促销框架也将会对消费者产生不同影响（如施卓敏等，2013；Chatterjee，2011；Crespo－Almendros 等，2015）。我们通过已有文献回顾发现，虽有学者关注促销的跨文化影响（Lee 等，2015；Choi 和 Kim，2008），但关于网络促销框架对消费者影响的跨文化研究还比较缺乏，因此本研究将从跨文化视角来考察消费者对网络环境下买一赠一促销和买两件打五折促销的不同反应。

（2）中国和巴基斯坦的文化背景差异

Hofstede（2001）使用五个维度来测量跨文化的不同，分别是不确定性规避、个人主义/集体主义、权力距离、男性化/女性化、长期取向/短期取向。不确定性规避（uncertainty avoidance）是指人们对不确定和模糊的情况感觉到害怕的程度，并试图规避这样的情况。在高不确定性规避的国家中，个人试图建立更多规章制度来获得安全感，同时消费者不太愿意接受改变和有异议的观点，他们更喜欢标准的产品等（Hofstede，2001；Moon 等，2008）。个人主义（individualism）/集体主义（collectivism）是指人们更多关注个人利益还是集体利益。个人主义主要关注自身利益及家庭利益，与社会成员之间的关系比较松散；而集体主义关注整体利益较多，对团队表现出忠心（Hofstede，2001）。权力距离（power distance）是指社会接受权力分配不均的程度。在权力距离高的国家中，人们对权力分配不均的容忍度较高，对集体和权威有较高的依赖性；而在权力距离低的国家中，人们对权力分配不均的容忍度较低（Hofstede，2001）。男性化（masculinity）/女性化（femininity）是指社会占主导性别角色的模式。男性化较强的国家主要强调获得和成功，认为获得和成功比关心他人、提高社会整体生活质量更重要（Hofstede，2001）；女性化较强的国家突出感性、自然、去中心化、多元化等特征。长期利益导向（long - term orientation）遵从秩序、节约、尊重传统、注重未来；而短期利益导向（short - term orientation）期望从工作中得到短期回报，注重过去和现在（Hofstede，2001）。

通过 Hofstede（2001）的调查研究结论可知，不同的国家在这五个维度上的得分有所差异，中国和巴基斯坦的具体得分如下：不确定性规避（中国＝30，巴基斯坦＝70），个人主义/集体主义（中国＝20，巴基斯坦＝14），权力距离（中国＝80，巴基斯坦＝55），男性化/女性化（中国＝66，巴基斯坦＝50），长期取向/短期取向（中国＝118，巴基斯坦未获得可用数据）。由此可见，中国和巴基斯坦的差异主要体现在不确定性规避上。中国和巴基斯坦消费者具有不同的不确定性规避系数，从而表现出对促销框架不同的感知风险（Eisingerich 和 Rubera，2010；Ayoun 和 Moreo，2008），因此本研究主要考察中国和巴基斯坦两个国家消费者对不同促销框架的反应。

网络环境下消费者对风险感知比较敏感，对比中国和巴基斯坦的不确定性规避能更有针对性地探究网络环境下消费者对感知风险的体验是如何受自身文化背景的影响。因此，本研究主要探讨与促销框架（买一赠一和买两件打五折）有关系的不确定性规避的调节作用影响，对其他文化维度暂不考虑。具体而言，中国具有较低的不确定性规避系数，这表明中国人对模糊性比较适应，如中国的语言因为具有多重模糊意义导致西方国家很难理解；巴基斯坦具有较高的不确定规避系数，这表明他们大多数喜欢避免不确定性，保持对信念和行为的严格遵守，不愿意接受非正统的行为和观点，抵制创新，在这样的国家里，他们需要制定规则来获得安全感。由于中国和巴基斯坦文化背景（不确定性规避）的不同，导致其感知风险的影响也将有所不同（Eisingerich 和 Rubera，2010；Ayoun 和 Moreo，2008），进而对促销方式的选择和评价也将有所差异。

（3）消费者感知质量、感知风险、感知价值和购买意愿

本研究主要考察买一赠一促销和买两件打五折促销对消费者反应的差异影响。根据研究需要，主要考察的消费者反应变量是消费者感知质量、感知风险、感知价值和购买意愿。感知风险（perceived risk）是由 Bauer（1960）最早提出，他认为消费者在购买行为过程中因为无法预测其购买结果是否正确，有可能购买的结果会让消费者产生不愉快，因此这种购买决策中的不确定性就是消费者感知到的风险。针对感知风险的定义，不同学者从不同角度对其有不同的定义。如 Dholakia（1997）认为感知风险就是消费者主观对损失的预期。国内学者井淼等（2007）认为感知风险通常是指消费者在购买产品时对各种客观风险的心理感受和主观认识。消费者在虚拟的网络环境中购物，由于不能真实接触到商品，这在一定程度上增强了消费者的感知风险。井淼等（2006）提出了针对消费者网上购物感知风险量表，包括八个维度，分别是感知功能风险、感知经济风险、感知社会风险、感知时间风险、感知身体风险、感知心理风险、感知隐私风险和感知服务风险。由于本研究主要对比在其他条件完全相同下，不同促销框架（买一赠一和买两件打五折促销）给消费者带来的不同影响，因此所用感知风险主要是指感知功能风险。网络购物的信息不对称性，虚拟性等特征会增加消费者网络购物的感知风险（McKnight 等，2002），从而加大了两种促销方式的感知风险差异。

（4）买一赠一与买两件打五折促销对消费者的影响

买一赠一促销是指消费者购买一件产品后免费获得一件同等价值的产品。由于消费者在购买产品时价格没有改变，因而消费者感知到产品的质量不变，同时获赠的产品又会增加消费者的感知价值。买两件打五折促销

是指消费者一次性购买两件产品则会在原价的基础上为消费者打五折，这将降低消费者的支付成本，但由价格—质量理论可知（Rao 和 Monroe，1989），价格的下降会降低消费者的感知质量，因此买两件打五折促销的感知质量将低于买一赠一促销。消费者购买低感知质量的产品是有风险的，并且在网络这种虚拟的交易环境下，网上购物的风险会加大消费者的总体感知风险，因此，买两件打五折促销带给消费者的感知风险将比买一赠一促销更大。消费者会由于这种感知风险推迟或改变购买决策（吴佩勋，2012）。同时研究表明消费者感知质量将正向影响消费者感知价值和购买意愿（Pike 等，2010），故买一赠一促销将比买两件打五折促销带来更高的感知价值和购买意愿。综上，我们预测买一赠一促销比买两件打五折促销带来更积极的消费者反应。基于此，本研究提出以下研究假设：

H1a：买一赠一比买两件打五折促销带来更高的消费者感知质量。

H1b：买一赠一比买两件打五折促销带来更低的消费者感知风险。

H1c：买一赠一比买两件打五折促销带来更高的消费者感知价值。

H1d：买一赠一比买两件打五折促销带来更高的消费者购买意愿。

2. 不同促销框架对消费者影响的作用机制

国内外有大量的研究证实了消费者反应变量之间的作用关系。如 Chang 和 Tseng（2013）研究表明，消费者感知风险是影响消费者感知价值的重要变量。同时，Snoj 等（2004）证实了消费者感知风险会负向影响消费者感知价值，因此本研究预测消费者感知风险是促销框架影响感知价值的中介变量。Milfelner 等（2011）检验了消费者感知质量和消费者感知价值的关系，研究表明消费者感知质量正向显著影响消费者感知价值。同样的研究还可以参见 Agarwal 和 Teas（2004）。类似地，Vieira（2013）研究也表明消费者感知质量会影响感知价值，因此本研究预测消费者感知质量也是促销框架影响感知价值的中介变量。Wu 等（2014）研究证实消费者感知价值会正向影响消费者网上重复购买意愿。Chang 和 Tseng（2013）探讨了网络环境下消费者感知价值和购买意愿的关系，发现消费者感知价值正向显著影响购买意愿。因此，本研究预测消费者感知价值是促销框架影响购买意愿的中介变量。

据此，本研究提出以下假设：

H2a：消费者感知风险负向影响消费者感知价值。

H2b：消费者感知质量正向影响消费者感知价值。

H2c：消费者感知价值正向影响消费者购买意愿。

H2d：消费者感知风险是促销框架影响感知价值的中介变量。

H2e：消费者感知质量是促销框架影响感知价值的中介变量。

H2f：消费者感知价值是促销框架影响购买意愿的中介变量。

3. 不同促销框架对消费者影响的跨文化分析

（1）文化背景因素对促销框架影响感知质量的调节作用

研究表明消费者文化背景的不同将导致其对价格—质量理论的理解不同（如 Jo 和 Sarigollu，2007；Lalwani 和 Shavitt，2013）。如 Jo 和 Sarigollu（2007）证实日本消费者由于具有相互依赖的自我建构，因此比具有独立自我建构的澳大利亚消费者更加倾向于使用价格来判断质量。人们的这种相互依赖的自我建构就体现为人们更喜欢风险规避，因此比独立自我建构的人们更喜欢选择少风险的选项（Hamilton 和 Biehal，2005）。从某种程度上来讲，风险规避（risk aversion）会加强人们依赖价格来判断质量的倾向（Zhou 等，2002）。Hofstede（2001）研究表明，拥有高不确定规避系数的人们更加倾向于风险规避，更加害怕不确定性和规避不确定性。因此，中国和巴基斯坦消费者不确定性规避系数的不同，就反映了他们对风险规避的不同，进而体现在用价格判断质量的倾向不同。具有高不确定性规避系数的巴基斯坦消费者比具有低不确定性规避系数的中国消费者更加依赖使用价格判断质量的关系，在网络环境下，这种依赖程度会得到进一步的加大。由前面假设 H1a 可知，消费者对买两件打五折的感知质量低于买一赠一，这是因为打折导致价格的下降，从而使得人们对质量的感知下降。巴基斯坦消费者这种更加依赖价格判断质量的背景则会加大对买两件打五折的感知质量下降的判断，由此我们提出以下假设：

H3a：消费者文化因素对促销框架影响消费者感知质量有调节作用。具体而言，买一赠一和买两件打五折促销对消费者感知质量的影响差异会在巴基斯坦消费者文化背景下变大。

（2）文化背景因素对促销框架影响感知风险的调节作用

中国和巴基斯坦消费者在不确定规避得分上的不同导致其感知风险的影响将有所不同（Eisingerich 和 Rubera，2010），进而对促销方式的选择和评价上也将有所差异。相对于低不确定性规避文化背景的消费者，高不确定性规避文化背景的消费者更不喜欢接受风险（Ayoun 和 Moreo，2008）。由上文所述可知（假设 H1b），网络环境下买两件打五折相对买一赠一促销的感知风险更高，因此巴基斯坦消费者本身高不确定性规避将增加对买两件打五折促销的感知风险，对买两件打五折促销方式的感知风险更高。故买一赠一和买两件打五折促销对消费者感知风险的差异影响将在巴基斯坦文化背景下被放大，即巴基斯坦消费者比中国消费者更不喜欢买两件打五折促销方式。基于此，我们提出以下假设：

H3b：消费者文化因素对促销框架影响消费者感知风险有调节作用。具体而言，买一赠一和买两件打五折促销对消费者感知风险的影响差异会在巴基斯坦消费者文化背景下变大。

（3）文化背景因素对促销框架影响感知价值的调节作用

一方面，通过假设 H1b 可知，买两件打五折促销比买一赠一促销的感知风险更高，且在巴基斯坦文化背景下，这两种促销带给消费者的感知风险差异变得更大，即巴基斯坦消费者比中国消费者对买两件打五折促销的感知风险更高（假设 H3b）。根据假设 H2a，感知风险负向影响感知价值。因此巴基斯坦消费者对买一赠一和买两件打五折感知价值的差异也将比中国消费者在这两种促销方式上的差异更大。另一方面，假设 H3a 表明买一赠一和买两件打五折在感知质量上的差异在巴基斯坦消费者文化背景下变大，即巴基斯坦消费者对买两件打五折的感知质量更低。根据假设 H2b 可知，消费者感知质量正向影响消费者感知价值。因此巴基斯坦消费者对这两种促销方式在感知价值上的差异会比中国消费者的差异更大。综合以上两方面，本研究提出以下假设：

H3c：消费者文化因素对促销框架影响消费者感知价值有调节作用。具体而言，买一赠一和买两件打五折促销对消费者感知价值的影响差异会在巴基斯坦消费者文化背景下变大。

（4）文化背景因素对促销框架影响购买意愿的调节作用

由假设 H2c 可知，消费者感知价值正向影响消费者购买意愿。假设 H3c 可知买一赠一和买两件打五折促销对消费者感知价值影响上的差异将在巴基斯坦消费者文化背景下变大，因此我们可以预测买一赠一和买两件打五折促销对消费者购买意愿的影响差异也会在巴基斯坦消费者文化背景下变大。由假设 H3b 可知，巴基斯坦消费者和中国消费者在两种促销方式的感知风险上有所差异。消费者感知风险差异将影响他们的购买意愿（Mansour 等，2014），因此相对于中国消费者，巴基斯坦消费者对买一赠一和买两件打五折之间的购买意愿差异会变得更大。综上，本研究提出以下假设：

H3d：消费者文化因素对促销框架影响消费者购买意愿有调节作用。具体而言，买一赠一和买两件打五折促销对消费者购买意愿的影响差异会在巴基斯坦消费者文化背景下变大。

本研究模型如图 3－7。

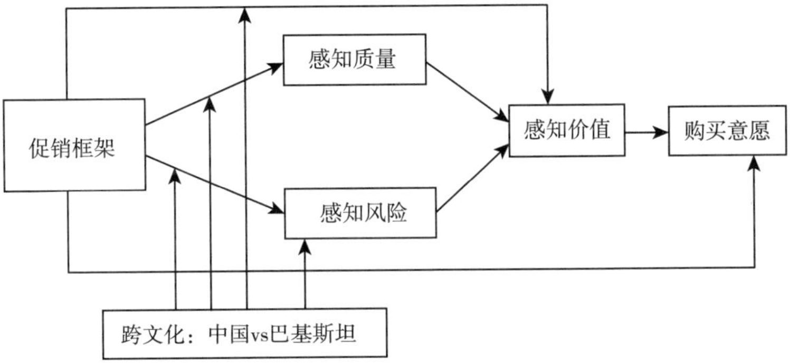

图 3－7　研究模型图

3.3.2.2　实证检验

1. 实验目的

本实验主要考察不同促销框架（买一赠一促销 vs 买两件打五折促销）对消费者反应的不同影响及文化背景的调节作用，以验证本研究的全部假设。本研究的待验证假设如表 3－8 所示。

表 3-8 待验证假设

H1a：买一赠一比买两件打五折促销带来更高的消费者感知质量。
H1b：买一赠一比买两件打五折促销带来更低的消费者感知风险。
H1c：买一赠一比买两件打五折促销带来更高的消费者感知价值。
H1d：买一赠一比买两件打五折促销带来更高的消费者购买意愿。
H2a：消费者感知风险负向影响消费者感知价值。
H2b：消费者感知质量正向影响消费者感知价值。
H2c：消费者感知价值正向影响消费者购买意愿。
H2d：消费者感知风险是促销框架影响感知价值的中介变量。
H2e：消费者感知质量是促销框架影响感知价值的中介变量。
H2f：消费者感知价值是促销框架影响购买意愿的中介变量。
H3a：消费者文化因素对促销框架影响消费者感知质量有调节作用。具体而言，买一赠一和买两件打五折促销对消费者感知质量的影响差异会在巴基斯坦消费者文化背景下变大。
H3b：消费者文化因素对促销框架影响消费者感知风险有调节作用。具体而言，买一赠一和买两件打五折促销对消费者感知风险的影响差异会在巴基斯坦消费者文化背景下变大。
H3c：消费者文化因素对促销框架影响消费者感知价值有调节作用。具体而言，买一赠一和买两件打五折促销对消费者感知价值的影响差异会在巴基斯坦消费者文化背景下变大。
H3d：消费者文化因素对促销框架影响消费者购买意愿有调节作用。具体而言，买一赠一和买两件打五折促销对消费者购买意愿的影响差异会在巴基斯坦消费者文化背景下变大。

2. 研究方法与实验设计

本实验采用 2（促销框架：买一赠一、买两件打五折）×2（跨文化：中国、巴基斯坦）的组间实验设计，共形成 4 个版本问卷，以对比研究在不同文化背景下，不同促销框架对消费者反应的差异影响。

实验情景描述如下：

（1）中国文化背景下的买一赠一促销情景描述如下，其中方括号内是针对买两件打五折促销的情景描述。

近来，您在互联网上逛网上商城的时候，突然看到 X 品牌服装在开展“买一赠一”［“买两件打五折”］的促销活动，意思是您买一件 X 品牌服装，会送您一件同等价位的同品牌服装，送的服装款式您可以随便选［意思是您买两件同等价位的 X 品牌服装，就会在原价的基础上给您打五折］。X 品牌服装的价格在你可接受的范围内。

（2）巴基斯坦文化背景下的买一赠一促销情景描述如下所示，其中方括号内是针对买两件打五折促销的情景描述。

Recently，brand X clothing is doing “buy one get one free” ［“buy two get fifty percent off"] promotional activity in the Internet shopping mall. It means that when you buy one brand X clothing, you will get another free brand X clothing which has the same price in any style [It means that when you buy two brand X clothing which has the same price, you will get fifty percent off on the basis of the original price]. The price of brand X clothing is acceptable.

问卷收集主要在中国和巴基斯坦两个国家进行，问卷一共四个版本，中国版本的调查问卷采用中文表述，巴基斯坦版本的调查问卷采用英文表述，问卷的互译工作是由两名巴基斯坦博士生、两名中国市场营销博士生和两名外国语学院的研究生共同完成。本实验随机对中国成都市和巴基斯坦卡拉奇市的高校大学生进行问卷调查，以班级为单位，在任课老师和调查者的共同监督和指导下进行。在调查前问卷顺序被打乱，从而保证调查的随机性。在中国共分发问卷350份，有效回收253份，有效率为72.29%；在巴基斯坦共分发问卷350份，有效回收251份，有效率为71.71%。借鉴已有研究，本实验选择的有效样本是具有网购经验的被试（Byoungho等，2008）。综上，本实验共收集中国数据253份，巴基斯坦数据251份，总共504份有效问卷，男性274份，女性230份。

由于不考虑产品类型差异，因而统一使用被试较熟悉的服装作为刺激物，且采用虚拟品牌以消除品牌名称的影响。本实验因变量有感知风险、感知质量、感知价值和购买意愿。其中感知风险（中国 cronbach's alpha 值=0.77，巴基斯坦 cronbach's alpha 值=0.72）主要借鉴井淼等（2006）开发的网上产品功能风险量表，包括4个测量题项，分别是：您觉得网购的X品牌服装可能质量缺乏保证；您觉得网购的X品牌服装可能达不到您的预期效果；您觉得网购的X品牌服装与网站宣传的可能在外观或功能上不一致；由于网购不能真实接触到产品，这可能会使您买到的X品牌服装不适合您的需要。感知质量（中国 cronbach's alpha 值=0.79，巴基斯坦 cronbach's alpha 值=0.71）（3个题项，分别是您觉得X品牌服装质量可能不错/您觉得X品牌服装很少有瑕疵/对X品牌服装的质量，您非常有信心）和购买意愿（中国 cronbach's alpha 值=0.83，相关系数 $\gamma=0.71$，巴基斯坦 cronbach's alpha 值=0.83，相关系数 $\gamma=0.72$）（2个题项，分别是您网购X品牌服装的愿望很强烈/您很想网购X品牌服装）主要是参照江明华和董伟民（2003）的测量量表。感知价值包括两个测量题项（中国 cronbach's alpha 值=0.82，相关系数 $\gamma=0.70$，巴基斯坦 cronbach's alpha 值=0.84，相关系数 $\gamma=0.72$），主要借鉴 Thaler（1985），测量题项分别是：您觉得网购X品牌服装是物有所值的；您觉得网购X品牌服装可以为您节省很多钱。不确定规避主要借鉴 Hofstede（2001）的跨文化量表，主要包括4个测量题项（中国 cronbach's alpha 值=0.73，巴基斯坦 cronbach's alpha 值=0.71），分别是：规则和制度非常重要，因为它们将告知工作者们这个组织对他们的期望；在一个工作环境中组织秩序和组织结构是很重要的；为了让人们知道他们被期望做什么，所以将工作要求和指示详细地说明出来是很重要的；拥有一个确定的不好的情况比一个不确定的但或许会稍好的情况更重要。所有变量的信度系数均达到可接受水平。所有测量题项均使用里克特五点评分法，其中1代表“完全不同意”，5代表“完全同意”。在问卷的最后获得人口统计学变量，包括性别、年龄、年级及网购次数。

3. 实验操控性检验

本研究之所以选择中国和巴基斯坦消费者进行跨文化研究是基于这两个国家具有显著不同的不确定性规避系数，因此在实验中我们检验了中国和巴基斯坦消费者的不确定性规避得分，结果表明巴基斯坦消费者（$M_1=4.17$）不确定性规避得分显著高于中国消费者（$M_2=3.70$）不确定性规避得分（$F=107.42$，$p<0.001$）。因此，本实验操控成功。

4. 假设检验

（1）买一赠一与买两件打五折促销对消费者影响的主效应检验

本实验首先对买一赠一和买两件打五折促销的主效应进行方差分析，从而验证假设H1a、H1b、H1c和H1d。结果如表3-9和图3-8所示：不同促销框架对消费者感知质量、感知风险、感知价值和购买意愿均有显著影响。具体而言，针对消费者感知质量，买一赠一促销（$M_1=3.17$）比买两件打五折促销（$M_2=2.56$）带来更高感知质量（$F=96.08$，$p<0.001$），假设H1a得到验证；针对消费者感知风险，买一赠一促销（$M_1=3.66$）比买两件打五折促销（$M_2=3.92$）带来更低感知风险（$F=$

21.81，$p<0.001$)，假设 H1b 得到验证；针对消费者感知价值，买一赠一促销（$M_1=3.31$）比买两件打五折促销（$M_2=2.76$）带来更高感知价值（$F=57.16$，$p<0.001$)，假设 H1c 得到验证；针对消费者购买意愿，买一赠一促销（$M_1=3.01$）比买两件打五折促销（$M_2=2.45$）带来更高购买意愿（$F=50.94$，$p<0.001$)，假设 H1d 得到验证。

表 3-9　买一赠一和买两件打五折促销对消费者反应的方差分析

源	自变量	Ⅲ 型平方和	*df*	均方	*F*	*Sig.*
促销框架	感知质量	46.515	1	46.515	96.077	0.000
	感知风险	8.321	1	8.321	21.808	0.000
	感知价值	37.594	1	37.594	57.162	0.000
	购买意愿	39.291	1	39.291	50.940	0.000

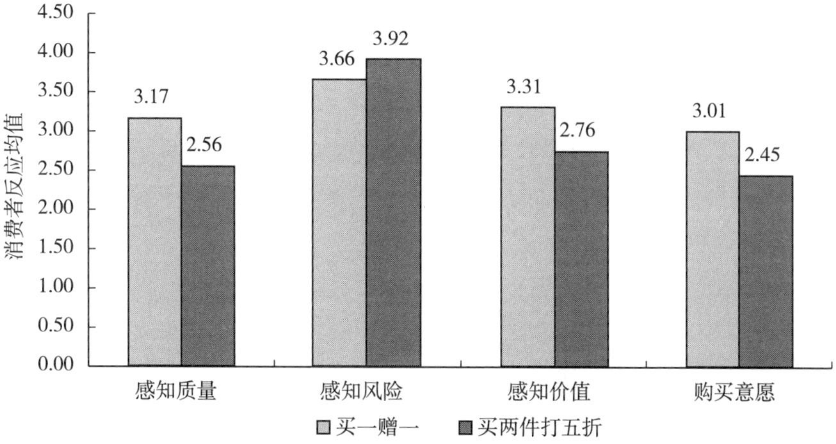

图 3-8　买一赠一和买两件打五折对消费者反应的具体均值结果

(2) 消费者文化因素的调节作用方差分析

根据 Baron 和 Kenny（1986）的调节变量分析方法，本实验采用 2×2 的方差分析法来验证消费者文化背景因素在促销框架与消费者感知质量、感知风险、感知价值和购买意愿中的调节作用。

——消费者文化背景对促销框架影响感知质量的调节作用

以促销框架和消费者文化背景因素为自变量，消费者感知质量为因变量进行方差分析。结果表明促销框架与消费者文化因素对感知质量（$F=$

54.70，$p<0.001$）具有显著交互作用，见表3-10。

表3-10 文化背景对不同促销框架与消费者感知质量的方差分析

源	Ⅲ型平方和	*df*	均方	*F*	*Sig.*
促销框架×国籍	23.524	1	23.524	54.703	0.000
中国	1.861	1	1.861	4.606	0.033
巴基斯坦	67.470	1	67.470	147.851	0.000

接着我们将样本数据分为中国和巴基斯坦两组，在组内对促销框架对消费者感知质量的影响进行方差分析。结果表明，无论是在巴基斯坦还是中国文化背景下，买一赠一促销和买两件打五折促销对消费者感知质量的影响差异显著。具体而言，针对感知质量，中国消费者对买一赠一的感知质量高于买两件打五折（$M_1=3.06$，$M_2=2.89$，$F=4.61$，$p<0.05$），巴基斯坦消费者对买一赠一的感知质量也高于买两件打五折（$M_1=3.29$，$M_2=2.25$，$F=147.85$，$p<0.05$）。不同之处在于巴基斯坦消费者对买一赠一与买两件打五折促销方式上的感知质量差异比中国消费者更大（$\Delta M_{巴}=3.29-2.25=1.04$，$\Delta M_{中}=3.06-2.89=0.17$），因此假设H3a得到验证。具体均值结果见图3-9。

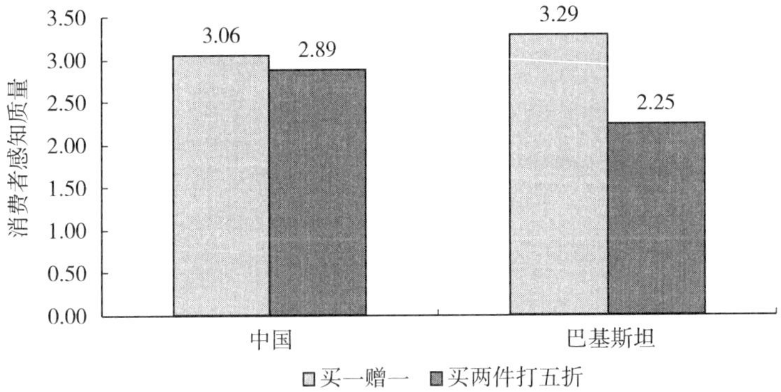

图3-9 文化背景对促销框架影响感知质量的差异影响

——消费者文化背景对促销框架影响感知风险的调节作用

与前面类似的分析步骤，以促销框架和消费者文化因素为自变量，感知风险为因变量进行方差分析。结果表明促销框架与消费者文化背景因素对感知风险（$F=21.62$，$p<0.001$）具有显著交互作用，见表3-11。

表 3-11　文化背景对不同促销框架与消费者感知风险的方差分析

源	Ⅲ 型平方和	*df*	均方	*F*	*Sig.*
促销框架×国籍	6.794	1	6.794	21.624	0.000
中国	0.012	1	0.012	0.034	0.855
巴基斯坦	14.396	1	14.396	56.115	0.000

接着我们将样本数据分为中国和巴基斯坦两组，在组内对促销框架对消费者感知风险的影响进行方差分析。结果表明，在巴基斯坦文化背景下，买一赠一促销和买两件打五折促销对消费者感知风险的影响差异显著，而在中国文化背景下，两种促销框架对消费者感知风险的影响差异不显著。具体而言，针对感知风险，巴基斯坦消费者对买一赠一的感知风险低于买两件打五折（$M_1=3.79$，$M_2=4.26$，$F=56.12$，$p<0.05$），而在中国，两种促销框架对感知风险的影响差异消失（$M_1=3.54$，$M_2=3.55$，$F=0.03$，$p>0.05$）。通过数据分析表明，巴基斯坦消费者对买一赠一与买两件打五折促销方式上的感知风险差异比中国消费者更大（$\Delta M_{巴}=4.26-3.79=0.47$，$\Delta M_{中}=3.55-3.54=0.01$），假设 H3b 得到验证。具体均值结果见图 3-10。

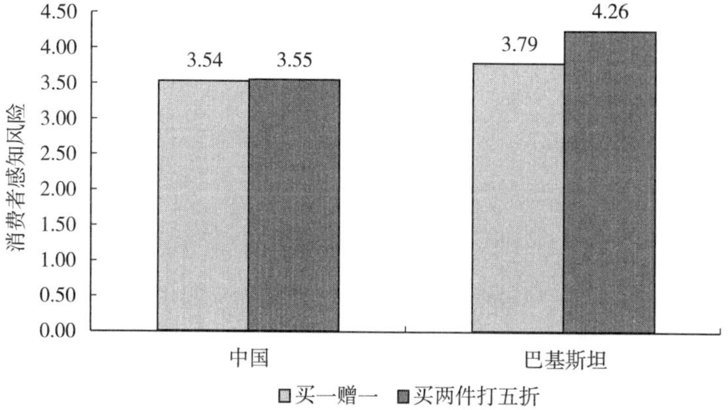

图 3-10　文化背景对促销框架影响感知风险的差异影响

——消费者文化背景对促销框架影响感知价值的调节作用

以促销框架和消费者文化因素为自变量，感知价值为因变量进行方差分析。结果表明促销框架与消费者文化因素对感知价值（$F=53.23$，$p<0.001$）具有显著交互作用，见表 3-12。

表 3-12 文化背景对不同促销框架与消费者感知价值的方差分析

源	Ⅲ 型平方和	*df*	均方	*F*	*Sig.*
促销框架×国籍	30.826	1	30.826	53.231	0.000
中国	0.132	1	0.132	0.297	0.586
巴基斯坦	67.366	1	67.366	94.346	0.000

接着我们将样本数据分为中国和巴基斯坦两组，在组内对促销框架对消费者感知价值的影响进行方差分析。结果表明，在巴基斯坦文化背景下，买一赠一促销和买两件打五折促销对消费者感知价值的影响差异显著，而在中国文化背景下，两种促销框架对消费者感知价值的影响差异不显著。具体而言，针对感知价值，巴基斯坦消费者对买一赠一的感知价值高于买两件打五折（$M_1=3.41$，$M_2=2.37$，$F=94.35$，$p<0.05$），而在中国，两种促销框架对感知价值的影响差异消失（$M_1=3.21$，$M_2=3.17$，$F=0.30$，$p>0.05$）。通过数据分析表明，巴基斯坦消费者对买一赠一与买两件打五折促销方式上的感知价值差异比中国消费者更大（$\Delta M_{巴}=3.41-2.37=1.04$，$\Delta M_{中}=3.21-3.17=0.04$），假设 H3c 得到验证。具体均值结果见图 3-11。

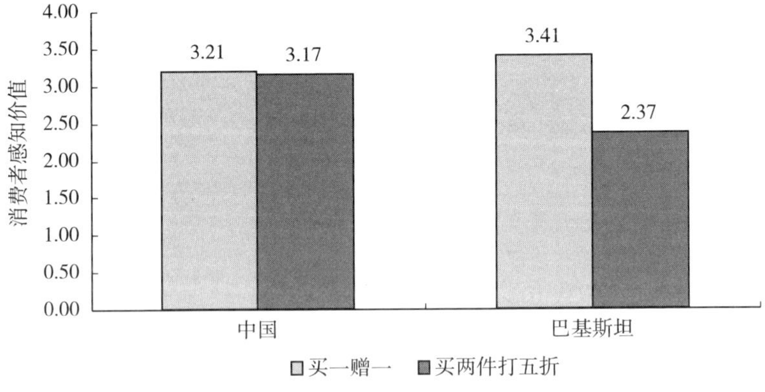

图 3-11 文化背景对促销框架影响感知价值的差异影响

——消费者文化背景对促销框架影响购买意愿的调节作用

为了考察消费者文化背景在促销框架与消费者购买意愿中的调节作用，我们将促销框架和消费者文化因素作为自变量，消费者购买意愿作为因变量进行方差分析。结果表明促销框架与消费者文化因素对消费者购买意愿（$F=22.37$，$p<0.001$）具有显著交互作用，见表 3-13。

表 3-13　文化背景对不同促销框架与消费者购买意愿的方差分析

源	Ⅲ 型平方和	*df*	均方	*F*	*Sig.*
促销类型×国籍	14.885	1	14.885	22.367	0.000
中国	2.574	1	2.574	4.610	0.033
巴基斯坦	49.737	1	49.737	64.310	0.000

接着我们将样本数据分为中国和巴基斯坦两组，在组内对促销方式对消费者购买意愿进行方差分析。结果表明，无论是在巴基斯坦还是中国文化背景下，买一赠一促销和买两件打五折促销对消费者购买意愿的影响差异显著。具体而言，针对购买意愿，中国消费者对买一赠一的购买意愿高于买两件打五折（$M_1=3.13$，$M_2=2.92$，$F=4.61$，$p<0.05$），且巴基斯坦消费者对买一赠一的购买意愿也高于买两件打五折（$M_1=2.90$，$M_2=2.00$，$F=64.31$，$p<0.05$）。不同之处在于巴基斯坦消费者对买一赠一与买两件打五折促销方式上的购买意愿差异比中国消费者更大（$\Delta M_{巴}=2.90-2.00=0.90$，$\Delta M_{中}=3.13-2.92=0.21$），因此假设 H3d 得到验证。具体均值结果见图 3-12。

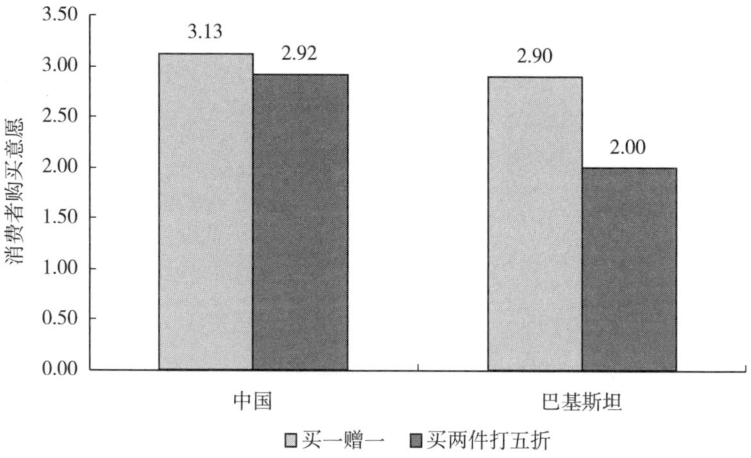

图 3-12　文化背景对促销框架影响购买意愿的差异影响

（3）促销框架对购买意愿影响的路径分析

为了进一步分析促销框架对消费者购买意愿影响的作用机制，我们做了以下回归分析。首先将“促销框架”这一分类变量转换为哑变量，其中用“0”表示买一赠一促销，“1”表示买两件打五折促销。接着我们将促销框架作为自变量，消费者感知质量作为因变量进行回归分析，数据结果证实促销框架对消费者感知质量的影响显著（表 3－14）；类似地，我们以促销框架作为自变量，消费者感知风险作为因变量再次进行回归分析，结果显示促销框架对消费者感知风险的影响也显著（表 3－15）。

表 3－14　促销框架对感知质量的影响

模型		非标准化系数		标准化系数	t	$Sig.$
		估计值	标准 误差	Beta 值		
1	（常量）	3.171	0.043		73.910	0.000
	促销框架	−0.608	0.062	−0.401	−9.802	0.000

注：$R^2=0.159$，$F_{1,502}=96.077$，$p<0.05$。因变量：感知质量。

表 3－15　促销框架对感知风险的影响

模型		非标准化系数		标准系数	t	$Sig.$
		估计值	标准 误差	Beta 值		
1	（常量）	3.659	0.038		96.056	0.000
	促销框架	0.257	0.055	0.204	4.670	0.000

注：$R^2=0.040$，$F_{1,502}=21.808$，$p<0.05$。因变量：感知风险。

紧接着，我们以促销框架作为自变量，以消费者感知价值作为因变量进行回归分析，表 3－16 的模型 1 结果表明促销框架对消费者感知价值的影响显著。最后，我们以促销框架、消费者感知质量和感知风险作为自变量，消费者感知价值作为因变量再次进行回归分析，结果如表 3－16 的模型 2 所示，消费者感知风险负向影响消费者感知价值，且消费者感知质量正向影响消费者感知价值，因此假设 H2a 和假设 H2b 成立。同时我们发现将消费者感知质量和感知风险纳入回归模型后，模型拟合优度显著改变（$\Delta R^2=0.078$，$F_{2,500}=23.66$，$p<0.01$），因此消费者感知质量和感知风险是促销框架影响感知价值的中介变量，假设 H2d 和假设 H2e 成立。

表 3-16　感知价值与促销框架、感知质量、感知风险之间关系的回归分析

模型		非标准化系数		标准系数	t	$Sig.$
		估计值	标准 误差	Beta 值		
1	（常量）	3.306	0.050		66.113	0.000
	促销框架	−0.547	0.072	−0.320	−7.561	0.000
2	（常量）	2.900	0.286		10.153	0.000
	促销框架	−0.328	0.076	−0.192	−4.307	0.000
	感知质量	0.297	0.050	0.264	5.892	0.000
	感知风险	−0.147	0.057	−0.108	−2.579	0.010

注：①对于模型 1：$R^2=0.100$，$F_{1,502}=57.162$，$p<0.05$。②对于模型 2：$R^2=0.175$，$F_{3,500}=36.545$，$p<0.01$；$\Delta R^2=0.078$，$F_{2,500}=23.657$，$p<0.01$。因变量：感知价值。

同样，为了分析消费者感知价值在促销框架影响购买意愿中的中介作用，我们做了如下回归分析。首先将促销框架作为自变量，消费者购买意愿作为因变量进行回归分析，结果如表 3-17 模型 1 所示，促销框架显著影响消费者购买意愿。接着，我们将促销框架和消费者感知价值共同作为自变量，将消费者购买意愿作为因变量进行回归分析，结果如表 3-17 模型 2 所示，消费者感知价值正向显著影响消费者购买意愿，故假设 H2c 成立。同时，将消费者感知价值纳入回归模型后，模型拟合优度显著改变（$\Delta R^2=0.08$，$F_{1,501}=45.85$，$p<0.01$），因此消费者感知价值是促销框架影响购买意愿的中介变量，假设 H2f 成立。

表 3-17　购买意愿与促销框架、感知价值之间关系的回归分析

模型		非标准化系数		标准系数	t	$Sig.$
		估计值	标准 误差	Beta 值		
1	（常量）	3.013	0.054		55.642	0.000
	促销框架	−0.559	0.078	−0.304	−7.137	0.000
2	（常量）	1.977	0.162		12.227	0.000
	促销框架	−0.387	0.079	−0.210	−4.893	0.000
	感知价值	0.314	0.046	0.291	6.771	0.000

注：①对于模型 1：$R^2=0.090$，$F_{1,502}=50.940$，$p<0.05$。②对于模型 2：$R^2=0.165$，$F_{2,501}=50.672$，$p<0.01$；$\Delta R^2=0.076$，$F_{1,501}=45.853$，$p<0.01$。因变量：购买意愿。

3.3.2.3 研究结论与讨论

1. 研究发现

本研究基于框架效应探讨了网络环境下两类常见促销框架（买一赠一和买两件打五折）对消费者影响的跨文化研究，实证研究结果发现：

（1）买两件打五折促销比买一赠一促销带来更高的感知风险，且买一赠一促销方式比买两件打五折促销方式能带来更高的消费者感知质量、感知价值和购买意愿。这是因为这两种促销方式虽然在促销让利上完全相等，但带给消费者的心理感受不同。相对买一赠一促销方式，买两件打五折促销由于打折使得价格的下降，根据价格—质量理论，价格的下降会使得消费者认为产品质量在下降，购买质量有问题的产品是有风险的，因而这两种促销方式虽然让利水平一样，但是消费者感知到的风险水平不同，进而在感知价值和购买意愿上有所不同。

（2）本研究还证实了消费者感知风险、感知质量、感知价值和购买意愿之间的影响关系。同时，本研究通过对促销框架影响消费者购买意愿的作用机制分析，结果证实消费者感知质量和感知风险是促销框架影响消费者感知价值的中介变量，同时消费者感知价值是促销框架影响消费者购买意愿的中介变量。

（3）通过比较中国和巴基斯坦消费者对不同促销框架的反应证实了促销框架对消费者感知质量、感知风险、感知价值和购买意愿的影响受到消费者文化因素的调节作用。具体而言，相对中国消费者，高不确定性规避文化背景下的巴基斯坦消费者的感知风险水平更高，因而会加大对这两种促销方式风险的感知差异，进而比中国消费者对买两件打五折促销方式的评价更低。

2. 理论贡献

本研究证实了网络环境下促销框架效应的存在，即不同网络促销框架会给消费者带来不同的影响。Sinha 和 Smith（2000）在实体环境中考察了买一赠一和买两件打五折促销对感知价值的影响，本研究在其基础上将促销框架效应拓展到了网络环境下，结论大体一致，但本研究考察了更多变量的影响，研究结论丰富了前人研究。同时跨文化研究结论有助于我们更好地理解相同促销策略在不同市场（如高不确定性规避和低不确定性规避文化背景市场）对消费者的差异影响，拓展了文化因素在促销领域对消费者的影响研究，为后续相关跨文化研究奠定了理论基础。据我们所知，较少学者对中国和巴基斯坦进行跨文化的网络促销框架影响研究，因此本研究结论可以为未来中巴跨文化研究提供更多研究思路和理论支撑，也可为其他国家之间的促销框架跨文化比较研究提供借鉴意义。

3. 现实意义

本研究结论给企业带来一定营销启示。现实生活中，企业常随意选用促销方式，常常忽略不同促销方式会给消费者带来不同的心理感受。通过本研究发现，同样促销让利水平下，不同促销方式对消费者的影响是不同的，企业在选择买一赠一和买两件打五折促销方式时，建议选择买一赠一，因为这种促销方式相对买两件打五折能带来更低的消费者感知风险和更高的消费者感知质量、感知价值和购买意愿。企业在制订促销方案时还必须考虑到消费者的文化背景因素，不同文化背景的消费者对促销方式的反应有所不同。相对中国消费者而言，巴基斯坦消费者对买两件打五折促销的评价也更低，因此在类似巴基斯坦这种高不确定性规避文化背景国家里建议少使用买两件打五折促销方式，可以选择使用感知风险略低的买一赠一促销方式，同时在此类文化背景国家中少用模糊不清的促销方式，从而降低消费者对此促销的感知风险水平。总之，企业要有慎用促销方式的意识，要考虑到目标市场消费者的文化背景，尤其是针对跨国企业更应该考虑消费者的文化背景差异，从而制定更加有效的促销策略。

4. 研究局限与未来研究方向

本研究存在以下局限性。首先，本研究使用的品牌均为虚拟品牌，虽然问卷中有情景描述能让消费者产生相应品牌联想，但与现实中的实际品牌相比还是具有一定差异；其次，本研究只对中国和巴基斯坦两个国家进行了跨文化研究，为了进一步推广研究结论可以在更多国家之间展开跨文化研究；最后，本研究的跨文化研究主要考察的是不确定性规避系数不同的国家消费者对不同促销框架的反应，未来可以考察更多文化背景因素有差异的国家对促销框架的不同反应，如可以考察集体主义国家和个人主义国家的消费者对促销的不同反应。除此之外，未来除了考察文化背景差异在不同国家之间的差异影响外，还可以进一步考察民族习惯、经济水平等因素在跨国别研究中的影响。

3.4 打折促销和买赠促销对消费者的差异影响[①]

现实生活中，企业常利用各种促销手段来刺激消费者快速做出购买决策，以激励消费者进行消费。促销的使用和运用变得无处不在，如何更好地利用促销方式以获得消费者青睐变得越来越重要。根据框架效应（framing effect）可知，在同样的促销水平下，不同的促销表述方式会使消费者产生不同的理解，进而带来不同的影响（Kühberger，1995）。同时大量研究表明不同的促销表述方式会带来不同的消费者反应（如张黎等，2007；刘红艳等，2012；Lowe，2010；Shen，2014）。促销根据其带给消费者的心理感受不同可以分为减少损失型促销和获得收益型促销（Diamond 和 Sanyal，1990）。促销被描述为获得收益型对消费者更加有效还是描述为减少损失型更加有效，现有研究还存在不一致的结论。如国外学者 Kramer 和 Kim（2007）和 Diamond 和 Sanyal（1990）研究都表明获得收益型促销比减少损失型促销带来更好的促销效果，而国内学者金立印（2008）认为人们对损失更加敏感，并通过实证研究表明减少损失型促销比获得收益型促销的促销效果好。因此究竟促销被描述为获得收益型还是减少损失型更有利于消费者决策，这还值得深入研究。

本研究将主要对比研究减少损失型促销与获得收益型促销对消费者反应的不同影响。为了便于研究，我们选取买赠促销和打折促销分别作为获得收益型促销和减少损失型促销代表。买赠促销和打折促销在现实生活中也较为常见，那商家采取这两种不同促销到底会对消费者产生什么不同影响，值得深入研究。

现实中促销活动本身常具有一定时间限制，企业在设计促销时将会限定促销的有效时间，而现有对促销时间限制对促销框架效应影响的研究还比较缺乏，因此本研究首先考察时间压力对促销框架效应的影响；同时，

① 此部分内容主要来自于曾慧 2017 年博士论文《促销框架对消费者反应的影响研究》。

消费者自身因素也将导致其对促销的感知有所差别，虽有较多文献研究了消费者自身因素对促销框架效应的影响（刘磊和王承璐，2012；Kramer 和 Kim，2007；Lee 等，2015），但结合时间压力因素共同影响促销框架效应研究还比较少，因此本研究还将考察消费者调节聚焦对促销框架效应的影响。通过实证研究，本研究将系统考察时间压力和消费者调节聚焦对促销框架效应的影响，从而丰富学术上相关研究，并为企业在促销设计上提供理论依据，以指导促销的实践运用。

3.4.1　文献回顾与研究假设

3.4.1.1　时间压力

促销本身具有一定时间限制，企业在设计促销时将会限定促销的有效时间，消费者会因为感受到促销时间的限制性而加速购买以免产生错过后悔的心理（如 Inman 等，1997；Aggarwal 和 Vaidvanathan，2003；卢长宝和黄彩凤，2014）。通过文献回顾发现，虽有部分学者关注时间限制对促销效果的影响，但针对时间压力影响促销框架效应的研究相对还比较缺乏。如 Eisenbeiss 等（2015）研究了时间限制对促销效果的影响，结果表明不同产品类型（享乐型产品和实用型产品）下，时间限制对促销效果的影响具有差异：紧迫时间限制吸引力大于宽松时间限制，同时时间限制对享乐型产品的效果强于实用型产品；李研（2014）对比考察了促销时间限制和数量限制对消费者的差异影响。通过以上文献的回顾可知，促销时间限制会对消费者的购买行为产生一定影响，但此类研究未考察不同促销框架与时间限制的匹配关系。时间限制会带来消费者对时间的感知压力，因此本研究将进一步考察促销时间压力与促销框架对消费者反应的共同影响。

时间压力是指消费者感觉到完成任务的时间越来越紧迫所形成的焦虑程度（Svenson 和 Maule，1993），通常认为时间压力是由时间限制所引起的。促销一般都具有一个清晰的持续时间或截止日期，正是此时间限制给消费者带来了一定“截止时间压力”，也因为这种时间限制促使企业在促销截止日期临近时带来新的销售高峰（Inman 和 Mcalister，1994）。消费者对促销活动的时间限制感知会转变为自身决策的时间压力，进而对购买决策产生影响。国内外学者针对促销时间限制对消费者的影响展开了相应研究，如Inman等（1997）和Aggarwal和Vaidyanathan（2003）研究表明促销时间限制会加速消费者购买，提高消费者购买可能性；同时，卢长宝和黄彩凤（2014）考察了促销时间压力对“不买后悔”的影响机制，研究发现当促销时间压力越大时，消费者“不买后悔”感知越强烈，进而感知到更高的促销价值。由此可见，促销时间压力确实会对促销效果产生一定影响。

3.4.1.2 调节聚焦

消费者特征将导致其对促销的感知有所差别。国内外较多学者将消费者特征作为促销框架效应的调节变量进行考察。如国外学者Kramer和Kim（2007）考察了消费者交易倾向在减少损失型促销和获得收益型促销对消费者影响中的调节作用。同时，Crespo-Almendros等（2015）比较了新用户和老用户对不同促销框架的差异评价。Chatterjee（2011）也考察了消费者特征对促销框架效应的影响，主要考察的是邮费怀疑论者和非怀疑论者对网络促销框架的不同评价。除此之外，较多学者在考察促销框架效应时加入了消费者调节聚焦倾向作为调节变量进行研究。如施卓敏等（2013）和刘磊、王承璐（2012）在考察促销框架效应时都考察了消费者调节定向特质的调节作用。通过文献回顾发现，虽有较多文献研究了消费者特征对促销框架效应的影响（如刘磊和王承璐，2012；Kramer和Kim，2007；Lee等，2015），但结合时间压力因素共同影响促销框架效应研究还比较少，因此本研究还将继续考察消费者调节聚焦对促销框架效应的影响。

Higgins（1997）根据自我差异理论提出了两种个体自我调节倾向，分别是促进聚焦自我调节和防御聚焦自我调节。消费者在不同自我调节聚焦倾向下有不同的行为特征。其中促进聚焦（promotion focus）消费者希望通过努力来实现自己的理想和愿望，常采用积极追求达到目标的促进战略；而防御聚焦（prevention focus）消费者害怕错误和失败，喜欢规避风险，常采用防止错误而实现目标的防御战略（Higgins，1997）。促进聚焦消费者注重自身的提高和发展，而防御聚焦消费者则注重履行自我的责任和义务（Higgins，1997）。

个体调节聚焦可以分为个体特质性调节倾向和临时性调节倾向。个体特质性调节倾向的形成常受其父母教育目标的影响，一旦形成就较为稳定

（Higgins，1997）。一般具有促进型目标的父母会采取鼓励为主的教养方式，培养孩子独立的性格，在孩子成长过程中比较关注孩子成长需要的满足；而具有防御型目标的父母则比较关注孩子安全需要的满足，常保护孩子不受伤害，预防疾病等。这两种不同的教育目标将会使得孩子分别形成促进聚焦和防御聚焦的自我调节（Higgins，1997）。与此同时，除了特质性调节倾向外，特定情境下的不同信息框架也会使得个体产生临时性调节倾向。在实验研究中，研究者利用不同的信息呈现方式诱发个体的临时调节聚焦倾向，如 Higgins（2000）就采用收获的信息框架来引诱消费者产生促进调节聚焦倾向，而采用损失的信息框架来引诱消费者产生防御调节聚焦倾向。为了研究需要，本研究主要采用的是临时性调节聚焦倾向，即通过实验操控让消费者产生不同的调节聚焦倾向，进而考察不同调节聚焦消费者对促销框架的不同反应。

3.4.1.3 研究假设

1. 促销框架对消费者的影响

促销框架是指企业在为消费者提供相同的促销让利水平时而采用逻辑意义上相似但表述方式不同的促销信息描述（施卓敏等，2013；彭璐珞等，2012）。本研究主要考察的是减少损失型促销（打折）和获得收益型促销（买赠）带给消费者的差异影响。根据框架效应理论可知，同样的内容信息以不同的方式表述会使决策者产生不同的理解（Kühberger，1995）。关于减少损失型促销和获得收益型促销的研究较多，如 Kramer 和 Kim（2007）研究发现优惠券在广告中强调获得收益比强调减少损失能产生更好的促销效果；类似地，Diamond 和 Sanyal（1990）认为相对于被描述为减少损失的货币型促销，消费者更偏好被描述为获得的非货币促销。然而也有学者发现减少损失型促销比获得收益型促销带来更好的促销效果（金立印，2008）。不同研究结论主要源于调节变量的不同。因此本研究调节变量主要考察时间压力和消费者调节聚焦的影响。

感知价值是消费者对感知到的获得与付出进行比较之后对产品效用的总体性评价（Zeithaml，1988），是消费者对利得和利失的权衡。Thaler（1985）进一步区分了感知价值，分为感知获取价值和感知交易价值。感知获取价值取决于获得与花费的比较（产品性能/交易价格）；而交易价值取决于参考价格（交易价格/参考价格）。消费者内部参考价格和产品销售价格之差会影响消费者感知交易价值的评价，进而对购买意愿产生影响（Della Bitta 等，1981；韩睿和田志龙，2005）。后悔（regret）是指消费者在主观或客观条件的影响下，对过去采取或者没有采取某种行动而导致的消极结果所产生的自责、懊恼、悔恨等情绪（Landman，1993）。后悔通常可以分为采取了某种行动而感到后悔（即做的后悔）与没有采取某种行动而感到后悔（即不做的后悔）（Kahnema 和 Miller，1986）。Janis 和 Mann（1997）根据期望理论构造了预期后悔：害怕现在不做而导致将来产生后悔，即“不做的后悔”。基于此，本研究考察的促销后悔主要是指不做后悔，即错过此次促销活动而感知到的后悔程度，本研究统称为预期后悔（anticipate regret）。购买意愿是指消费者对获得某种产品或服务的主观愿望强度（江明华和董伟民，2003），是消费者想要购买某产品或服务的行动倾向。较多研究者将购买意愿作为预测消费者实际购买行为的最准确的预测项（如白琳，2010）。

展望理论（prospect theory）认为顾客在做决策时主要根据该决策结果可能导致的潜在利得和潜在损失的综合价值判断（Kahneman 和 Tversky，1979），因而顾客在面对“收益”和“损失”两种信息框架时会有不同决策反应。在框架效应下，同一促销信息既可以被描述为增加利益也可以被描述为减少损失（Diamond 和 Sanyal，1990）。根据展望理论的价值函数曲线图可知，损失曲线比获得曲线更加陡峭，即同样价值的损失比同样价值的获得带给人们的心理感受更强烈（Kahneman 和 Tversky，1979）。同时有学者通过实证研究证实，减少损失型促销比获得收益型促销的效果更好（金立印，2008）。据此，本研究推测减少损失型促销（打折）比获得收益型促销（买赠）能带来更积极的消费者反应。基于此，本研究提出以下假设：

H1a：打折促销比买赠促销带来更高的消费者感知价值。

H1b：打折促销比买赠促销带来更高的消费者预期后悔。

H1c：打折促销比买赠促销带来更高的消费者购买意愿。

2. 时间压力对促销框架效应的影响

卢长宝等（2012）研究发现时间压力会导致消费者决策发生改变。在时间紧迫情境下，由于促销活动所剩时间较少，消费者将会害怕此时不购买，之后再购买将会损失一定现金，进而产生更高的预期后悔体验（卢长宝等，2013）。根据调节匹配理论（regulatory fit theory）可知，人们在做决策时感知到的价值取决于个人决策过程中的个人目标与决策战略方式的匹配结果（Avnet和Higgins，2006）。因此在时间紧迫下，消费者害怕损失和产生后悔的状态将与减少损失型这种避害促销类型匹配，因而消费者更喜欢减少损失型促销描述（如打折促销）；与此同时，在时间宽松下，消费者的感知损失和预期后悔将不会那么强烈，对这两种促销方式的偏好将不明显。在此基础上，本研究提出以下假设：

H2a：时间压力对促销框架与消费者感知价值之间关系有调节作用。具体而言：在促销时间限制紧迫下，打折促销比买赠促销带来更高的感知价值；而在促销时间限制宽松下，两种促销框架的差异消失。

H2b：时间压力对促销框架与消费者预期后悔之间关系有调节作用。具体而言：在促销时间限制紧迫下，打折促销比买赠促销带来更高的预期后悔；而在促销时间限制宽松下，两种促销框架的差异消失。

3. 消费者调节聚焦对促销框架效应的影响

消费者调节聚焦倾向的不同，其关注重点也将有所不同。促进聚焦倾向消费者关注理想自我，强调正面结果和收获；而防御聚焦倾向消费者关注应该自我，强调负面结果和失去（Higgins和Tykocinski，1992；刘龙珠等，2013）。减少损失型促销主要带给消费者的心理感受是减少了消费者的支出或损失，而获得收益型促销主要带给消费者的感受是获得了额外收益。不同调节聚焦的消费者对这两种促销类型具有不同的偏好，如我国学者刘磊和王承璐（2012）研究发现当消费者处于促进聚焦时，促销被描述为获得比减少损失能带来更高的购买意愿，而当消费者处于防御聚焦时，促销被描述成减少损失比获得能带来更高的购买意愿。与此类似，Lee和Aaker（2004）发现调节聚焦会影响信息框架的说服力，并通过一系列实验证实了当信息内容是促进聚焦时，使用获得型的信息框架更具有说服力，而当信息内容是防御聚焦时，则应采用损失型的信息框架。Jain和Maheswaran（2007）研究发现负面比较的信息框架广告内容会使得防御聚焦的消费者对广告品牌给予更高的评价，反之，针对促进聚焦的消费者，则应采用正面比较的信息框架。在此基础上，本研究提出以下研究假设：

H3a：调节聚焦对促销框架与消费者感知价值之间关系有调节作用。具体而言：针对促进调节聚焦消费者，买赠促销比打折促销带来更高的感知价值；而针对防御调节聚焦消费者，打折促销比买赠促销带来更高的感知价值。

H3b：调节聚焦对促销框架与消费者预期后悔之间关系有调节作用。具体而言：针对促进调节聚焦消费者，买赠促销比打折促销带来更高的预期后悔；而针对防御调节聚焦消费者，打折促销比买赠促销带来更高的预期后悔。

4. 感知价值、预期后悔与购买意愿的关系

接下来，我们考察感知价值、预期后悔和购买意愿之间的影响关系。其中感知价值取决于感知利益和感知付出，是消费者对感知到的获得与付出进行比较之后对产品效用的总体性评价（Zeithaml，1998）。购买意愿是指消费者想要得到某种品牌或服务的主观意愿的强度（江明华和董伟民，2003）。相关研究表明感知价值正向影响购买意愿（Chang 和 Tseng，2013），即消费者对产品或服务的感知价值越高则越有可能购买此产品或服务。同时 Dodds 等（1991）也发现感知价值是消费者对价格的感知与消费者购买意愿之间的中介变量。据此我们推断消费者感知价值是促销方式影响消费者购买意愿的中介变量。

后悔可分为预期后悔和体验后悔，其中预期后悔是指消费者购前假想的后悔，而体验后悔是指消费者通过实际比较而感受到的后悔（陈荣，2007）。研究表明预期后悔和体验后悔都会对消费者的再购买意愿产生影响（陈荣，2007）。由于研究需要，本研究主要考察促销对消费者预期后悔的影响。消费者如果在促销活动期间不购买而等促销结束了再购买，那将会损失一定金钱，这就会促使消费者产生一定的机会成本感知，进而产生“不买后悔”的情绪体验（卢长宝等，2013），即消费者的预期后悔越大，其感知到的机会成本越高，因而越容易产生购买行为。因此我们推测消费者预期后悔会正向影响消费者购买意愿，且预期后悔是促销方式影响购买意愿的中介变量。综上，本研究提出以下研究假设：

H4：感知价值正向影响购买意愿。

H5：感知价值是不同促销框架影响购买意愿的中介变量。

H6：预期后悔正向影响购买意愿。

H7：预期后悔是不同促销框架影响购买意愿的中介变量。

综上所述，本研究模型如图3-13所示。

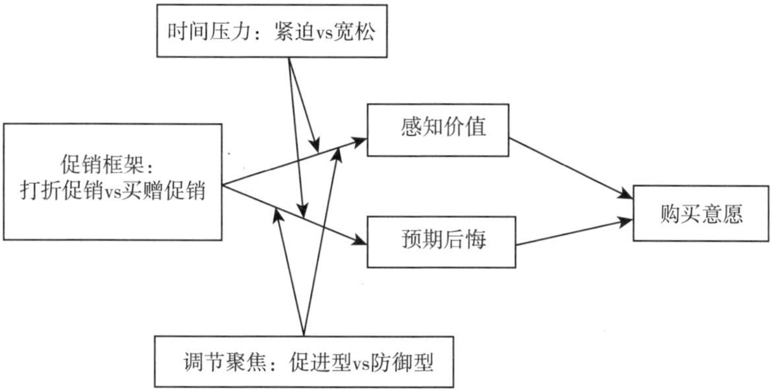

图3-13　研究模型

3.4.2　研究设计

本实验采用2（促销框架：打折、买赠）×2（时间压力：紧迫、宽松）×2（消费者调节聚焦：促进型、防御型）的实验研究设计。调查成都市某高校280名在校大学生，每位同学被随机指派到8个版本问卷中的一组进行实验，受试者在调查者的指导下，认真阅读实验情景描述后回答问卷中的相关问题。剔除回答不完整问卷，最终有效回收问卷258份，有效回收率92.14%，其中男性86名，女性172名。

在实验中我们选取买赠促销和打折促销分别作为获得收益型促销和减少损失型促销代表。同时，借鉴已有文献研究，本研究将促销让利水平控制在20%（Kramer和Kim，2007）。本实验选取电脑产品作为刺激物，这是因为电脑作为大学生越来越必备的学习用品，大学生都较为熟悉和青睐。在促销时间限制上，我们选取新生入学时机做促销，促销时间只剩下最后一天作为时间紧迫情境，而促销还有30天作为时间宽松情境。

本实验采用两项实验任务（回忆报告任务和纸笔迷宫任务）共同启动被试的临时调节聚焦倾向（如 Lee 等，2010；王怀勇和刘永芳，2014）。在第一项实验任务中我们要求被试阅读不同指导语来完成回忆报告任务，进而启动自身的不同聚焦倾向。例如为了启动被试促进聚焦倾向，我们要求被试回忆并写出自己现在及过去所拥有的三项希望或愿望（Chernev，2004；王怀勇和刘永芳，2014）。在第二项实验任务中我们同样要求被试阅读不同指导语来完成对应纸笔迷宫任务。例如针对启动促进聚焦的指导语是：在迷宫出口处放了一块瑞士干酪，而老鼠位于迷宫中央，要求被试引导老鼠逃出迷宫而吃到干酪（Lee 等，2010；王怀勇和刘永芳，2014）。被试完成了以上启动调节聚焦倾向任务后，再阅读本实验的不同促销情境来回答相应问题。

本实验所用情景描述如下：

（1）买赠促销框架在时间宽松下的情景描述如下，其中方括号内是针对时间紧迫的情景描述。

现新生刚入学，某知名品牌笔记本电脑做新生入学促销活动，原价 4 500 元，现在购买即送精美礼盒一份（包括电脑包，音箱等，市场售价 900 元），活动时间一共 30 天，今天您看到此促销信息时刚好是促销的第一天［今天您刚好看到此促销信息时已经是促销的最后一天］，您正好需要购买一台笔记本电脑，此电脑品牌是您中意的品牌，质量和价格都符合您的要求。

（2）打折促销框架在时间宽松下的情景描述如下，其中方括号内是针对时间紧迫的情景描述。

现新生刚入学，某知名品牌笔记本电脑做新生入学促销活动，原价 4 500 元，现在购买即打 8 折，活动时间一共 30 天，今天您看到此促销信息时刚好是促销的第一天［今天您刚好看到此促销信息时已经是促销的最后一天］，您正好需要购买一台笔记本电脑，此电脑品牌是您中意的品牌，质量和价格都符合您的要求。

因变量感知价值主要参照 Munger 和 Grewal（2001）的量表，包括 3 个测量题项，其信度系数为 0.71，题项分别是：该促销活动提供了高价值/该促销活动很有吸引力/现在购买很划算；预期后悔主要参照陈荣

(2007) 的测量题项，包括3个题项，其信度系数为0.73，题项分别是：如果现在不购买，您会感到后悔/如果现在不购买，您会感到不安/请假想您这次没有购买，如果下次您再来购买该品牌电脑，若看到该电脑的价格比现在贵，您会体验到后悔。购买意愿测量题项主要参照江明华和董伟民(2003) 的测量题项，包括3个题项，其信度系数为0.86，题项分别是：您很想购买该品牌电脑/您希望购买该品牌电脑/您买该品牌电脑的意愿很强烈。所有测量题项均采用Likert七级量表评分。所有量表信度系数均大于0.7，这说明本实验量表具有较高可信性。在量表的最后获得人口统计学变量，包括性别、年龄及所在年级。

3.4.3　数据分析结果

3.4.3.1　实验操控性检验

首先研究假设认为消费者对这两种促销方式的心理感受有所不同，对减少损失型促销（打折促销）会感知到支出或损失的减少，而对获得收益型促销（买赠促销）会感知到获得了额外利益。因此在问卷中用两个题项分别对这两种促销方式进行了操控性检验。结果表明，打折促销（$M_1=4.77$）比买赠促销（$M_2=4.02$）带来更高的消费者感知减少花费（$F=24.06$，$p<0.05$），而买赠促销（$M_2=4.62$）比打折促销（$M_1=4.23$）带来更高的消费者感知获得额外利益（$F=6.91$，$p<0.05$）。同时，考虑到消费者对产品价格、产品质量和产品品牌的满意度会影响到消费者的购买意愿，因此在实验中将消费者对此产品的价格、质量和品牌的满意度控制在一定水平，操控结果表明本实验8种不同实验场景下消费者对产品价格（$F=0.01$，$p>0.05$），产品质量（$F=2.48$，$p>0.05$）和产品品牌（$F=0.21$，$p>0.05$）的满意度都没有显著差异，操控成功。最后，在实验中我们也对两个调节变量进行了操控。在对调节聚焦的操控上，我们要求被试根据同意的程度作1～7的评定（1代表最同意左边的说法——更愿意避免坏的结果，7代表最同意右边的说法——更愿意去争取好的结果），较大数值对应促进聚焦，较小数值对应防御聚焦（彭璐珞等，2012）。结果发现促进聚焦组的得分（$M_1=5.43$）显著高于防御聚焦组（$M_2=3.43$）（$F=62.52$，$p<0.05$），因此，本实验对调节聚焦的操控成

功。与此同时，借鉴 Eisenbeiss 等（2015）研究，我们还对时间压力进行了操控，发现消费者认为时间宽松组剩余的促销时间（$M_1=5.28$）显著多于时间紧迫组（$M_2=3.82$）（$F=71.45$，$p<0.05$），操控成功。

综上所述，本实验所有操控成功。

3.4.3.2 假设检验

1. 打折促销与买赠促销对消费者反应的主效应检验

本研究首先对这两种促销框架的主效应进行检验，方差分析结果表明减少损失型促销（打折促销）比获得收益型促销（买赠促销）带来更高的消费者感知价值（$M_1=4.47$，$M_2=4.01$，$F=16.06$，$p<0.05$）、消费者预期后悔（$M_1=4.20$，$M_2=3.65$，$F=17.77$，$p<0.05$）和消费者购买意愿（$M_1=4.31$，$M_2=4.01$，$F=6.33$，$p<0.05$），且差异显著，假设 H1a、H1b 和 H1c 得到验证。故，打折促销比买赠促销带来更积极的消费者反应。具体结果如表 3-18 和图 3-14 所示。

表 3-18 不同促销框架对感知价值、预期后悔和购买意愿的方差分析

源	因变量	Ⅲ 型平方和	*df*	均方	*F*	*Sig.*
促销框架	感知价值	13.693	1	13.693	16.056	0.000
	预期后悔	19.415	1	19.415	17.767	0.000
	购买意愿	5.705	1	5.705	6.328	0.012

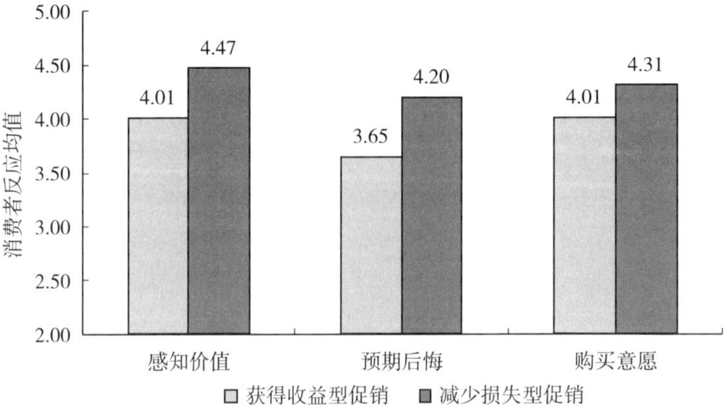

图 3-14 不同促销框架对消费者感知价值、预期后悔和购买意愿的影响

2. 时间压力调节作用方差分析

我们对时间压力在促销框架与消费者感知价值、预期后悔影响关系中的调节作用进行了方差分析。结果表明时间压力对促销框架与消费者感知价值（$F=8.13$，$p<0.05$）和预期后悔（$F=8.17$，$p<0.05$）均有显著调节作用，结果见表3-19。

表3-19　时间压力的调节作用

源	因变量	Ⅲ型平方和	df	均方	F	$Sig.$
促销框架×时间压力	感知价值	6.732	1	6.732	8.134	0.005
	预期后悔	8.678	1	8.678	8.170	0.005

紧接着，我们将时间压力分为时间紧迫组和时间宽松组两组进行方差分析，结果如表3-20、图3-15和图3-16所示：在时间紧迫组下，针对感知价值，减少损失型促销（打折促销）（$M_1=4.67$）比获得收益型促

表3-20　时间紧迫和时间宽松对促销框架效应的影响

源	时间压力	因变量	Ⅲ型平方和	df	均方	F	$Sig.$
促销框架	时间紧迫	感知价值	19.435	1	19.435	21.677	0.000
		预期后悔	26.630	1	26.630	25.093	0.000
	时间宽松	感知价值	0.434	1	0.434	0.576	0.449
		预期后悔	0.806	1	0.806	0.758	0.386

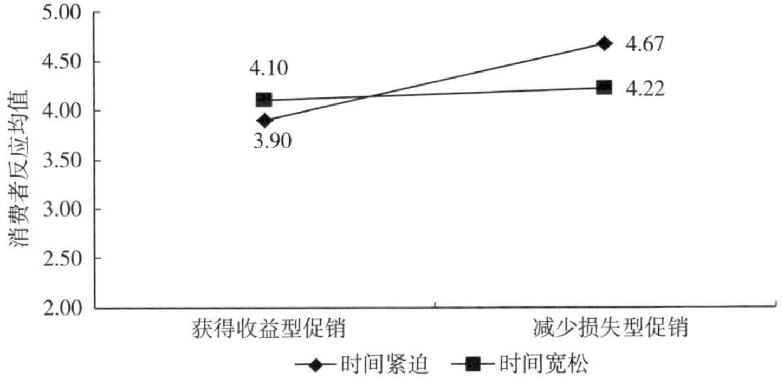

图3-15　时间压力对感知价值的调节作用

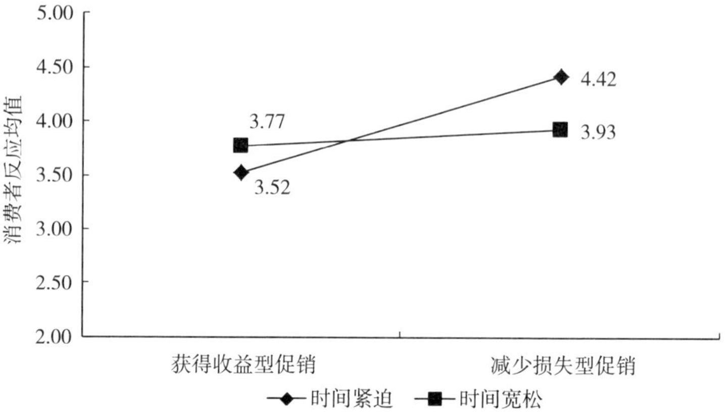

图 3-16 时间压力对预期后悔的调节作用

销（买赠促销）（$M_2=3.90$）带来更高的感知价值（$F=21.68$，$p<0.05$）；针对预期后悔，减少损失型促销（打折促销）（$M_1=4.42$）也比获得收益型促销（买赠促销）（$M_2=3.52$）带来更高的预期后悔（$F=25.09$，$p<0.05$）。而在时间宽松组下，两种促销方式对消费者感知价值（$F=0.58$，$p>0.05$）和预期后悔（$F=0.76$，$p>0.05$）的影响差异消失，因此假设 H2a 和假设 H2b 得到验证。

3. 调节聚焦调节作用方差分析

为了考察消费者调节聚焦对促销框架与消费者感知价值、预期后悔的影响关系，我们对其进行方差分析。方差分析结果表明调节聚焦对促销框架与消费者感知价值（$F=61.32$，$p<0.05$）和预期后悔（$F=53.79$，$p<0.05$）均有显著调节作用，如表 3-21 所示。

表 3-21 调节聚焦对促销框架影响消费者反应的调节作用

源	因变量	Ⅲ 型平方和	*df*	均方	*F*	*Sig.*
促销框架×调节聚焦	感知价值	42.453	1	42.453	61.316	0.000
	预期后悔	48.884	1	48.884	53.788	0.000

接下来，我们将调节聚焦分为促进聚焦和防御聚焦两组进行方差分析，结果如表 3-22、图 3-17、图 3-18 所示：在促进聚焦组下，针对消费者感知价值，获得收益型促销（买赠促销）（$M_2=4.45$）比减少损失型

表3-22　促进聚焦和防御聚焦对促销框架效应的影响

源	调节聚焦	因变量	Ⅲ型平方和	*df*	均方	*F*	*Sig.*
促销框架	促进聚焦	感知价值	4.724	1	4.724	7.241	0.008
		预期后悔	4.127	1	4.127	4.850	0.030
	防御聚焦	感知价值	51.426	1	51.426	70.626	0.000
		预期后悔	64.189	1	64.189	66.809	0.000

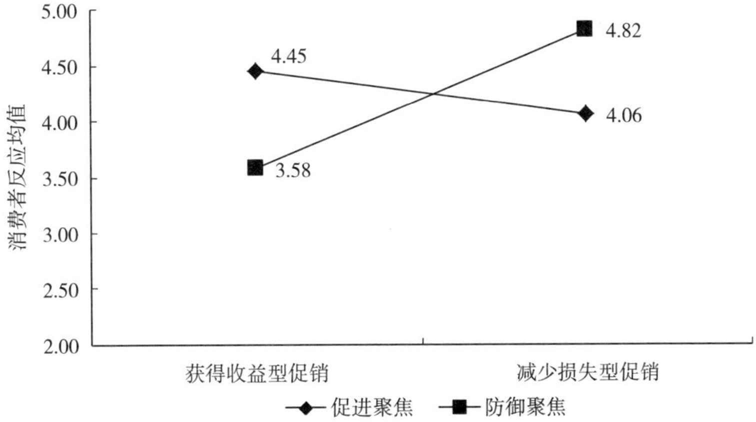

图3-17　消费者调节聚焦对感知价值的调节作用

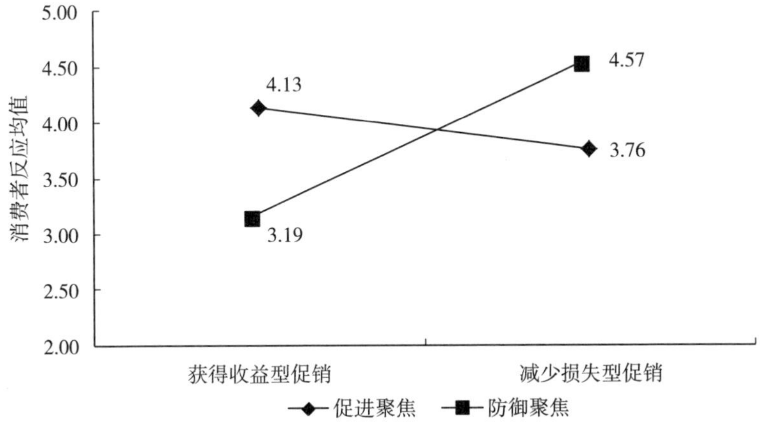

图3-18　消费者调节聚焦对预期后悔的调节作用

促销（打折促销）（M_1=4.06）带来更高的感知价值（F=7.24，p<0.05）；针对预期后悔，获得收益型促销（买赠促销）（M_2=4.13）也比减少损失型促销（打折促销）（M_1=3.76）带来更高的预期后悔（F=4.85，p<0.05）。而在防御聚焦组下，针对感知价值，减少损失型促销（打折促销）（M_1=4.82）比获得收益型促销（买赠促销）（M_2=3.58）带来更高的感知价值（F=70.63，p<0.05）；针对预期后悔，减少损失型促销（打折促销）（M_1=4.57）也比获得收益型促销（买赠促销）（M_2=3.19）带来更高的预期后悔（F=66.81，p<0.05），因此假设 H3a 和 H3b 得到验证。

4. 调节聚焦和时间压力共同对促销框架效应的影响

与此同时，我们还对调节聚焦和时间压力对促销框架效应的影响的共同交互作用进行了分析。结果如表 3－23 所示，三者在消费者感知价值上交互作用显著（F=5.05，p<0.05），而在预期后悔上交互作用没有达到显著性水平（F=0.01，p>0.05）。

表 3－23　时间压力与调节聚焦的共同调节作用

源	因变量	Ⅲ 型平方和	df	均方	F	$Sig.$
促销框架×时间压力×调节聚焦	感知价值	3.305	1	3.305	5.046	0.026
	预期后悔	0.005	1	0.005	0.006	0.941

我们对实验影响消费者感知价值的均值结果进行了分析，如表 3－24 所示：针对买赠促销，最好的匹配方式是在促销时间宽松下，促进调节聚焦，此时的均值结果最大（M=4.53），而针对打折促销，最好的匹配方式是在促销时间紧迫下，防御调节聚焦（M=5.12）。值得注意的是，虽然我们在数据中看到这样一个结果，但是这个差异还需进一步严谨的检验，后续研究可以深入探讨。

5. 促销框架对购买意愿影响的路径分析

为了进一步分析消费者感知价值和预期后悔在促销框架与购买意愿之间的中介作用，我们做了以下回归分析：首先将“促销框架”这一分类变量转换为哑变量，其中用“0”表示买赠促销，“1”表示打折促销。接着将促销框架作为自变量，感知价值作为因变量进行回归分析，结果表明促销框架显著影响感知价值（R^2=0.06，$F_{1,256}$=16.06，p<0.05）；同样，

表 3－24　促销方式×时间压力×调节聚焦对感知价值的影响均值

因变量	促销框架	时间压力	调节聚焦	均值	标准误差	95% 置信区间	
						下限	上限
感知价值	买赠促销	时间紧迫	促进聚焦	4.358	0.156	4.051	4.665
			防御聚焦	3.521	0.143	3.239	3.803
		时间宽松	促进聚焦	4.531	0.143	4.249	4.813
			防御聚焦	3.644	0.148	3.353	3.935
	打折促销	时间紧迫	促进聚焦	3.966	0.150	3.670	4.261
			防御聚焦	5.116	0.119	4.881	5.351
		时间宽松	促进聚焦	4.137	0.139	3.864	4.411
			防御聚焦	4.321	0.153	4.020	4.623

以促销框架为自变量，预期后悔作为因变量进行回归分析，结果表明促销框架显著影响预期后悔（$R^2=0.06$，$F_{1,256}=17.77$，$p<0.05$）；我们以促销框架为自变量，以购买意愿为因变量进行回归分析，表 3－25 的模型 1 表明促销框架显著影响购买意愿。最后，我们以促销框架、感知价值和预期后悔为自变量，购买意愿为因变量再次进行回归分析，结果如表 3－25 的模型 2 所示，感知价值和预期后悔均正向影响购买意愿。将感知价值和预期后悔纳入回归模型后，模型拟合优度显著提高（$\Delta R^2=0.35$，$F_{2,254}=71.22$，$p<0.01$），因此感知价值和预期后悔是促销框架影响购买意愿的中介变量。综上，假设 H4、H5、H6、H7 成立。

表 3－25　购买意愿与促销框架、感知价值、预期后悔之间关系的回归分析

模型		非标准化系数		标准化系数	*t*	*Sig.*
		估计值	标准 误差	Beta 值		
1	（常量）	4.011	0.086		46.468	0.000
	促销框架	0.298	0.118	0.155	2.516	0.012
2	（常量）	1.522	0.226		6.730	0.000
	促销框架	−0.032	0.099	−0.017	−0.323	0.747
	感知价值	0.318	0.063	0.315	5.066	0.000
	预期后悔	0.333	0.055	0.375	6.015	0.000

注：①对于模型 1：$R^2=0.020$，$F_{1,256}=6.328$，$p<0.05$。②对于模型 2：$R^2=0.367$，$F_{3,254}=50.748$，$p<0.01$；$\Delta R^2=0.351$，$F_{2,254}=71.222$，$p<0.01$。因变量：购买意愿。

3.4.3.3 研究结论与讨论

本研究通过实证研究考察了打折促销（减少损失型促销的代表）与买赠促销（获得收益型促销的代表）对消费者影响的两个边界条件：消费者调节聚焦倾向和促销时间压力。研究结果表明：消费者调节聚焦对促销框架影响消费者感知价值和预期后悔具有调节作用，针对促进聚焦倾向消费者，买赠促销比打折促销带来更高的消费者感知价值和预期后悔，而针对防御聚焦倾向消费者，打折促销却比买赠促销带来更高的感知价值和预期后悔。同时，时间压力对促销框架影响消费者感知价值和预期后悔也具有调节作用，针对促销时间限制紧迫情境下，打折促销比买赠促销带来更高的消费者感知价值和预期后悔，而针对促销时间限制宽松情境下，两种促销框架对消费者的影响差异消失。除此之外，本实验还证实了消费者感知价值和预期后悔均正向显著影响购买意愿，且消费者感知价值和预期后悔是促销框架影响购买意愿的中介变量。

本研究结论丰富了目前关于促销描述框架效应的相关研究，尤其弥补了学术上关于促销时间压力对促销框架效果影响研究的不足。较多学者在研究促销框架效果时常给被试呈现的是比较模糊的决策时间点，而很少将决策时间限制作为一个变量来考虑。虽有学者已经意识到清晰界定决策事件的时间距离对于消费者决策研究具有重要的作用，但相关理论研究还是比较缺乏（凌斌和王重鸣，2014）。本研究将时间压力引入到促销框架效应研究中具有重要意义，为未来相关研究奠定了理论基础。同时，本研究还对消费者调节聚焦倾向在促销框架效应中的影响作用进行了验证，再次证实了刘磊和王承璐（2012）的相关研究，丰富了此方面的实证研究。不仅如此，我们还从本实验数据结果中发现促销方式要达到最佳效果需要做到各方面的最佳匹配，针对买赠促销，最好的匹配方式是在促销时间宽松下，消费者处于促进聚焦调节倾向下；而针对打折促销，最好的匹配方式是在促销时间紧迫下，消费者处于防御聚焦调节倾向下。虽然本实验数据结果发现了这种匹配趋势，但是具体更严谨的结论还需进一步的深入研究。

本研究结论对企业具有一定启示作用。企业在设计促销活动时要明确考虑促销活动的持续时间及截止日期。根据不同的促销剩余时间可考虑使用不同的促销表述方式，如在临近促销截止日期时，可考虑使用减少损失型促销，如打折，立减现金等促销；而在剩余促销时间还比较多的情况下，则可以根据企业促销的不同目的采用不同的促销方式，这时促销表述方式的不同对消费者的差异影响较小。同时，企业还应分析自身目标消费者群体的调节聚焦倾向，针对促进聚焦倾向的消费者多采用获得收益型促销（如买赠促销），而针对防御聚焦倾向的消费者多采用减少损失型促销（如打折促销）。企业可以通过对已有顾客的特征进行分析判断，也可以通过不同的情境来诱发消费者产生临时的调节聚焦倾向。总之，企业要意识到促销表述方式的不同会给消费者带来不同的影响，要想达到最佳的促销效果，需要将促销方式与促销时间设置和消费者特征匹配起来。

本研究还具有一定的研究局限性。首先，本实验主要考察的是不做后悔，即预期后悔，而没有对不同后悔类型进行分类考察。如刘龙珠等（2013）考察了消费者调节聚焦对过程后悔和结果后悔的不同影响；陈荣（2007）考察了预期后悔和体验后悔在消费者决策过程中的不同影响。未来我们也可以考察促销框架对不同后悔类型的差异影响。其次，本实验主要通过操纵的方式来启动被试的不同调节聚焦类型，即考察的是消费者临时性调节聚焦倾向的影响，今后在研究中我们也可以考察消费者长期定向的调节聚焦的作用。最后，本实验的刺激物是电脑产品，没有对不同产品类别进行分类考察。有研究表明实用型产品和享乐型产品会带来消费者不同的信息处理方式，时间限制对这两种不同产品的影响程度不同（Eisenbeiss等，2015），因此未来我们可以进一步考察时间压力对不同产品类型的差异影响。

3.5　打五折和“一元当两元用”促销对消费者的差异影响[①]

根据框架效应，同样的信息用不同的呈现方式会使消费者产生不同的

① 此部分内容主要来自于曾慧会议论文：“Zeng H（曾慧）. The impact of common promotion versus novel promotion on consumer response. International Conference on Management, Information and Educational Engineering, Xiamen, November, 2014.”

理解（Kühberger，1995）。在此基础上，Kim 和 Kramer（2006）研究了新颖性折扣呈现方式（如支付 80%）与普通折扣呈现方式（享受 20%折扣）对美国消费者的影响，结果发现新颖性促销方式比普通促销方式带来更高的感知节省（perceived saving）和更高的购买意愿（purchase intention）。与此同时，Kramer 和 Kim（2007）也比较了美国的流畅促销（fluent promotion）（获利框架优惠券）和新颖促销（novel promotion）（损失框架优惠券），不同的是，其结果显示在交易感知上，流畅促销优于新颖促销。从这些文献来看，许多学者关注的是促销框架对消费者感知和购买意愿的影响，但结论并不一致。因此，未来相关研究还值得进一步探讨。在中国，“打五折”促销表达方式非常普遍，“一元当两元用”这种促销方式却相对比较新颖。这两种不同的促销表达方式在实践中有所应用，但是关于这两种促销方式对消费者的差异影响的文献却比较少。从文献回顾中，我们也发现许多研究关注消费者的反应，常关注消费者感知价值和购买意愿变量（如 Kim 和 Kramer，2006；Kramer 和 Kim，2007），但在促销背景下对消费者感知质量和品牌忠诚等变量的关注较少。因此，本研究将探讨普通促销（打五折）与新颖促销（一元当两元用）对消费者感知质量、感知价值、购买意愿和品牌忠诚的影响，以弥补现有研究的不足。同时，在研究中也将考察产品涉入度变量的调节作用。

3.5.1 研究假设

1. 促销框架对消费者的影响

基于已有文献研究，关于促销框架对消费者的影响有两种可能性（如 Kim 和 Kramer，2006；Kramer 和 Kim，2007）。一方面，消费者对新奇刺激的信息加工深度决定了他们对新颖促销的偏好（如 Aaker 和 Williams，1998）；另一方面，消费者喜欢普通的促销，因为处理更加流畅，使信息更容易处理（如 Lee 和 Aaker，2004）。在本研究中，我们提出，如果感知流畅性驱动促销框架对消费者反应的影响，那么“打五折”促销优于“一元当两元用”促销。如果感知新颖性驱动效果，“一元当两元用”促销则会比“打五折”促销更好。因此，我们提出以下假设：

H1：感知流畅性使得“打五折”促销比“一元当两元用”促销带来

更好的消费者反应。

H2：感知新颖性使得“一元当两元用”促销比“打五折”促销带来更好的消费者反应。

2. 产品涉入度的调节作用

产品涉入被定义为产品或服务拥有的持续的潜在价值（Vaughn，1986）。不同程度的产品涉入会影响消费者的信息处理水平（Cacioppo和Petty，1979）。一般来说高涉入度的产品价值相对较高，消费者需要投入较多时间、精力等来选购；而一般来说低涉入度产品价值相对较低，消费者不需要投入过多时间、精力在其中。当消费者面对高涉入度产品时，他们会积极地寻求更多的产品信息。但当消费者面对低涉入度产品时，他们便被动地接受产品信息（Vaughn，1986）。因此，不同的产品涉入程度会导致促销框架对消费者产生不同的效果。基于此，我们提出以下假设：

H3：产品涉入度会调节促销框架对消费者反应的影响。

3.5.2　研究方法

本研究采用2（促销框架：打五折促销 vs 一元当两元促销）×2（产品涉入度：高 vs 低）的组间设计，形成四份不同的情景实验问卷。本研究选择服装作为高涉入度产品，选择洗涤产品作为低涉入度产品。因变量借鉴江明华和董伟民（2003）的测量，包括感知价值、感知质量、购买意愿和品牌忠诚。加工流畅性和新颖性这两个操纵变量分别借鉴Lee和Aaker（2004）和Holbrook（1981）的研究。产品涉入度的测量主要借鉴Vaughn（1986）。所有的题目都是用1～7分的李克特量表测量（其中“1”代表非常不同意，“7”代表非常同意）。人口统计变量在问卷的最后一部分被测量。数据收集工作在中国成都的三所大学进行。被调查者总数为250人，剔除无用和不完整的问卷后，有效被调查者为201人。

3.5.3　数据分析

1. 操控检验

本研究通过数据分析表明，“一元当两元用”促销的新颖性得分（$M_1=3.359$）显著高于打五折促销的得分（$M_2=2.904$），与此同时，

“一元当两元用”促销的加工流畅性得分（$M_1=4.572$）显著低于打五折促销的得分（$M_2=5.021$）。服装产品的涉入度得分（$M_1=4.703$）显著高于洗涤产品的得分（$M_2=3.100$）。综上，我们的操控检验成功。

2. 假设检验

我们使用 SPSS16.0 对数据进行分析。首先，我们通过方差分析了促销框架对感知价值、感知质量、购买意愿和品牌忠诚的影响。结果表明打五折促销比“一元当两元用”促销带来更高的感知价值（$F=4.458$，$p<0.05$，$M_1=4.399$，$M_2=4.125$）、感知质量（$F=4.626$，$p<0.05$，$M_1=3.787$，$M_2=3.513$）、购买意愿（$F=4.692$，$p<0.05$，$M_1=4.179$，$M_2=3.862$）和品牌忠诚（$F=4.466$，$p<0.05$，$M_1=3.883$，$M_2=3.625$）。由此可见本研究假设 H1 得到支持，假设 H2 没有得到支持。具体结果如表 3－26 和表 3－27 所示。

表 3－26　促销框架对消费者的影响

源	因变量	Ⅲ 型平方和	*df*	均方	*F*	*Sig.*
促销框架	感知价值	3.758	1	3.758	4.458	0.036
	感知质量	3.771	1	3.771	4.626	0.033
	购买意愿	5.028	1	5.028	4.692	0.031
	品牌忠诚	3.345	1	3.345	4.466	0.036

表 3－27　描述统计

因变量	促销方式	平均值	标准差	N
感知价值	一元当两元用	4.125 0	0.962 27	104
	打五折	4.398 6	0.868 21	97
	总计	4.257 0	0.926 00	201
感知质量	一元当两元用	3.512 8	0.914 85	104
	打五折	3.786 9	0.890 00	97
	总计	3.645 1	0.911 09	201
购买意愿	一元当两元用	3.862 2	1.148 72	104
	打五折	4.178 7	0.897 61	97
	总计	4.014 9	1.044 72	201

（续）

因变量	促销方式	平均值	标准差	N
品牌忠诚	一元当两元用	3.625 0	0.899 10	104
	打五折	3.883 2	0.827 82	97
	总计	3.749 6	0.872 91	201

为了检验H3，我们进行了方差分析。结果表明调节作用在感知价值（$F=4.708$，$p<0.05$）、感知质量（$F=6.995$，$p<0.05$）和购买意愿（$F=4.117$，$p<0.05$）上成立，而在品牌忠诚（$F=0.023$，$p>0.05$）上不成立。因此，假设H3部分成立。同时，我们的分析结果表明在低涉入度时结果显著，结果表明打五折促销比“一元当两元用”促销带来更高的感知价值（$F=9.619$，$p<0.05$，$M_1=4.490$，$M_2=3.935$）、感知质量（$F=12.025$，$p<0.05$，$M_1=3.708$，$M_2=3.105$）、购买意愿（$F=9.670$，$p<0.05$，$M_1=4.129$，$M_2=3.516$）；而在高涉入度时在感知价值、感知质量和购买意愿上的结果都不显著（$p>0.05$）。结果如表3-28、表3-29和表3-30所示。

表3-28 主体间效应检验

源	因变量	Ⅲ类平方和	自由度	均方	F	显著性
促销方式×产品类型	感知价值	3.903	1	3.903	4.708	0.031
	感知质量	5.146	1	5.146	6.995	0.009
	购买意愿	4.201	1	4.201	4.117	0.044
	品牌忠诚	0.016	1	0.016	0.023	0.881

表3-29 分组后的主体间效应检验

产品类型	源	因变量	Ⅲ类平方和	自由度	均方	F	显著性
高涉入度产品	促销方式	感知价值	0.000	1	0.000	0.000	0.989
		感知质量	0.036	1	0.036	0.050	0.824
		购买意愿	0.029	1	0.029	0.028	0.869
低涉入度产品	促销方式	感知价值	7.702	1	7.702	9.619	0.003
		感知质量	9.084	1	9.084	12.025	0.001
		购买意愿	9.388	1	9.388	9.670	0.002

表 3-30　描述统计

产品类型		促销方式	平均值	标准差	N
高涉入度产品	感知价值	一元当两元用	4.308 2	0.975 88	53
		打五折	4.305 6	0.866 59	48
		总计	4.306 9	0.920 97	101
	感知质量	一元当两元用	3.905 7	0.825 29	53
		打五折	3.868 1	0.869 06	48
		总计	3.887 8	0.842 32	101
	购买意愿	一元当两元用	4.195 0	1.142 49	53
		打五折	4.229 2	0.899 58	48
		总计	4.211 2	1.029 26	101
低涉入度产品	感知价值	一元当两元用	3.934 6	0.918 98	51
		打五折	4.489 8	0.868 97	49
		总计	4.206 7	0.932 97	100
	感知质量	一元当两元用	3.104 6	0.825 94	51
		打五折	3.707 5	0.911 94	49
		总计	3.400 0	0.916 25	100
	购买意愿	一元当两元用	3.516 3	1.058 96	51
		打五折	4.129 3	0.902 20	49
		总计	3.816 7	1.027 54	100

3.5.4　结论

现实生活中，企业常采用各种各样的促销方式，有普通常见的促销方式，如打五折促销等，也有比较新颖的促销表达方式，如都是五折优惠力度但是表达为“一元当两元用”的促销表达方式。虽然国外学者针对普通促销和新颖促销展开了研究（如 Kim 和 Kramer，2006；Kramer 和 Kim，2007），但是对打五折和“一元当两元用”这两类促销的对比研究还较少，且未考察产品涉入度的调节作用。因此本研究以 201 名中国大学生为调查对象，探讨了普通促销与新颖促销对消费者反应的影响。

根据我们的实地调研数据分析，我们得出普通促销呈现方式（如打五折）比新颖促销呈现方式（如一元当二元用）带来更高的感知价值、感知质量、购买意愿和品牌忠诚。同时，产品涉入度调节促销框架对消费者感知价值、感知质量和购买意愿的影响。具体来说，在高涉入度产品下，促销框架对消费者感知价值、感知质量和购买意愿的影响差异被消除；而在低涉入度产品下，促销框架对消费者感知价值、感知质量和购买意愿的影响差异显著。本研究结果有助于促销框架研究领域的拓展，且对企业具有实际意义。企业在设计促销方式时应注意加工流畅性。当企业面临“打五折”促销和“一元当两元用”促销时，建议企业选择前者。同时，在不同促销方式的选择时，企业还应考虑产品本身的特性，如高低产品涉入度的不同等。

本研究也存在一些局限性。首先，我们比较的两种促销方式分别代表加工流畅性促销和新颖性促销，未来可以多对比其他促销方式带来的差异效果。其次，本项研究主要在中国进行，未来可以将这项研究推广到其他国家，以验证我们的研究结果。再次，我们没有分析感知价值、感知质量、购买意愿和品牌忠诚度之间的关系。最后，本研究主要采用的是实验研究，对象是大学生，所以未来我们可以更多地进行一些实地实验，且调查一些商场的真实消费者。

3.6　其他相关拓展研究——平面广告促销信息对消费者影响的眼动研究①

理性的消费者会基于效用最大化原则进行购买决策，而消费者所感知的总效用由感知获得效用和感知交易效用两部分组成（Thaler，1985）。已有研究证实消费者感知总效用越高，则购买意愿越强（Grewal 等，1998；韩睿，2005）。在激烈的市场竞争中，诸多企业纷纷开展降价促销活动来提高消费者效用水平以吸引更多的消费者。但大多数企业单从自身的角度考虑定价水平，而忽略了消费者对价格的感知和评价（罗纪宁，

① 此部分内容主要来自：曾慧，郝辽钢，李永建．平面广告促销信息对消费者影响的眼动研究[J]．计算机应用研究，2015，32（6）：1720-1723．

2000)。企业降价促销效果在一定程度上取决于消费者对产品价格的感知和效用的评价（罗纪宁，2000），因而站在消费者角度去了解消费者对价格的认知和效用（感知获得效用和感知交易效用）的评价变得尤为重要。

为了提高消费者对优惠价格的感知，商家常采用价格对比的方式进行展示（如原价 200，现价 150），以此提高消费者的交易效用（Grewal 等，1998；韩睿，2005）。如在欧美的周末版报纸上有 86.8%的广告信息提供了原价与现价的比较，有 68%的广告信息提供了原价与现价的差额信息（Biswas 和 Blair，1991），此差额信息被称为促销节省。Grewal 等（1998）则通过获得—交易效用理论解释了为什么广告通过比较价格形式会对消费者的购买行为有促进作用。在降价促销广告信息中通常会有现价、原价、促销节省三部分，其中现价主要影响消费者的感知获得效用，原价和促销节省主要影响消费者的感知交易效用（Thaler，1985；郝辽钢等，2008）。而综合已有文献发现学术界对品牌、价格和促销的比较研究较多（郭永新等，2007；符国群和佟学英，2003），但对现价、原价、促销节省对比研究较少，如郭永新等（2007）通过建模方法比较了品牌、价格和促销三者对市场份额的影响；符国群和佟学英（2003）通过问卷调查法比较了品牌、价格和原产地对消费者购买决策的影响。为了更好地了解消费者对价格的认知和效用的评价以提高降价促销效果，有必要比较消费者对现价、原价、促销节省三者的重视情况，从而有利于促进企业了解消费者对获得效用和交易效用的重视程度，进而设计更好的广告展示图片，增加消费者的感知效用和购买意愿。

本研究以获得—交易效用理论为基础，利用眼动研究技术，探讨消费者在阅读平面广告促销信息时对现价、原价、促销节省的即时加工过程，考察三者之间的眼动差异，从而丰富学术界关于感知获得效用（如现价）和交易效用（如原价和促销节省）对消费者的影响程度，同时也为企业促销广告的设计提供理论依据，进而更好地指导企业营销实践。

3.6.1 文献回顾与问题提出

Thaler（1985）认为消费者从某次交易中获得的总效用包括获得效用（acquisition utility）和交易效用（transaction utility）。两种效用都与消费者购买意愿具有正向影响关系：消费者效用越高，购买意愿就越强（Grewal 等，1998；韩睿，2005）。获得效用是指消费者对所获产品带来的利益与支付的成本比较，即获得效用等于产品的价值减去购买价格（Thaler，1985；Lichtenstein 等，1990）。获得效用由产品本身的固有属性决定（Thaler，1983），也受到产品感知质量和产品的销售价格影响（Grewal 等，1998；韩睿，2005）。Herr（1989）认为消费者最初感知质量的形成受到广告中的信息和之前接受到的其他信息影响。消费者感知质量越高，则获得效用越高；而销售价格越高，则获得效用越低（Grewal 等，1998；韩睿，2005）。交易效用是指消费者从某次交易中所获得的心理满足感或愉悦感，取决于消费者对此次交易的感知节省，即交易效用等于消费者内心参考价格减去购买价格（Thaler，1985；Grewal 等，1998；Lichtenstein 等，1990）。在一次交易中，如果消费者实际支付的价格低于其内心参考价格，消费者则感觉此次交易很划算，感知交易效用就为正，反之感知交易效用则为负（韩睿，2005）。因此卖家常将低销售价格和高广告参考价格对比展示（如原价 99，现价 59），以提高消费者的交易效用（Grewal 等，1998；韩睿，2005）。而消费者内心参考价格被部分学者认为是产品经常销售的价格（Olander，1970）或消费者最后一次支付的价格（Monroe，1973）等。内心参考价格受到较多因素影响，如 Della Bitta 等（1981）认为在一则广告中消费者的内心参考价格会受到广告销售价格和广告参考价格影响；而 Lichtenstein、Bearden（1989）和 Grewal 等（1998）都指出消费者内心参考价格除了受到广告销售价格和广告参考价格的影响，还受到消费者感知质量的影响。一直以来，获得—交易效用理论在消费者行为领域获得了广泛运用，如 Grewal 等（1998）通过获得—交易效用理论解释了为什么广告通过比较价格形式对消费者的购买行为有促进作用；Bei 和 Simpson（1995）也基于获得—交易效用理论阐述了消费者对再生产品购买决策的决定因素。近年来，Pillai 和 Kumar（2012）又在获得—交易效用理论基础上研究了价值意识和返券倾向对消费者定价策略理解程度的影响；而 Chiang 等（2013）利用获得—交易效用理论探讨了消费者使用手机优惠券的影响因素。由此可知，获得—交易效用理论在解释消费者购买行为上具有重要的理论意义。

结合已有文献（Thaler，1985；郝辽钢等，2008）可知，获得效用主要受到产品最终支付价格的影响，即广告信息中的现价主要影响消费者的感知获得效用；而交易效用主要受到参考价格的影响，即原价主要影响消费者的感知交易效用；同时交易效用直接受到感知节省的影响，因而本研究的促销节省也将影响感知交易效用。综上，广告信息中的现价主要代表了感知获得效用，原价和促销节省主要代表了感知交易效用。在同一交易中，消费者到底更看重获得效用还是交易效用这将取决于消费者本身（Lichtenstein 等，1990；Sawyer 和 Dickson，1984）。Lichtenstein 等（1990）认为交易倾向的人更注重交易效用，然后是获得效用；而价值意识的人则更注重获得效用，其次是交易效用。由此可知不同特质的消费者对获得效用和交易效用有不同重视程度。同时也有文献表明男女在视觉选择性注意的某些方面也存在差异（王李艳等，2010）。基于此，本研究将比较消费者对现价、原价、促销节省的重视程度，即考察消费者对获得效用和交易效用的重视情况，从而在理论上丰富学术界关于获得—交易效用理论的研究。

基于获得—交易效用理论，在同一广告促销信息中，消费者对现价、原价、促销节省关注程度有何不同？现价、原价、促销节省对消费者购买意愿影响到底有何差异？性别在本研究中是否具有调节影响作用？以上这些问题是本研究将要解决的。但使用一般的营销研究方法（如问卷、模型）将很难观测出消费者内心中到底更重视现价、原价还是促销节省。Watson 和 Inglis（2007）认为测量预览效果的最佳方法是眼动实验，因而本研究采用眼动研究方法来进行探讨。眼动实验的基本假设是消费者思考什么就将注视什么，从理论上可以认为注视区域的时间指标（注视时间、注视次数和回扫次数等）越大，消费者对此注视区域就越感兴趣和越重视（阎国利，1999）。眼动研究技术利用眼动仪能很好地记录消费者在阅读降价促销广告信息过程中对这三部分的时间参数，并且可以考察消费者对它们的即时加工过程。但通过已有文献发现，大多数眼动实验在探讨广告信息对消费者的影响中主要采取的是自由浏览式方式，消费者在阅读中目的性不强，与真实的购物环境不符，进而得出的结论不一定有针对性。本研究克服了这方面的不足，在眼动实验的指导语上假设消费者正打算购买某产品，在阅读完每一降价促销广告信息后需做出相应的购买决策，因而消费者大脑里面反应的是决策信息，这样的结论对企业的实际指导更有借鉴意义。同时已有文献表明兴趣区域的位置不同将对消费者产生不同影响（盛金根等，2011），因此本研究在实验上的另一创新是将兴趣区的位置进行四个象限旋转，从而避免了被试受到注视区域的位置影响，使得最终数据结果更具有说服力。

3.6.2 研究方法

1. 被试

本实验采用被试内重复实验设计，随机选择26名在校大学生作为被试，其中8名硕士研究生，18名博士研究生，10男，16女。平均年龄在27.5岁。所有被试裸眼视力或矫正视力正常，且无色盲色弱等眼疾。

2. 实验设计和实验材料

在眼动指标中，Martinez - Conde等（2004）认为注视时间、注视次数和回扫次数能很好反映被试对目标信息的加工程度。因此本研究的自变量为促销广告信息内容，包括现价、原价、促销节省三部分。因变量为兴趣区的眼动指标，包括平均注视时间（毫秒）、注视次数（次）、回视次数（次）。消费者在阅读完促销广告信息后，需做出购买决策，其中“1”代表愿意购买，“2”代表不愿意购买，“3”代表不确定。本研究选择手机作为刺激产品，为了使研究更加全面，本研究将手机价格分为高价手机、中等价位手机和低价位手机，并将促销幅度分为了高促销幅度和低促销幅度。

通过对56名在校大学生的预实验，探讨并确定了本实验的刺激产品为三星手机和HTC手机，并将高价手机定位在3 000元以上，中等价位手机定位在1 500～2 000元，低价手机定位在1 000元以下。根据已有文献，将6折作为高促销幅度，9折作为低促销幅度（Hardesty和Bearden，2003）。考虑到本实验为眼动实验，为了消费者更加直观感受到促销幅度，因而本实验所有促销信息均将相对促销换算为绝对促销，不再考虑相对促销和绝对促销之间的差异（Hardesty和Bearden，2003），即均用具体数字表示促销节省，而不用百分比。

通过网络搜索对应手机图片，将其进行组合：3（高价手机、中等价位手机、低价手机）×2（高促销力度、低促销力度）共6类图片，每类图片有2个品牌（三星、HTC），即12张图片。广告图片包括产品部分和文字部分，文字部分包括：品牌名称、促销节省、原价和现价。为了避免被试受到注视区域的位置影响（盛金根等，2011），每张图片产品部分不变，文本4个部分进行4个象限旋转，最后总计需要组合12×4=48张图片。每张广告图片中各个部分的位置和尺寸基本相同，且各个部分互相不重叠，图片上侧为产品部分，下侧为文字部分。所有广告信息内容与真实环境中的营销信息大体相同。为最大限度地减少被试对同一种商品重复呈现而出现的记忆效应的影响，所有图片等概率随机呈现。此外，为避免被试对实验目的出现预判，特增加8张过滤图片（Filter）。所有被试需观看48+8=56张促销广告图片，且每阅读完一张促销图片需做出购买决策，总计约8分钟。

3. 实验仪器

整个实验在西南交通大学人因认知工程实验室进行，隔音和抗干扰条件较好。实验仪器采用加拿大SR Research公司开发的Eyelink2000桌面式眼动仪一套，该设备包括两台计算机，其中一台计算机用来呈现实验广告图片，其分辨率为1024×768像素；另外一台用来记录眼动数据，其刷新频率为120赫兹。本实验程序由Eyelink2000自带程序EB（Experiment Builder）编制。

4. 实验程序

（1）被试进入实验室后，帮助被试熟悉实验室环境和了解实验的总体流程。实验员指导被试坐下，被试的椅子应与电脑屏幕相距75厘米，并要求被试把下颚放在U型托上。然后固定其头部，对被试进行头、眼矫正。

（2）向被试呈现指导语，屏幕上将出现以下指导语："假如你最近正打算购买一款手机，一会儿屏幕上将呈现一些手机促销广告图片，你将看到该手机的品牌名称、价格和促销信息，请根据这些信息回答你对此手机的购买意愿。其中按'1'代表愿意购买，'2'代表不愿意购买，'3'代表不确定。回答完毕后系统将自动为你翻页到下一张广告图片继续作答。如果你已经明白了请按空格键开始进入实验。"当被试确定已经完全理解实验规则后开始进行正式实验。

（3）眼动实验结束后，被试填写一份关于刚才实验中广告内容的认知效果测评问卷，并写下自己的姓名、性别、年龄和专业，实验结束。

3.6.3　眼动数据处理及结果分析

本研究采用Eyelink2000眼动仪收集实验数据。为了保证数据的有效性和可靠性，我们将根据以下标准对数据结果进行筛选（Rayner等，2006；Bai等，2008；沈德立等，2010）：实验过程中由于被试头部晃动等因素造成眼动记录数据丢失；注视时间过短或者过长（小于80毫秒，大于1200毫秒）；被试过早按键或者错误按键导致实验呈现中断。本研究共收集26名被试实验数据，但有1名被试数据记录不完整，故删除此被试数据，其余数据均符合以上眼动数据标准要求，最后本实验共获得有效被试25名。

1. 对促销信息兴趣区的眼动指标分析

本实验所有数据结果均使用SPSS18.0软件进行处理。以现价、原价和促销节省为自变量，注视时间、注视次数和回扫次数为因变量进行方差分析，分析结果如表3-31所示。

表3-31　现价、原价和促销节省的差异显著性分析

源		平方和	*df*	均方	*F*	显著性
注视时间×兴趣区	组间	69 826 718.527	3	23 275 572.842	69.788	0.000
	组内	1 599 560 596.718	4 796	333 519.724		
	总计	1 669 387 315.245	4 799			
注视次数×兴趣区	组间	1 599.204	3	533.068	78.519	0.000
	组内	32 560.029	4 796	6.789		
	总计	34 159.233	4 799			
回扫次数×兴趣区	组间	351.941	3	117.314	68.926	0.000
	组内	8 162.858	4 796	1.702		
	总计	8 514.798	4 799			

通过分析结果可知，在注视时间上，现价＞原价＞促销节省，且差异

显著（$F=69.788$，$p=0.000<0.001$）；在注视次数上，现价＞原价＞促销节省，差异显著（$F=78.519$，$p=0.000<0.001$）；在回扫次数上，现价＞原价＞促销节省，差异显著（$F=68.926$，$p=0.000<0.001$）。现价、原价、促销节省在注视时间、注视次数和回扫次数上的具体均值结果见图 3-19、图 3-20。

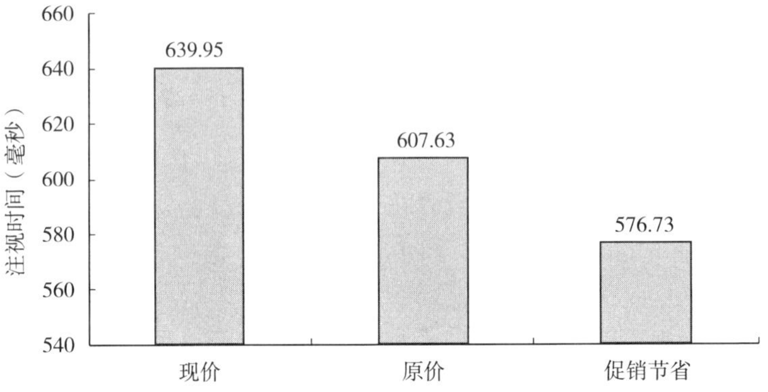

图 3-19　现价、原价、促销节省的平均注视时间

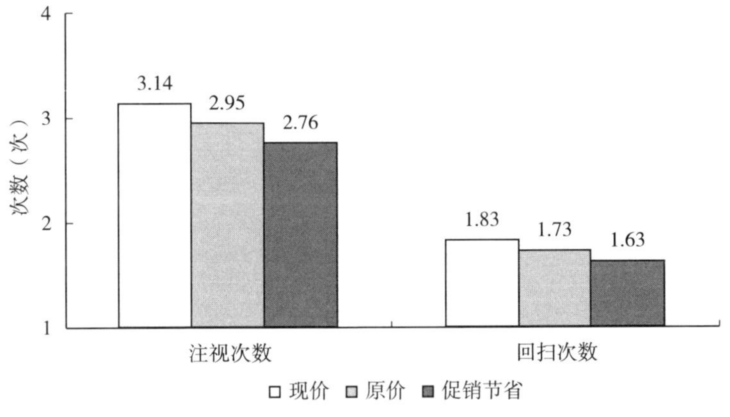

图 3-20　现价、原价、促销节省的注视次数和回扫次数

2. 性别的调节作用方差分析

通过表 3-32 发现性别在原价、现价、促销节省与注视时间和回扫次数上均没有调节作用（$F_1=1.757$，$p=0.153>0.05$；$F_2=1.691$，$p=0.167>0.05$），但在注视次数上调节作用显著（$F=2.922$，$p=0.033<$

0.05)，其调节效果如图3-21所示。

表3-32　性别调节作用的主体间效应检验

源	因变量	Ⅲ型平方和	*df*	均方	*F*	*Sig.*
兴趣区×性别	注视时间	1 753 905.476	3	584 635.159	1.757	0.153
	注视次数	56.879	3	18.960	2.922	0.033
	回扫次数	7.050	3	2.350	1.691	0.167

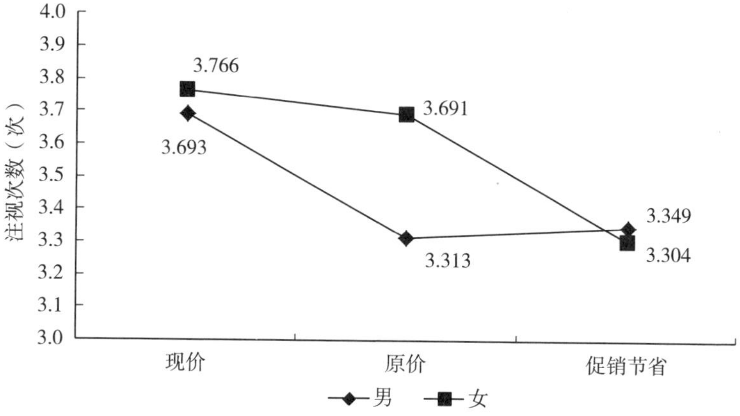

图3-21　性别的调节作用：注视次数

从图3-21可知，针对男性，在注视次数上现价（M_1=3.693）>促销节省（M_2=3.349）>原价（M_3=3.313），且差异显著，而针对女性，在注视次数上现价（M_1=3.766）>原价（M_2=3.691）>促销节省（M_3=3.304），且差异显著。同时，通过图3-21也可以看出女性在现价和原价的平均注视次数均大于男性，而在促销节省的平均注视次数却小于男性。

3. 不同价位产品和不同促销力度下的眼动指标分析

最后比较了高价产品、中价产品和低价产品在降价促销广告信息中的注视时间、注视次数和回扫次数的差异。结果表明，消费者在注视时间上，高价>中价>低价，且差异显著（F=4.372，p=0.013<0.05）；在注视次数上，高价>中价>低价，且差异显著（F=7.123，p=0.001<0.05）；而在回扫次数上，中价>高价>低价，且差异显著（F=4.923，

$p=0.007<0.05$）。消费者在高促销力度下的注视时间高于低促销力度，差异显著（$F=4.684$，$p=0.031<0.05$）；消费者在高促销力度下的注视次数也高于低促销力度，且差异显著（$F=6.210$，$p=0.013<0.05$）；而在回扫次数上两者之间的差异却不显著（$F=3.358$，$p=0.067$）。

3.6.4 结果与讨论

本研究通过眼动实验，探讨了被试在需要做出购买决策时对降价促销广告信息（现价、原价和促销节省）的眼动轨迹差异。数据结果表明：①消费者在注视时间、注视次数和回扫次数上均是现价＞原价＞促销节省，且差异显著。这说明消费者在进行购买决策时最为优先考虑的是产品的现价，其次是原价，最后是促销节省。因此企业在做促销广告时不要一味强调促销节省，而忽略了原价的重要性，而应按照现价大于原价大于促销节省的结论有重点地进行宣传。比如可以在降价促销广告中对这三者进行不同字体大小的标记，即在其醒目程度上进行对应调整以适合消费者的心理需求。②性别在现价、原价、促销节省与注视次数上调节作用显著。具体而言：针对男性，在注视次数上现价＞促销节省＞原价，而针对女性，在注视次数上现价＞原价＞促销节省。究其原因可能是男性一般较为理性，通常以现价作为判断产品质量的标准，而较少以原价作为判断现有产品质量的依据，同时男性一般在购物过程中喜欢简化决策过程，因而比较喜欢直接明了的促销节省表述方式。因此，企业在做降价促销广告时要根据自身的目标消费群体的特征（如性别）进行相应调整，如目标群体多是女性的企业可以在广告中突出现价和原价的地位，而目标群体多是男性的企业则应在现价和促销节省上进行醒目突出。③消费者在注视时间、注视次数上，均是高价产品＞中价产品＞低价产品，且差异显著；但在回扫次数上，中价产品＞高价产品＞低价产品，且差异显著。这是因为消费者在购买价格较高产品时将面临更多风险，决策过程也更复杂（Vaughn，1986），因而是高价产品的注视时间和注视次数依次大于中价产品大于低价产品。此研究结果也与 Blattberg 和 Wisniewski（1989）的结论大体一致，其研究发现：高质量品牌产品降价与低质量品牌产品降价存在“不对称性”，即当高质量品牌产品和低质量品牌产品均降价时，消费者更愿意从原来的低质量品牌产品转移到降价的高质量品牌产品，而不愿意从原来购买的高质量品牌产品转移到降价的低质量品牌产品。但是在回扫次数上是中价大于高价大于低价，这可能是因为本实验的被试是在校大学生，对价格较为敏感，因而对中价产品的兴趣高于高价。④消费者在高促销力度下的注视时间和注视次数上均显著高于低促销力度。这是因为高促销力度能为消费者带来更多的促销节省，从而使其感知到更多的交易效用，进而产生更高的购买意愿。

整体而言，本研究眼动数据结果表明，消费者对现价最关注，其次才是促销节省或原价。前面已经提到现价主要代表感知获得效用，促销节省和原价均主要代表感知交易效用，因此本研究认为消费者对感知获得效用重视程度（如现价）大于感知交易效用（如促销节省或原价）。此研究结论为后续相关研究提供理论支撑，同时也为企业的营销实践提供借鉴意义。

3.6.5　研究不足与展望

本研究通过眼动实验探讨了现价、原价和促销节省三者之间的关系，并在实验过程中加入产品价位和促销幅度作为分组变量，但在数据分析中未具体考察产品价位和促销幅度在其中发挥的调节作用，希望后续研究能够继续探讨；其次本研究只考虑了被试的性别差异影响，以后还可以就被试年龄，收入等人口统计学变量进行分析；最后本研究未对消费者阅读降价促销广告信息时做出的决策结果（如愿意购买、不愿意购买、不确定）与眼动指标的匹配问题进行深入分析，而只探讨了眼动指标差异问题，以后可以专门针对此问题进行后续研究。

3.7　本章小结

本章首先考察了促销框架对消费者的差异影响，并考察了其中的调节变量和中介变量。首先考察了阈值促销代表满送 vs 满减对消费者的影响，接着考察了买一赠一 vs 买两件打五折促销对消费者的影响，再次考察了打折 vs 买赠促销对消费者的影响，最后考察了打五折 vs 一元当两元用促销的对比研究。这部分研究系统分析了促销框架带给消费者的差异影响。研究结论丰富了学术上关于促销框架的研究，为未来促销框架研究提供理论基础和借鉴意义。并且这部分的系列研究为企业的营销实践提供了指导。

本章除了考察不同促销框架对消费者的差异影响，还进行了相关拓展研究。在 3.2－3.5 的研究中，我们基本上都是采用实验研究法，通过设计实验情景，进行问卷调查得到研究结果。本章 3.6 部分我们继续通过眼动实验的方法获取数据来考察消费者在阅读平面广告促销信息时对现价、原价、促销节省的即时加工过程，考察三者之间的眼动差异，从而丰富学术界关于感知获得效用（如现价）和交易效用（如原价和促销节省）对消费者影响程度的研究，同时也为企业促销广告的设计提供理论依据，进而更好地指导企业营销实践工作。虽然这部分研究（3.6 其他相关拓展研究——平面广告促销信息对消费者影响的眼动研究）不是关于促销框架的对比研究，但也是关于促销的研究，丰富了促销相关研究结论。

第 4 章　参与式促销对消费者的影响研究

第 3 章探讨了普通促销对消费者的差异影响，包括对比分析了满送与满减促销的差异；买一赠一促销与买两件打五折促销的差异；打折促销和买赠促销的差异；打五折与“一元当两元用”促销的差异；还分析了平面广告促销信息对消费者的眼动差异影响，考察了消费者在阅读平面广告促销信息时对现价、原价、促销节省的即时加工过程。第 3 章的促销研究内容多是集中在普通促销的背景下。随着时代的进步，网络信息技术的发展，促销方式也在发生变化。除了传统的普通促销继续存在外，还衍生出了很多新型的促销方式。本章我们将介绍一些新型促销方式的研究成果。

本章首先介绍了好评奖励计划对消费者的影响，这其实就是消费者参与在线好评获得奖励的促销活动形式，通过该研究证实好评奖励计划对消费者的影响。接着，我们继续分析新型的参与微信朋友圈信息转发从而获得优惠的促销活动形式，这种是消费者参与朋友圈转发，通过该研究来证明消费者参与朋友圈转发活动过程中的相关影响。

4.1　消费者参与在线好评奖励计划对消费者的影响研究①

随着互联网的普及，网上购物行为越来越普遍。网上交易的匿名性、信息不对称等特征，致使网上购物具有一定的风险性。在 C2C 环境下，由于消费者面对的是个体网上卖家，这种网上购物风险变得更加突出（马钦海等，2012）。为了降低这种风险，消费者在购买产品前会参看其他买家的在线评论。在线评论是消费者发布在电子商务或第三方评论网站上关

① 本部分内容主要来自于：曾慧，郝辽钢，于贞朋．好评奖励能改变消费者的在线评论吗？——奖励计划在网络口碑中的影响研究［J］．管理评论，2018，30（2）：117-126.

于产品或服务的正面或负面评价（Chen 和 Xie，2008）。在线评论作为网络口碑的一种方式，是消费者获取商品信息的重要渠道，对消费者决策具有重要作用（殷国鹏，2012；Lee 和 Shin，2014）。现实中电子商务商家为了获得更多正面在线评论常采用“好评奖励计划”，如淘宝商家通过现金返还或赠送优惠券等有偿的方式鼓励消费者在购买产品后给予产品好评。淘宝商家的这种好评奖励方式属于推荐奖励计划中的一种。而已有研究表明，企业的推荐奖励计划效果除了受到奖励刺激外，还会受到诸多因素的影响，如奖励额度、产品满意度、消费者特质和消费者所需付出努力程度等（Kuester 和 Benkenstein，2014；Ryu 和 Feick，2007；Wirtz 和 Chew，2002；朱翊敏，2013）。同时，社会交易理论（social exchange theory）认为消费者的推荐行为取决于感知收益和感知成本的权衡（Ryu 和 Feick，2007）。消费者可能出于帮助他人以获得内在满足感（Sundaram 等，1998）或为了表达正面情感（Sundaram 等，1998；于春玲等，2011）或为了获得物质奖励（Ryu 和 Feick，2007）等进行推荐。同时，在推荐的过程中也会面临时间或精力等成本，从而降低推荐意愿（Jin 和 Huang，2014）。因此，淘宝商家采用的这种“好评奖励计划”效果到底如何？这其中受到哪些因素的影响还需要进一步考察。

本研究基于社会交易理论，通过两个实验探讨 C2C 电子商务环境下好评奖励计划对消费者在线评论的影响。实验一主要考察消费者在不同产品满意度下对好评奖励计划的不同反应；实验二主要考察消费者在什么情况下更愿意接受商家的好评奖励计划，考虑了消费者所需付出努力程度的影响，并考察了消费者交易倾向的调节作用。本研究对电子商务商家好评奖励计划的探讨为其相关活动的开展提供一定的理论支持，具有一定的理论和实践意义。

4.1.1 文献回顾

1. 在线评论

在线评论（online reviews）作为网络口碑的一种重要形式，是消费者发布在电子商务或第三方评论网站上的关于产品或服务的正面或负面评价（Chen 和 Xie，2008）。在线评论具有提供者和推荐者双重作用，即在线评论不仅可以为其他用户提供相关信息，还可以通过口碑的形式作为推荐者向新顾客提供建议（Park等，2007）。在线评论可以分为电子商务网站评论和第三方评论。电子商务网站评论是指电子商务商家为了促进自身产品或服务的销售而发布在自身网站上的评论；第三方评论是独立于商家之外，不以销售为目的发布在第三方平台（如口碑网，大众点评网等）的评论（常亚平等，2012）。目前，国内外学者对第三方平台的在线评论研究较多，而对电子商务网站在线评论的研究相对较少。如常亚平等（2012）研究了第三方正面评论对冲动购买意愿的影响；杨德锋等（2014）研究了第三方平台奖励刺激对消费者分享行为的影响。国内外学者对在线评论的研究主要集中于在线评论的有用性及在线评论对消费者或销量的影响。如殷国鹏（2012）基于从众效应和社会网络等视角研究了在线评论的有用性；郝媛媛等（2010）以影评数据为例探讨了在线评论有用性的影响因素；Filieri（2016）通过扎根理论考察了消费者如何评价在线评论的可信性；Casaló等（2015）和Filieri（2015）研究了在线评论的信息特征对消费者的影响；还有较多文献研究了在线评论与产品销量之间的关系（郝媛媛等，2009；Ye等，2011）。文献回顾发现也有学者考察了不同类型的B2C电子商务网站（京东商城vs亚马逊中国）采取不同评论回报方式（小额经济回报vs社会回报）对消费者在线产品评论的影响，结果表明相对社会回报方式，小额经济回报方式能提高评论者的在线产品评论评分，但会降低评论者的评论深度和评论阅读者的感知有用性（付东普和王刊良，2015）。基于此，本研究将对C2C电子商务网站在线评论展开相应研究，以期能够补充在线评论现有研究不足。

2. 推荐奖励计划

口碑分为纯粹口碑和企业激励口碑。纯粹口碑是指消费者自发产生的口碑传播；而企业激励口碑是指企业通过一定激励方式引导消费者产生的口碑（Schmitt等，2011）。通过文献回顾发现，较多学者考察了消费者纯粹口碑推荐的影响因素，如顾客参与创新（张德鹏等，2015）、品牌信任和品牌情感（谢毅和彭泗清，2014）等因素的影响作用。但现实中即使消费者对产品满意也不一定进行正面口碑评价，因此企业需要采取一些激励措施来鼓励消费者进行正面口碑评价，由此产生了推荐奖励计划（Wirtz

和Chew，2002）。推荐奖励计划（Referral reward programs）是企业激励口碑，是指企业通过为现有消费者提供奖励以鼓励其为企业进行正面口碑传播的活动（Ryu和Feick，2007）。因此，相对于纯粹口碑，激励口碑被蒙上了“推销”的帽子，对消费者的影响也变得更加复杂。在自然口碑下，满意度是引发消费者进行口碑评价的重要因素（Wangenheim和Bayon，2007）。满意的顾客会出于帮助别人或表达正面情感等动机进行正面口碑传播（Sundaram等，1998；于春玲等，2011），而不满意的顾客会出于减少焦虑或进行报复等动机进行负面口碑（于春玲等，2011；Swan和Oliver，1989）。在激励口碑下，推荐者的动机则可能源于本身对产品或服务的满意，也可能是为了获得“额外奖励”所带来的喜悦感（于春玲等，2011）。由此可见，自然口碑和激励口碑对消费者的影响机制有所不同。

国内外学者对推荐奖励计划研究较多，如Kuester和Benkenstein（2014）研究发现推荐奖励计划能增加推荐者对推荐奖励提供者的积极态度和忠诚度，但这种正面的影响取决于奖励的大小。具体而言，小奖励可以增加推荐者的态度和忠诚，而大奖励则没有显著影响关系；Wirtz和Chew（2002）研究了消费者的产品满意度、金钱奖励与否、关系强度和消费者交易倾向对推荐意愿的影响，该研究指出奖励刺激是促使满意顾客进行口碑推荐的重要因素，同时独立于奖励刺激，高交易倾向的消费者将产生更多的口碑推荐，且奖励计划对强关系的效果好于弱关系；朱翊敏（2013）探讨了奖励额度和推荐人所需付出的努力程度对网络推荐意愿的影响，并考察了关系强度的调节作用，研究表明奖励大小和消费者所需付出努力程度大小都会对网络推荐意愿产生影响，同时努力程度和关系强度之间还存在交互影响作用。由此可见，推荐奖励计划的效果受到不同变量的影响。

3. 社会交易理论

社会交易理论指出人们的行为是建立在合理选择的基础上，消费者是否进行交易行为取决于在交易中所获得的报酬和付出的成本的比较（朱翊敏，2013）。其中消费者在交易中获得的报酬包括外在报酬（如金钱、服务或商品）和内在报酬（如爱、尊敬、社会地位和荣誉等），而所需付出的成本包括时间、精力成本等（朱翊敏，2013）。社会交易理论能很好地解释消费者对推荐奖励计划的反应。消费者是否愿意进行口碑推荐取决于在交易中感知的预期收益和预期成本的比较（Ryu和Feick，2007）。自然口碑推荐下，消费者可以通过口碑推荐来帮助他人做出合理决策，表达对他人的关心，也可以利用口碑推荐来管理他人对自身的印象或者利用口碑这种方式来减轻购买产品后的焦虑与不一致（Ryu 和 Feick，2007；Folkes，1984）。消费者在口碑推荐过程中除了要付出努力和时间成本外，还有可能面临因为推荐不当而损害推荐者与被推荐者关系的风险（Ryu和Feick，2007；Folkes，1984）。在推荐奖励计划下，奖励的存在会使得消费者感知收益和感知成本变得更加复杂。消费者会因为推荐而获得奖励，从而增加感知收益。同时，消费者在一定程度上会认为自己是为了获得奖励而非出于内在动机进行的推荐，这将与他们保持自身形象的动机产生矛盾，进而增加推荐的感知成本（Ryu和Feick，2007）。因此，为了提高推荐奖励计划的有效性，必须要提高消费者的感知收益，降低消费者的感知成本（Ryu和Feick，2007）。

Gneezy等（2011）认为推荐奖励计划的效果在一定程度上取决于奖励的设计和奖励的形式等。不同的推荐奖励计划将带给消费者不同的感知收益和感知成本，如推荐者向弱关系朋友和强关系朋友进行推荐时所面临的感知收益和感知成本将有所不同（Ryu和Feick，2007）。在强关系下，推荐者将感知到更高的社会成本和心理成本，而在弱关系下，推荐者的社会成本和心理成本将降低，而奖励所带来的感知收益将变大（Ryu和Feick，2007）。

4.1.2 研究框架模型

随着电子商务市场竞争的不断加剧，电子商务商家常采用奖励计划来获得消费者正面在线评论，如淘宝商家经常使用的“好评奖励计划”：消费者在购买产品后，将会收到商家的好评奖励计划邀请，即消费者只要按照商家的要求给予产品好评并附上相应评价内容并告知商家，将会得到商家一定现金的返还或优惠券等。基于社会交易理论，本研究将考察这种“好评奖励计划”对消费者的影响。

综上，本研究的框架如图 4-1 所示。

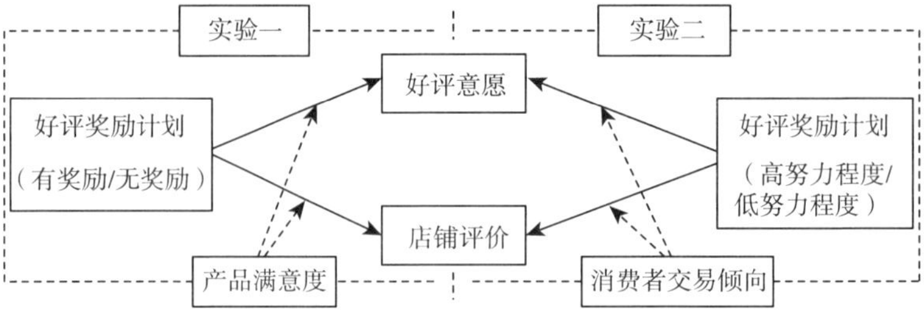

图 4-1　研究框架

4.1.3　研究一：好评奖励计划对消费者的影响

4.1.3.1　研究假设

消费者的满意度常被视为口碑推荐的一个重要前因变量（Wirtz 和 Chew，2002；Wangenheim 和 Bayon，2007），因此研究一主要考察在不同产品满意度情况下，淘宝商家的“好评奖励计划”对消费者好评意愿和店铺评价的影响情况。Ryu 和 Feick（2007）在衡量消费者推荐意愿的时候采用其推荐的可能性来衡量，即消费者愿意参加这种推荐奖励计划并向周围的人推荐此产品的可能性。在此基础上，朱翊敏（2013）将网络推荐意愿定义为，消费者购买产品后愿意参加商家的推荐奖励计划的意愿程度。综上，本研究将好评意愿定义为消费者愿意参加这种好评奖励计划并为店铺进行产品在线好评的意愿程度。店铺评价的概念类似于品牌评价，是指消费者对此淘宝商家（店铺）的总体评价（Verlegh 等，2013）。

有研究指出，在自然口碑条件下，消费者对产品感到满意发表正面口碑的可能性较大（Schlesinger 和 Heskett，1991），而在企业奖励激励下，这种正面口碑行为会得到进一步的刺激，可能性变得更强（Wirtz 和 Chew，2002）。李惠璠等（2015）指出消费者的内在动机（即执行某个行为所带来的纯粹乐趣和满意而去做的动机）和奖励动机（即为了获得奖励的动机）保持一致时，个体会产生愉悦心情，进而产生推荐行为。据此本研究推测当消费者对产品感到满意时，商家的“好评奖励计划”会增加消费者的感知利益，同时消费者的内在动机（帮助别人或表达正面情感等进行正面口碑）（Sundaram等，1998；于春玲等，2011）和奖励动机（为了获得奖励而进行正面口碑）保持一致，因此会产生更高的好评意愿及店铺评价。据此，相比无奖励计划，本研究提出以下假设：

H1a：当消费者对产品满意时，好评奖励计划能带来更高的好评意愿。

H1b：当消费者对产品满意时，好评奖励计划能带来更高的店铺评价。

当消费者对产品本身不满意时，将会面临内在动机和外在动机的矛盾。就内在动机而言，不满意的消费者会出于减少焦虑或进行报复等目的而进行负面口碑传播（于春玲等，2011；Swan和Oliver，1989）。商家加入奖励刺激后，虽有可能刺激消费者为了外在动机而进行好评，但消费者会面临自我形象感知不一致以及违背内在动机而产生内疚感，从而使得消费者的感知成本增加（Ryu和Feick，2007）。还有研究指出当内在动机与外在奖励动机不一致时，个体会产生纠结心情，从而减少推荐行为（李惠璠等，2015）。据此，我们推测，当消费者对产品本身不满意时，好评奖励计划会降低消费者的好评意愿。

多重推论模型（multiple inference model）指出个体在推断他人行为动机过程中可能会推断出多个不同动机，此时个体会结合自身已有经验知识和其所处的情境特点推断出一个统一的动机（Reeder，2009）。基于此理论，本研究推测当消费者面临其他买家对此店铺的在线好评时，会认为这些买家的在线好评可能是出于其真实的自然口碑，也可能是为了获得奖励。在这两种矛盾推断动机下，消费者会结合自身对产品不满意的体验及网络环境下较弱的关系强度综合推断认为其他买家进行好评很可能是为了获得店家的奖励，从而降低其对在线评论内容客观性和有用性的感知。有研究表明在推荐奖励计划中由于奖励的存在会使得消费者对他人好评或推荐行为的客观性和有用性产生怀疑，进而降低消费者对此品牌的评价（Verlegh等，2013）。因此，我们推测当消费者对产品不满意时，消费者的店铺评价也会变低。

综上，相比无奖励计划，本研究提出以下假设：

H2a：当消费者对产品不满意时，好评奖励计划会带来更低的好评意愿。

H2b：当消费者对产品不满意时，好评奖励计划会带来更低的店铺评价。

4.1.3.2 研究方法与研究设计

实验一主要采用 2（产品满意度：满意、不满意）×2（奖励与否：有奖励、无奖励）的组间设计，共形成 4 份对比性的情景问卷。为了保证调查的随机性，4 个版本问卷在分发前被随机打乱顺序，每位被调查者被随机分配到 4 个实验情景中的一个，并要求被试首先设想自己经历了该组情景描述情况后再回答相关问题。调查对象主要是成都市某高校大学生，选择大学生作为调查对象是因为大学生群体占据了网购主要消费市场，且由于大学生经济能力有限，对“好评奖励”活动相对敏感，因此采用大学生样本具有代表性和针对性。以班级为单位，共分发问卷 150 份，剔除回答不完整，没有网购经历的问卷，最后得到有效问卷 119 份，有效回收率为 79.33%。我们选择的刺激物是服装，因为淘宝服装商家经常采用好评奖励计划，同时大学生对服装的需求较大，且具有一定购物经验。

因变量好评意愿主要参照 Ryu 和 Feik（2007）和 Verlegh 等（2013）的研究，以“是否愿意进行好评；是否可能进行好评”两个题项进行测量；店铺评价根据 Verlegh 等（2013）的三个题项进行设计，以“是否对此店铺满意；是否喜欢；是否认为好”来测量。本研究采用 Likert 7 点评分，其中 1 代表“完全不同意”，7 代表“完全同意”。在问卷最后获得人口统计学变量，包括年龄、性别、网购次数和在线评论经历等。

4.1.3.3 结果分析

1. 操控性检验

本研究所有数据分析均采用 SPSS18.0 软件进行处理。通过测量消费者对产品的满意情况来验证我们对产品满意度的操控是否成功，结果表明产品满意情景下的得分（$M_1=5.50$）显著高于不满意情景（$M_2=2.90$）（$F=122.454$，$p<0.001$），操控成功。对于满意度的测量，我们主要参照 Oliver 和 Swan（1989）的研究。值得注意的是本研究主要针对的是产品本身满意度，而没有考虑商家服务或物流等方面的满意情况。

2. 假设检验

取好评意愿两个测量题项的平均数和店铺评价三个测量题项的平均数为因变量进行分析，这是因为好评意愿（*cronbach's a*＝0.923）和店铺评价（*cronbach's a*＝0.940）的测量题项均具有较高可信度，适合进行平均化处理（Ryu 和 Feick，2007；刘红艳等，2012）。通过方差分析发现消费者在产品满意情景下对好评意愿（$M_1=4.558$）和店铺评价（$M_1=4.433$）的均值显著高于在产品不满意情景下的好评意愿（$M_2=2.500$）和店铺评价（$M_2=2.689$）。同时，满意度和奖励与否对好评意愿（$F=24.921$，$p<0.05$）和店铺评价（$F=13.623$，$p<0.05$）的交互作用显著，如表 4－1 所示。

表 4－1　满意度对好评奖励与好评意愿和店铺评价的调节效应分析

源	因变量	Ⅲ 型平方和	*df*	均方	*F*	*Sig.*
奖励与否×满意度	好评意愿	27.544	1	27.544	24.921	0.000
	店铺评价	11.113	1	11.113	13.623	0.000

我们将产品满意度分为满意和不满意两组进行分析，结果发现：针对好评意愿，当消费者对产品满意时，有奖励组（$M_1=5.155$）比无奖励组（$M_2=4.000$）带来更高的好评意愿（$F=17.965$，$p<0.05$）；而当消费者对产品不满意时，有奖励组（$M_1=2.211$）比无奖励组（$M_2=3.024$）带来更低的好评意愿（$F=8.152$，$p<0.05$）。结果如图 4－2 所示，假设 H1a 和 H2a 成立。

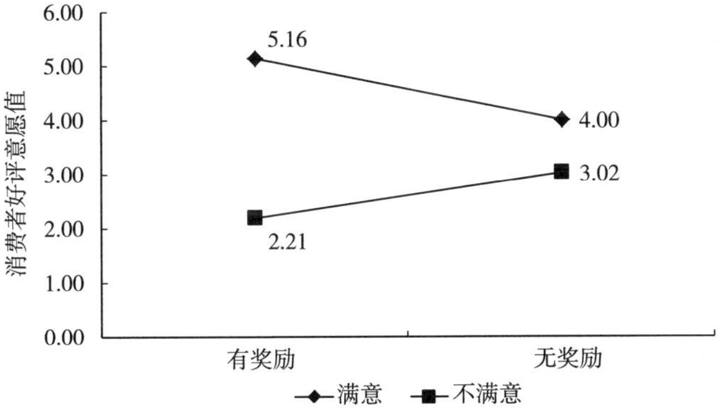

图 4－2　满意度对好评奖励与好评意愿的调节效应

针对店铺评价，当消费者对产品满意时，有奖励组（$M_1=4.805$）比无奖励组（$M_2=4.086$）带来更高的店铺评价（$F=9.371$，$p<0.05$）；而当消费者对产品不满意时，有奖励组（$M_1=2.500$）反而比无奖励组（$M_2=3.032$）带来更低的店铺评价（$F=4.747$，$p<0.05$）。结果如图 4－3所示，假设 H1b 和 H2b 成立。

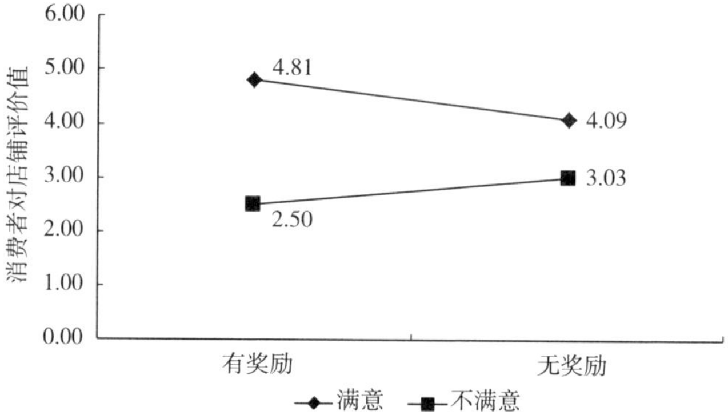

图 4－3　满意度对好评奖励与店铺评价的调节效应

4.1.4　研究二：影响好评奖励计划效果的因素

4.1.4.1　研究假设

1. 努力程度对好评奖励计划效果的影响

不同推荐奖励计划会使推荐者为了得到奖励而付出不同的努力程度。较多学者已经意识到推荐者所需付出努力是影响其推荐意愿的重要因素（Wirtz 和 Chew，2002；朱翊敏，2013）。本研究将消费者的努力程度定义为，消费者为了得到奖励而实施在线正面评论所需要投入的努力水平（朱翊敏，2013）。在淘宝环境下，不同奖励计划对应的在线评论方式和获得奖励途径有所不同，常见的有写文本评价、在线评分和上传所购图片等，获取途径有系统自动返券，也有需要顾客截图给客服人员核实后返现。由此可见，网上好评奖励计划不同，消费者所需付出的努力程度也不同。根据社会交易理论，消费者做出的努力是消费者的一种成本，消费者所付出的成本越低（努力程度越低），其好评意愿和店铺评价就越高，而消费者需要付出的成本越高（努力程度越高），其好评意愿和店铺评价就越低（朱翊敏，2013）。据此，本研究提出以下假设：

H3：相对努力程度较高的好评奖励计划，努力程度较低的好评奖励计划将带来更高的消费者好评意愿和店铺评价。

2. 消费者交易倾向的调节作用

不同特征的消费者对口碑的反应有所不同，如温飞和沙振权（2011）发现性别在信任与在线口碑传播中具有调节作用，男性消费者的信任对在线口碑的传播影响比女性消费者更强。与此同时，Wirtz 和 Chew（2002）考察了消费者交易倾向在奖励推荐中的调节作用，但其研究主要针对的是线下消费者推荐意愿。由于研究需要，我们主要考察消费者交易倾向对努力程度与好评意愿和店铺评价的调节作用。

交易倾向是指消费者对某种促销或交易的反应（Lichtenstein 等，1990）。高交易倾向的消费者比低交易倾向的消费者对促销或交易更喜欢，他们将更多地感知到这个交易本身，进而更愿意做出购买决定（Wirtz 和 Chew，2002）。相关研究证实无论在有奖励还是无奖励情况下，高交易倾向消费者都比低交易倾向消费者更容易产生口碑（Wirtz 和 Chew，2002）。针对淘宝好评奖励计划，消费者会把奖励和好评当作一种特殊交易或一种促销。因此，相对于低交易倾向消费者，高交易倾向消费者更容易产生好评行为以获得奖励。同时，在消费者所需付出努力程度不同的情况下，高交易倾向消费者都表现出对奖励刺激的积极反应。因此，消费者所需付出的努力程度对好评意愿和店铺评价的影响受到交易倾向的调节作用，即高交易倾向消费者无论所需付出努力程度高或低都比较喜欢好评奖励计划，而低交易倾向消费者则更不喜欢所需付出努力程度高的好评奖励计划。基于此，本研究提出以下假设：

H4：相比低交易倾向消费者，高交易倾向消费者对好评奖励计划的好评意愿和店铺评价更高。

H5a：消费者所需付出的努力程度对好评意愿的影响受到消费者交易倾向的调节作用。具体而言，针对低交易倾向消费者，努力程度较低的好评奖励计划比努力程度较高的好评奖励计划带来更高的消费者好评意愿；而针对高交易倾向消费者，这种差异消失。

H5b：消费者所需付出的努力程度对店铺评价的影响受到消费者交易

倾向的调节作用。具体而言，针对低交易倾向消费者，努力程度较低的好评奖励计划比努力程度较高的好评奖励计划带来更好的店铺评价；而针对高交易倾向消费者，这种差异消失。

4.1.4.2 研究方法与研究设计

本实验采用2（努力程度：高、低）×2（消费者交易倾向：高、低）二因子实验设计。努力程度采用被试者组间设计，消费者交易倾向采用被试者组内设计，共形成两种情景问卷。调查对象和调查方法同实验一相同。我们总共分发问卷120份，剔除回答不完整，没有网购经历的问卷，最后得到有效问卷100份，有效回收率为83.33%。交易倾向变量采用的是Lichtenstein等（1990）的五个测量题项，如“您比较喜欢兑换优惠券和打折促销这样的优惠活动”等。因变量好评意愿和店铺评价测量题项与实验一相同。所有量表的信度系数都大于0.7，因此适合将这些变量的测量题项分别进行平均化处理以得到数据分析所用变量（Ryu和Feick，2007；刘红艳等，2012）。

在线评论一般包括在线评分及文本评价两部分，其中在线评分是指消费者对商品的总体评价，常分为1到5星五个等级，等级越高表明消费者对商品的评价越好；文本评价是消费者对此商品具体的描述和进一步解释说明，一般文字描述越详细对其他消费者越具有参考价值（Mudambi和Schuff，2010）。除了在线评分和文本评价外，有的商家还会要求消费者上传图片信息，并列出消费者的相关信息及有用性投票等。针对淘宝店铺在线评论常见操作，我们对15名经常网购的研究生进行预实验，在实验中列举了若干具体操作，并让被试对此好评行为所需付出的努力程度进行评分，结果发现被试一致认为上传所购产品图片和截图给客服相对比较麻烦，所需付出的成本较高。因此最后我们选取“写20个字的好评+3个五星，系统自动返现”代表努力程度较低好评行为，而“写50个字的好评+5个五星+上传所购产品图片+截图评价信息给商家，商家返现”代表努力程度较高好评行为。

4.1.4.3 结果分析

1. 操控性检验

实验二主要考察在消费者对产品满意情况下的好评奖励计划影响研

究，因此我们首先操控了产品的满意度，结果表明消费者对产品的满意度均值为 5.64，显著（$t=54.754$，$p<0.05$）大于中间值 4。随后，我们对消费者所需付出努力程度进行操控，结果表明被试的努力程度存在显著差异（$M_{高}=4.939$，$M_{低}=4.265$，$F=7.156$，$p<0.05$）。参照 Wirtz 和 Chew（2002）的做法，我们对交易倾向的 5 个题项进行均值计算，以 4 为临界值，把得分高于 4 的看作高交易倾向消费者，用“0”表示，等于或低于 4 的看作低交易倾向消费者，用“1”表示，最终得到高交易倾向样本 49 个，低交易倾向样本 51 个。交易倾向转变之后，我们对其进行操控性检验，发现高交易倾向消费者均值得分（$M_1=5.376$）显著高于低交易倾向（$M_2=3.478$）消费者（$t=17.501$，$p<0.05$）。综上，实验二操控成功。

2. 假设检验

通过方差分析发现，消费者所需付出努力程度低组的好评意愿（$M_{努力程度低}=5.098$，$M_{努力程度高}=4.449$，$F=8.624$，$p<0.05$）和店铺评价（$M_{努力程度低}=4.778$，$M_{努力程度高}=4.245$，$F=7.425$，$p<0.05$）显著高于努力程度高组。假设 H3 成立，结果如图 4-4 所示。

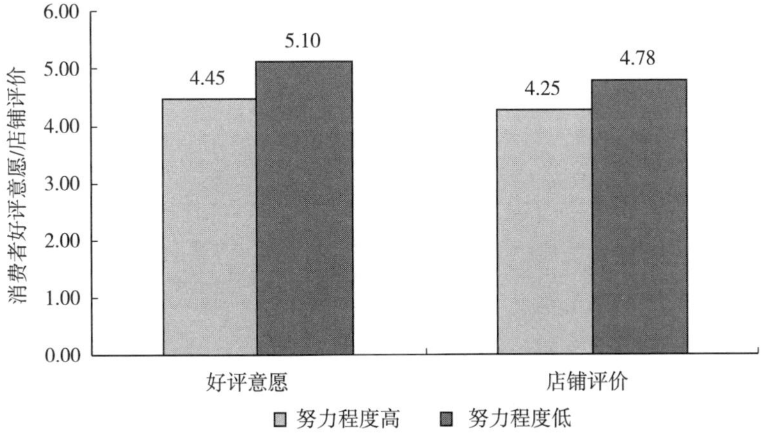

图 4-4　努力程度对好评意愿和店铺评价的影响

同样，我们对消费者交易倾向进行方差分析，发现高交易倾向组的好评意愿（$M_{高交易倾向}=5.204$，$M_{低交易倾向}=4.373$，$F=15.001$，$p<0.05$）和

店铺评价（$M_{高交易倾向}=4.891$，$M_{低交易倾向}=4.157$，$F=15.130$，$p<0.05$）显著高于低交易倾向组。结果见图 4-5 所示，假设 H4 成立。

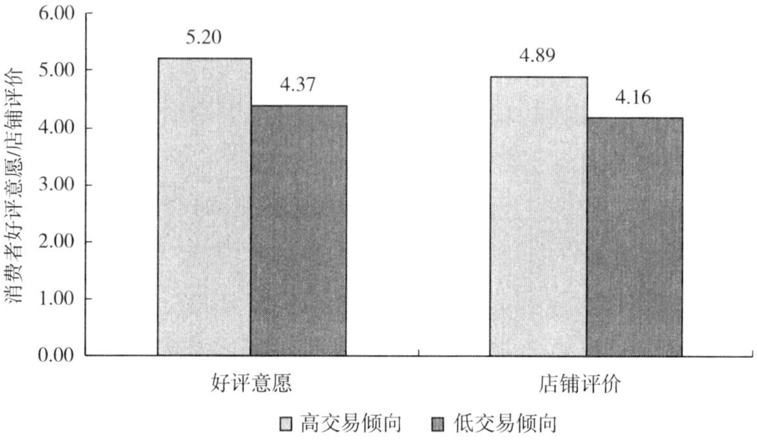

图 4-5　交易倾向对好评意愿和店铺评价的影响

接着我们对交易倾向的调节作用进行分析，结果如表 4-2 所示，努力程度与交易倾向对消费者好评意愿（$F=8.082$，$p<0.05$）和店铺评价（$F=5.333$，$p<0.05$）的交互作用均显著。

表 4-2　交易倾向对努力程度与好评意愿和店铺评价的调节检验

源	因变量	Ⅲ 型平方和	*df*	均方	*F*	*Sig.*
努力程度×交易倾向	好评意愿	7.949	1	7.949	8.082	0.005
	店铺评价	4.220	1	4.220	5.333	0.023

我们将交易倾向分为高、低两组进行分析，结果表明在高交易倾向组下，消费者所需付出的努力程度对好评意愿的影响差异消失（$M_{努力程度高}=5.167$，$M_{努力程度低}=5.240$，$F=0.097$，$p>0.05$）；而在低交易倾向组下，消费者所需付出努力程度对好评意愿的影响差异显著（$M_{努力程度高}=3.760$，$M_{努力程度低}=4.962$，$F=14.421$，$p<0.05$）。结果如图 4-6 所示，假设 H5a 成立。

针对店铺评价，在高交易倾向组下，消费者所需付出的努力程度对店铺评价的影响差异消失（$M_{努力程度高}=4.833$，$M_{努力程度低}=4.947$，$F=$

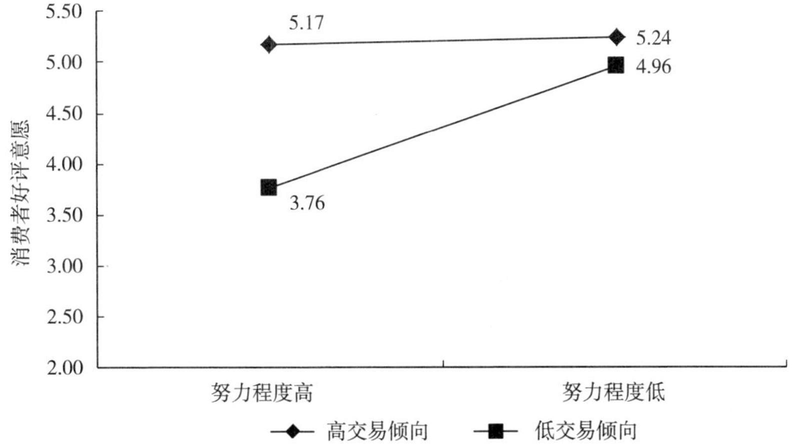

图 4-6　交易倾向对努力程度与好评意愿的调节作用

0.301，$p>0.05$）；而在低交易倾向组下，消费者所需付出努力程度对店铺评价的影响差异显著（$M_{努力程度高}=3.680$，$M_{努力程度低}=4.615$，$F=10.636$，$p<0.05$）。结果如图 4-7 所示，假设 H5b 成立。

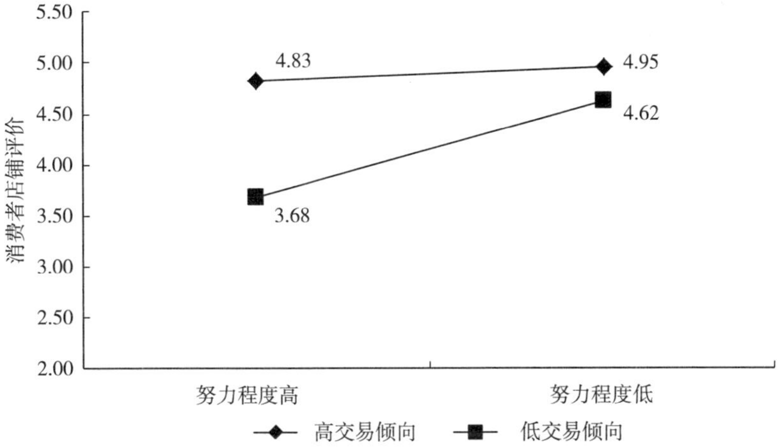

图 4-7　交易倾向对努力程度与店铺评价的调节作用

4.1.4.4　结论与启示

1. 研究结果

本研究运用社会交易理论，通过两个实验揭示了电子商务商家的“好评奖励计划”对消费者的影响机制。

实验一研究表明无论在有奖励还是无奖励情况下，消费者在产品满意时的好评意愿都显著强于不满意情况下的好评意愿，此结论与曹丽等（2012）研究结论一致。当消费者对产品本身感到满意时，相对于无奖励方式，有奖励方式能带来更高消费者好评意愿和店铺评价，这是因为奖励能给顾客带来额外的附加价值，因而消费者愿意进行好评且对店铺的评价有所提高。而在消费者对产品不满意时，有奖励却比无奖励方式带来更低的好评意愿和店铺评价，这可能是因为消费者的内在动机和外在动机不一致引发消费者的纠结情绪从而降低好评意愿和店铺评价（李惠璠等，2015）。

实验二考察了影响消费者在线好评的因素，并考虑了消费者交易倾向的中介作用。研究结果表明相对努力程度较高的好评奖励计划，消费者对所需付出努力程度较低的好评奖励计划的好评意愿和店铺评价更高。同时，高交易倾向消费者比低交易倾向消费者对好评奖励计划的好评意愿和店铺评价更高。消费者所需付出的努力程度对好评意愿和店铺评价的影响均受到消费者交易倾向的显著调节作用，即对于低交易倾向消费者，努力程度较低的好评奖励计划比努力程度较高的好评奖励计划带来更高的消费者好评意愿和店铺评价，而对于高交易倾向消费者，这种差异消失。

2. 理论贡献

在线评论作为网络口碑传播的一种重要形式，对消费者决策具有重要作用（殷国鹏，2012），且行之有效的好评奖励计划也有利于电子商务商家新顾客的获得和产品销量的提升。目前国内外学者对推荐奖励计划的研究主要集中于线下或者线上第三方平台（Ryu 和 Feick，2007；Wirtz 和 Chew，2002；常亚平等，2012；杨德锋等，2014），而对电子商务网站奖励在线评论的研究相对较少。在此基础上，本研究考察了 C2C 环境下电子商务商家的好评奖励计划效果，研究结论丰富了推荐奖励计划的相关研究，并为企业设计和实施有效的好评奖励计划提供了一定理论支撑。此外，本研究还考察了产品满意度、消费者所需付出努力程度及消费者交易倾向对网上好评奖励计划效果的影响，研究结论再次证实这些变量会对奖励计划效果产生影响，对后续相关研究变量的选取具有一定参考意义。

3. 管理启示

实践中商家要想获得更多好评内容和好评数量，首先要保障自身产品质量，不宜单纯依靠奖励来刺激消费者进行好评。这是因为消费者只有在产品本身满意时，这种奖励手段才会有效，才能带来更高的好评意愿和店铺评价，而在消费者对产品不满意时，这种奖励方式会适得其反，会使消费者更不愿意进行好评，甚至还会降低消费者的店铺评价。商家在设计好评方式时，应尽量设计消费者所需付出努力水平较低的奖励计划方式，不宜设计一些太过困难或麻烦的好评方式。同时商家也要多对自身目标消费群体的特质进行分析，针对不同特质的消费者在设计好评方式时有所不同，尤其当商家面临低交易倾向消费者时，更应设计简单容易的好评方式。

4. 研究局限与未来研究方向

本研究存在以下不足：首先本研究考察的是 C2C 淘宝网络平台下的“好评奖励计划”，而没有对其他运用奖励在线评论的电子商务网站进行考察。如付东晋和王刊良（2015）考察了京东商城和亚马逊中国两大 B2C 网站使用不同方式的评论回报对消费者在线产品评论的不同影响，因此未来我们可以对比考察不同类型电子商务平台对奖励在线评论的运用情况。其次本研究主要研究了好评行为的奖励计划，但在现实中也有较多网络平台不仅会对消费者的好评行为进行奖励，也会对消费者的差评行为进行奖励，如杨德锋等（2014）考察了奖励消费者正面体验分享和奖励消费者负面体验分享对分享者品牌至爱的影响。在此基础上，未来我们也可以继续考察奖励在线评论对消费者的影响，尤其是奖励差评行为带来的影响。另外，本研究调查对象是在校大学生，且样本数量有限，未来可以扩大样本范围，多调查不同收入层次的网购消费者对在线评论奖励计划的不同反应。最后本研究未对研究结果的深层次原因进行探讨，尤其是消费者在此计划中的心理作用机制；本研究只考察了好评奖励计划对好评意愿和店铺评价的影响，而没有再深入考察好评意愿和店铺评价之间的关系，未来可以就这两个变量的相互影响关系进行进一步考察。

4.2 消费者参与朋友圈分享奖励计划对消费者的影响研究①

社交网络的普及和发展，不仅仅改变了人们的生活方式和生活态度，也为人际传播提供了新途径。社交媒体凭借其社区化、公开化和透明化等特点为口碑传播和人际推广创造了机会（孙潇雅和周颖，2017）。因此，越来越多的商家以社交媒体为平台，采用在线分享和有偿奖励相结合的“推荐奖励计划”获取更多的顾客，如餐厅要求顾客发表评论到某些网络平台后再给以其价格折扣，或商家要求顾客将产品分享到朋友圈后给以其相应赠品，或者淘宝上部分店家通过现金返还形式以使顾客给予其产品在线好评等，这些活动都是“推荐奖励计划”的表现形式。

影响消费者推荐行为的因素很多。有研究指出，在无奖励刺激的影响下，消费者对感到满意的产品或服务发布正面口碑的可能性更大（Sundaram 等，1998；于春玲等，2011），且在商家奖励的激励下，这种正面口碑传播行为会进一步加强（Wirtz 和 Chew，2002），而不满意的消费者会出于情感宣泄等进行负面口碑传播（张晓飞和董大海，2011；于春玲等，2011）。推荐奖励计划不仅仅受到奖励的刺激，而且还受到奖励额度和消费者所需要付出的努力程度等的影响（朱翊敏，2013），同时也会受到消费者自我构建（孙潇雅和周颖，2017）以及消费者的预算约束（周丹等，2017）等影响。除此之外，曾慧等（2018）以消费者的产品满意度为调节变量，考察了好评奖励计划对店铺评价和好评意愿的影响。

微信朋友圈作为高频率应用的社交媒体，是用户进行相互交流、日常生活呈现的主要媒介。朋友圈（friendship group）是指人们在社交平台上互相关注、互相交流、互相分享而形成的以个人为中心的社会关系网络（Tsai 和 Bagozzi，2014；刁雅静等，2019）。赵海霞和李一鸣（2018）研究指出当代大学生的微信朋友圈主要是以链接和“图片加文字”为形式的转发。赵大丽等（2016）研究表明用户的知识共享态度会显著影响用户微

---

① 本部分内容主要来自于：曾慧、魏静、龙正琴．奖励额度和顾客体验对消费者朋友圈分享行为的影响研究［J］．南大商学评论，2020（02）：110－122.

信朋友圈的共享意愿，同时其知识共享态度受到社会资本的影响。除此之外，微信用户行为与现实的人际关系有很大的联系，其朋友圈行为会受到微信通讯录好友、现实生活中的熟人和公众平台的影响（黄炜等，2016）。由此可见，用户在微信朋友圈的分享行为的影响因素较为复杂。同时，也有许多商家利用消费者在微信朋友圈互动参与形式来增加其商业价值（刁雅静等，2019）。而微信朋友圈不同于其他第三方社交平台，成员之间的联系更加紧密、参与度更高，分享"匿名性"的帽子也被摘下（冯英健，2013）。微信朋友圈的社交行为在社交商务的实现中扮演了重要作用，社交商务即是将关注、讨论、社交和推荐等因素融入商务活动，从而引导消费者完成购物行为（Liang 和 Turban，2011；刁雅静等，2019），商家利用消费者的社交网络来主导产品或服务的营销。已有研究指出微信用户可以借此发布信息、分享经验、交流情感，这也是社交商务区别于传统电子商务的重要特征（刁雅静等，2019）。而且有研究证实发生在朋友圈的推荐行为能更好地利用用户的社会信任信息，所以推荐行为的准确性也会有效提高（张舒等，2018）。与微信朋友圈这类社交平台相比，在第三方平台中，已有研究证明，在正面品牌体验情境下，精神奖励和物质奖励对消费者的品牌至爱影响差异不显著，而在负面的品牌体验情境下，精神奖励的影响作用更大（杨德锋等，2014）。产品体验和好评返现的额度也会交互影响消费者的在线评论（李婷婷和李艳军，2016）。由此可见，顾客体验在其中发挥一定作用。因此，在微信朋友圈转发这种分享奖励计划中，不同额度的分享奖励计划和正、负面的顾客体验怎样影响消费者分享行为？这个问题还有待进一步研究。

基于此，本研究将探讨奖励额度的高低和顾客体验对消费者朋友圈分享行为的影响。首先探讨在有奖分享情景下，奖励额度对消费者分享行为的差异影响；接着加入顾客体验作为调节变量进行考察，探讨奖励额度和顾客体验共同对消费者分享行为的影响。

4.2.1　文献综述

1. 推荐奖励计划

推荐奖励计划是指企业通过主动提供各种奖励的方式鼓励消费者利用

其关系网络和社会资源为企业进行正面口碑传播的过程（Ryu和Feick，2007；朱翊敏和于洪彦，2015）。通过文献梳理发现奖励计划内容的研究主要涉及"奖励对象"、"奖励类型"和"奖励额度"三个方面（孙潇雅和周颖，2017；朱翊敏和于洪彦，2015；黄静等，2013；Kuester和Benkenstein，2014）。在奖励对象方面，同时奖励推荐双方更能提高消费者的推荐意愿（朱翊敏和于洪彦，2015）。在奖励类型方面，黄静等（2013）研究指出对于社交型消费者，礼物赠送更能提高其推荐意愿；对交易型的消费者来说，金钱奖励更能提高其推荐意愿。朱翊敏和于洪彦（2016）研究表明，在推荐奖励计划中，不同调节聚焦的顾客面对不同奖励类型（享乐性赠品和实用性赠品）时的推荐意愿具有差异。Jin和Huang（2014）研究了金钱奖励和实物奖励（非现金奖励）在推荐奖励计划中的不同影响。在奖励额度方面，Kuester和Benkenstein（2014）研究结果表明推荐奖励计划积极的影响取决于奖励的大小，小奖励的推荐方案可以增加推荐人的态度和忠诚度，但是对于大奖励的推荐方案没有发现。除此之外，已有研究表明推荐者与被推荐者的关系强度（朱翊敏和于洪彦，2015）、消费者自我构建（孙潇雅和周颖，2017）以及消费者的预算约束（周丹等，2017）等都会对推荐奖励计划产生影响。由此可见，推荐奖励计划的效果和作用会受到不同变量的影响。

2. 顾客体验

顾客体验是消费者的一种个别化的感受，是顾客亲身感受或参与所引发的事件与心理活动互动的结果（Schmitt，1999；范秀成，2001）。顾客体验在营销领域具有重要作用，Pentina等（2011）研究了在线购物体验对浏览器满意和零售业绩的影响，结果表明浏览器满意是在线购物体验对零售业绩影响的中介变量。范秀成（2001）研究了顾客体验与服务品牌建设之间的关系，结果表明顾客体验是服务品牌的驱动力。Klaus和Maklan（2012）研究指出，服务体验会显著影响顾客的满意、忠诚和口碑传播意愿。此外，消费者产品体验的满意与否通常也是影响电子商务网站在线好评的重要因素（李婷婷和李艳军，2016）。对处于正面体验情景下的消费者来说，奖励类型对消费者原有品牌至爱的影响无显著差异，但是对于处于负面体验情景下的消费者来说，精神奖励的影响作用更大（杨德锋等，2014）。因此，本研究将考察顾客的正面和负面体验对推荐奖励计划的效果。

4.2.2　研究假设

1. 奖励额度对消费者朋友圈分享行为的影响

奖励额度是指企业为了鼓励和刺激消费者向他人推荐，而向消费者提供的奖励金额（朱翊敏和于洪彦，2015）。根据研究需要，本研究考察的消费者朋友圈分享行为相关的变量包括获得奖励动机和分享意愿。根据已有研究和本研究情境，获得奖励动机主要是指，消费者进行朋友圈分享是想获得商家给予的奖励或消费者分享行为是受到商家奖励计划的激励等（曹丽等，2014；阎俊等，2011；Hennig－Thurau等，2004）；分享意愿是指消费者考虑或愿意通过朋友圈转发向他人传播其接收到的推荐信息的意愿等（王秀丹，2015；栗芸，2016）。朱翊敏和于洪彦（2015）研究表明：与无奖励形式相比，有奖励时消费者的推荐意愿会更高。消费者在参与推荐奖励计划时会受到感知推荐价值和感知社会风险的影响而做出决策（王晓玉，2010）。有学者指出奖励计划中的奖励额度的大小会影响消费者的感知利益的多少，进而对消费者的行为产生影响（Long和Schiffman，2000；朱翊敏，2013）。也有学者指出奖励计划会对消费者的顾客评价和重购意愿都会产生积极影响（Bolton等，2000），奖励额度会正向影响消费者的推荐意愿（朱翊敏等，2011），因此，消费者在高奖励额度下比低奖励额度下的分享意愿更高。在有奖分享下，商家给予的奖励越高，消费者则越可能会为了得到奖励而进行分享，即消费者在高奖励额度下比低奖励额度下获得奖励动机更强。故本研究认为获得奖励动机是奖励额度对分享意愿影响的中介变量。基于此，本研究提出以下假设：

H1a：在有奖分享情景下，消费者在高奖励额度下比低奖励额度下获得奖励动机更强。

H1b：在有奖分享情景下，消费者在高奖励额度下比低奖励额度下分享意愿更强。

H2：获得奖励动机是奖励额度对分享意愿影响的中介变量。

2. 顾客体验和奖励额度对消费者朋友圈分享行为的影响

顾客体验是顾客亲身感受或参与所引发的事件与心理活动互动的结果（Schmitt，1999；范秀成，2001）。消费者在自然口碑的情景下对产品或服务感到满意时会有较大可能进行正面口碑宣传（Sundaram 等，1998；于春玲等，2011）。当顾客具有正面体验时，其自身的消费成本和感知利益相近，消费者的自然评价就会相对较高（李婷婷和李艳军，2016）。对于具有正面体验的顾客而言，优质的产品或服务让消费者产生了满意的情绪，同时实际顾客体验和朋友圈的分享内容一致性较高，又受到奖励的刺激作用，因此消费者更愿意参加商家的推荐奖励计划，分享意愿就会更高。基于此，本研究提出以下假设：

H3：在有奖分享情景下，正面的顾客体验比负面的顾客体验带来更高的分享意愿。

杨德锋等（2014）研究指出在不同的品牌体验下，不同类型的奖励效果也是不一样的：相对于正面品牌体验来说，在负面品牌体验下，精神奖励比物质奖励的影响作用更大。李婷婷和李艳军（2016）研究发现：好评返现的额度较高时，具有负面产品体验的消费者评论改动较大；好评返现的额度较低时，相比于负面体验，具有正面体验的消费者评论改动较大。这就说明奖励额度作为一种刺激手段和消费者的顾客体验共同影响消费者的网络分享行为。因此，当顾客具有正面体验时，顾客会感到满意，满意的消费者的分享行为主要是出于帮助别人、获得他人的认可（Sundaram 等，1998；于春玲等，2011），而此时的奖励大小只是起到了强化作用。对于消费者来说并非主要为了获得商家的奖励才进行朋友圈分享，而主要是受到了正面顾客体验的驱使，所以在正面体验下，消费者在高奖励额度和低奖励额度下对获得奖励动机的差异不显著。然而，对于具有负面体验的顾客而言，物质补偿作为提高口碑传播意向和满意度的补救手段，常常会被商家应用（Hicks 等，2012；李婷婷和李艳军，2016）。当商家推出高额度的推荐奖励计划时，具有负面体验的消费者往往为弥补失败的产品体验引发的痛苦、失望等负面情绪，通常会选择参与推荐奖励计划来获得商家的高额奖励补偿（李婷婷和李艳军，2016）。所以，相比于低额度奖励，当商家给予高额度奖励补偿时，消费者朋友圈分享的主要动机是为了获得商家的高额奖励。因此，在负面体验下，奖励额度对消费者获得奖励动机的影响差异显著。我们提出如下假设：

H4a：顾客体验对奖励额度影响消费者获得奖励动机具有调节作用。具体而言，在正面体验下，消费者在高奖励额度和低奖励额度下对获得奖励动机的差异影响不显著；在负面体验下，消费者在高奖励额度和低奖励额度下对获得奖励动机的差异影响显著。

已有研究表明不同的品牌体验和奖励类型对消费者的品牌至爱也有影响（杨德锋等，2014）。在推荐奖励计划下，对于具有正面体验的顾客来说，分享动机主要受到正面体验的驱使，分享的目的也是为了表达正面的情感，同时奖励额度的大小会影响消费者的既得利益，相比于低奖励额度来说，高奖励额度会带给消费者更高的既得利益，因此分享意愿会更高，消费者在高奖励额度和低奖励额度下对分享意愿的差异显著；对于具有负面体验的顾客，已有研究表明，其为了弥补因为购物失败而引发的负面情绪，会选择参加商家的推荐奖励计划以期获得高额度奖励作为补偿（李婷婷和李艳军，2016），因此面对高奖励额度的推荐奖励计划，消费者会愿意参加来获得更高的经济补偿，分享意愿也会较高。然而当奖励额度较小时，补偿不了消费者因为负面顾客体验所引发的负面情绪，消费者为了惩罚商家或宣泄情绪而不愿意进行分享，因此其分享意愿就会更低，但此时的分享意愿的高低对比较为强烈，所以在负面顾客体验下，奖励额度对分享意愿的影响差异显著，但两者之间的差值比在正面体验下更大。基于此，本研究提出以下假设：

H4b：顾客体验对奖励额度影响消费者分享意愿具有调节作用。具体而言，在正面体验下，消费者在高奖励额度和低奖励额度下对分享意愿的差异影响显著；在负面体验下，消费者在高奖励额度和低奖励额度下对分享意愿的差异影响显著，但两者之间的差值比在正面体验下更大。

4.2.3　研究方法与研究设计

本实验主要采用2（奖励额度：高额度、低额度）×2（顾客体验：正面、负面）的双因素组间设计，共形成4组对比性的实验情景。实验要求被试首先假设自己经历了问卷中的实验情景后回答相关问题。以成都市某高校在校大学生作为主要调查对象，实验将其随机分配到四组实验情景问卷中的一组。大学生外出就餐消费情况比较普遍，且大学生经济能力有限，对“推荐奖励”活动敏感度较高，故大学生作为本研究的调查样本具有一定代表性。调查者到班级进行实验问卷发放，发放问卷250份，有效回收214份，其中男性44份，女性167份，有3份问卷未标记性别。参照已有文献（李研等，2017），并结合本研究目的，本实验情景描述如下：

正面顾客体验和高奖励额度下的实验情景的描述如下：

一天，您和家人一起去一家餐厅用餐，用餐时您觉得这家餐厅的环境、菜品和服务质量都很不错。在用餐途中，服务员过来告诉您：“如果您在微信朋友圈中晒出带有餐厅名称和菜品的照片，您就可以享受到总价打5折的优惠。”

正面顾客体验和低奖励额度下的实验情景的描述如下：

一天，您和家人一起去一家餐厅用餐，用餐时您觉得这家餐厅的环境、菜品和服务质量都很不错。在用餐途中，服务员过来告诉您：“如果您在微信朋友圈中晒出带有餐厅名称和菜品的照片，您就可以享受到总价打9折的优惠。”

负面顾客体验和高奖励额度下的实验情景的描述如下：

一天，您和家人一起去一家餐厅用餐，用餐时您觉得这家餐厅的环境、菜品和服务质量都很差。在用餐途中，服务员过来告诉您：“如果您在微信朋友圈中晒出带有餐厅名称和菜品的照片，您就可以享受到总价打5折的优惠。”

负面顾客体验和低奖励额度下的实验情景的描述如下：

一天，您和家人一起去一家餐厅用餐，用餐时您觉得这家餐厅的环境、菜品和服务质量都很差。在用餐途中，服务员过来告诉您：“如果您在微信朋友圈中晒出带有餐厅名称和菜品的照片，您就可以享受到总价打9折的优惠。”

考虑到本实验是餐饮消费，价格绝对金额不固定，因此为了突出高、低奖励额度之间的对比，我们采用相对折扣进行实验，参照已有研究，本实验奖励额度设置为高额奖励为5折、低额奖励为9折（Hardesty和Bearden，2003；韩睿和田志龙，2005）。获得奖励动机主要参照曹丽等

(2014)、阎俊等 (2011) 和 Hennig－Thurau 等 (2004) 的研究，以“参加活动是为了获得商家相应的奖励、参加活动是受到推荐奖励的激励”两个选项进行测评，信度系数为 0.860，相关系数为 0.754。分享意愿主要参照 Dodds 等 (1991) 和栗芸 (2016) 的研究，以“愿意把此餐厅的名字和菜品照片分享到朋友圈、考虑把此餐厅的名字和菜品照片分享到朋友圈和把此餐厅的名字和菜品照片分享到朋友圈的可能性很高”三个选项进行测评，信度系数 0.941。在问卷最后测量了被试的人口统计学变量，包括年级、年龄、性别等。所有量表均采用李克特七级量表。

4.2.4　数据结果分析

4.2.4.1　操控性检验

本研究主要考察奖励额度和顾客体验对消费者朋友圈分享行为的影响，因此首先对奖励额度大小给消费者带来的感知进行操控。本研究所有数据均通过 SPSS16.0 进行处理，结果表明高奖励刺激比低奖励刺激带来更高的消费者感知奖励额度大小 ($M_{高}=5.51$，$M_{低}=2.88$，$F=253.689$，$p<0.05$)。接着，我们对顾客体验感知进行操控，数据结果表明正面顾客体验比负面顾客体验带来更高的顾客满意 ($M_{正}=5.48$，$M_{负}=1.98$，$F=634.264$，$p<0.05$)。因此，本研究所有操控成功。

4.2.4.2　假设检验

1. 奖励额度对消费者分享行为的影响分析

首先考察奖励额度对消费者分享行为的影响，方差分析结果表明高奖励额度下比低奖励额度下消费者获得奖励动机更强 ($M_{高}=5.35$，$M_{低}=4.52$，$F=17.310$，$p<0.05$)，同时消费者在高奖励额度下的分享意愿比低奖励额度下更高 ($M_{高}=4.53$，$M_{低}=3.42$，$F=27.670$，$p<0.05$)，假设 H1a 和 H1b 成立。结果见表 4－3 和图 4－8。

表 4－3　奖励额度对消费者反应的方差分析

源	因变量	Ⅲ 型平方和	*df*	均方	*F*	*Sig.*
奖励额度	获得奖励动机	36.937	1	36.937	17.310	0.000
	分享意愿	66.248	1	66.248	27.670	0.000

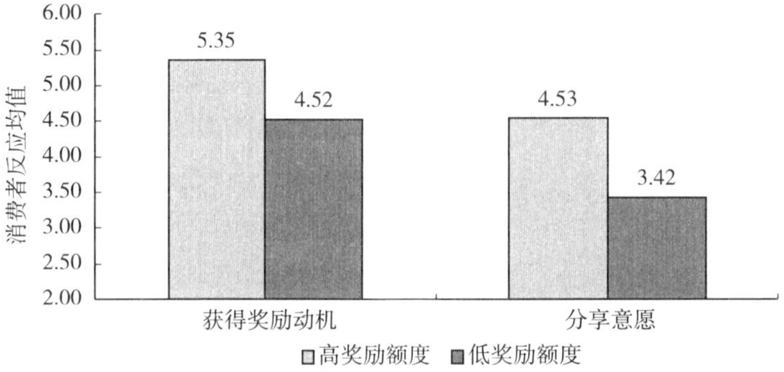

图 4-8　奖励额度大小对获得奖励动机和分享意愿均值影响

接着，我们对奖励额度对消费者分享意愿影响中的中介作用进行分析。本研究采用回归分析方法。首先将“奖励额度”转变为哑变量，用“0”表示高奖励额度，“1”表示低奖励额度。用奖励额度作为自变量，获得奖励动机作为因变量进行回归，结果表明奖励额度显著影响获得奖励动机（$p<0.05$）。我们以奖励额度为自变量，分享意愿为因变量进行回归，奖励额度显著影响分享意愿（$p<0.05$）。我们以奖励额度和获得奖励动机为自变量，分享意愿为因变量进行回归，结果表明将获得奖励动机纳入模型中后模型拟合优度显著提高（$\Delta R^2=0.060$，$F_{1,211}=15.346$，$p<0.01$），同时加入获得奖励动机变量后，奖励额度对分享意愿的影响仍显著（表 4-4），故获得奖励动机是奖励额度对分享意愿影响的部分中介变量，假设 H2 成立。

表 4-4　回归分析

模型		非标准化系数		标准化系数	*t*	*Sig.*
		B	标准误差	Beta		
1	（常量）	4.534	0.152		29.739	0.000
	奖励额度	−1.114	0.212	−0.340	−5.260	0.000
2	（常量）	3.059	0.405		7.561	0.000
	奖励额度	−0.884	0.213	−0.270	−4.150	0.000
	获得奖励动机	0.276	0.070	0.255	3.917	0.000

因变量：分享意愿。

2. 顾客体验对消费者朋友圈分享行为的影响分析

本研究对顾客体验影响消费者分享行为进行方差分析。结果发现正面顾客体验比负面顾客体验带来更高的消费者分享意愿（$M_{高}=4.61$，$M_{低}=3.21$，$F=47.247$，$p<0.05$）。假设 H3 成立。均值结果见图 4－9 所示。

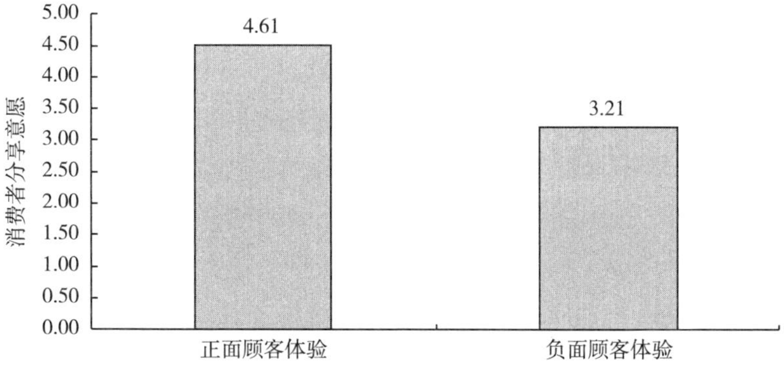

图 4－9　顾客体验对分享意愿的影响均值

3. 顾客体验对奖励额度影响消费者朋友圈分享行为的调节作用分析

为了分析顾客体验对奖励额度影响消费者朋友圈分享行为的调节作用，我们进行了方差分析。表 4－5 结果表明，顾客体验对奖励额度影响获得奖励动机（$F=4.641$，$p<0.05$）和分享意愿（$F=9.037$，$p<0.05$）均具有调节作用。

表 4－5　顾客体验对奖励额度影响消费者反应的调节作用分析

源	因变量	Ⅲ型平方和	*df*	均方	*F*	*Sig.*
奖励额度×顾客体验	获得奖励动机	9.735	1	9.735	4.641	0.032
	分享意愿	16.644	1	16.644	9.037	0.003

我们将顾客体验分为正面顾客体验和负面顾客体验两组数据进行方差分析，数据结果表明，在正面顾客体验下，奖励额度对分享意愿的差异影响显著（$F=7.306$，$p<0.05$），而对获得奖励动机的差异影响不显著（$F=2.818$，$p>0.05$）；在负面顾客体验下，奖励额度对获得奖励动机（$F=17.608$，$p<0.05$）和分享意愿（$F=30.154$，$p<0.05$）的影响显

著。具体均值结果见图 4-10 和图 4-11 所示。从结果中可以看出，在不同顾客体验下，奖励额度对分享意愿的均值影响不同。在负面体验下，高奖励额度比低奖励额度带来更高的分享意愿，其差值比在正面体验下大（$\Delta M_{正}=0.59$，$\Delta M_{负}=1.71$）。综上，假设 H4a 和 H4b 得到验证。

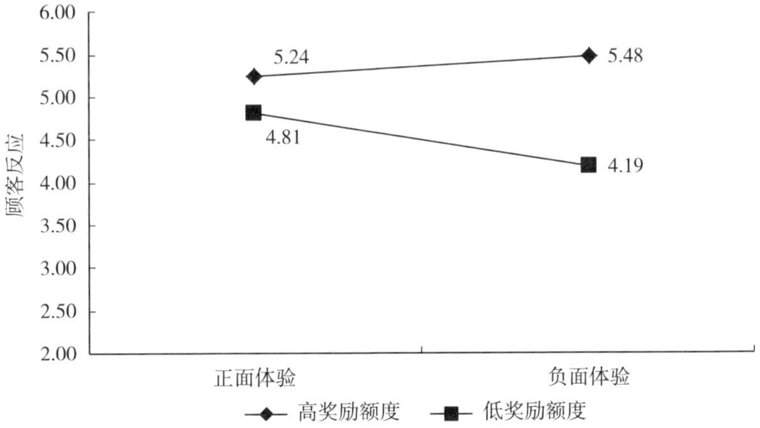

图 4-10　顾客体验和奖励额度对获得奖励动机的影响

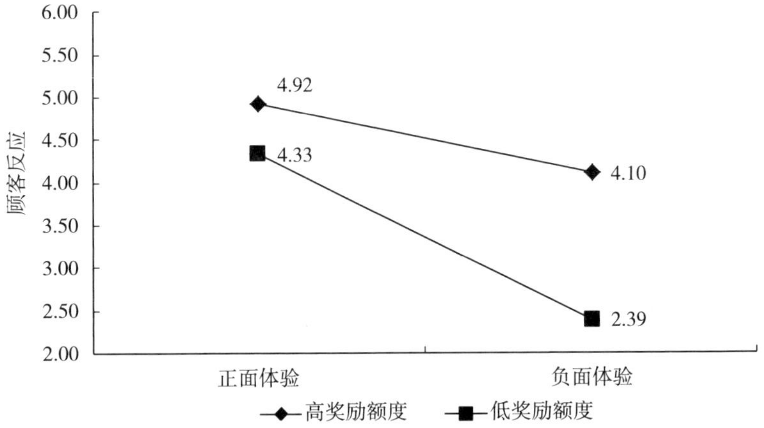

图 4-11　顾客体验和奖励额度对分享意愿的影响

4.2.5　结论与启示

国内外学者对“推荐奖励计划”的研究主要集中在奖励对象（朱翊敏

和于洪彦，2015）、奖励类型（黄静等，2013）、奖励额度（Kuester 和 Benkenstein，2014）与关系强度（朱翊敏和于彦洪，2015）上，而对顾客体验在奖励额度与消费者分享行为关系中的影响研究较少，并且针对微信朋友圈这种社交平台的分享行为研究亦相对较少。因此，本研究主要考察了奖励额度对分享奖励计划效果的影响和顾客体验与奖励额度共同对消费者分享行为的影响。

1. 研究结果

通过实证研究，本研究得到以下结论：第一，奖励额度大小对消费者朋友圈的分享行为有不同影响。在有奖分享的情境下，消费者在高奖励额度下比低奖励额度下获得奖励动机更强，同时高奖励额度下的分享意愿比低奖励额度下更强，获得奖励动机在奖励额度对消费者分享意愿影响中起部分中介作用。第二，在有奖分享的情境下，正面的顾客体验比负面的顾客体验带来更高的消费者分享意愿。第三，在有奖分享情景下，顾客体验对奖励额度影响消费者获得奖励动机具有调节影响：在正面顾客体验下，奖励额度在消费者获得奖励动机上的影响差异不显著，这可能是因为消费者的分享是因为满意而出于帮助他人或获得肯定而愿意进行正面口碑传播（Sundaram 等，1998；于春玲等，2011），即主要受到正面体验本身的影响，奖励本身在此时起到强化作用，故奖励额度的大小对消费者分享的差异不显著；而在负面顾客体验下，高奖励额度比低奖励额度带来更高的获得奖励动机，这是因为高奖励额度带来了更多的补偿，顾客的分享行为主要受到了商家奖励额度的驱使。第四，顾客体验对奖励额度影响消费者朋友圈的分享意愿具有调节影响：在正面体验下，消费者在高奖励额度和低奖励额度下对分享意愿的影响差异显著，这是因为相比于低奖励额度，高奖励额度会给消费者带来更高的既得利益。在负面体验下，消费者在高奖励额度和低奖励额度下对分享意愿的影响差异显著，但两者之间的差值比在正面体验下更大，这是因为在负面体验下消费者为了得到高额度的经济补偿而选择分享（李婷婷和李艳军，2016）。然而负面体验下的低奖励额度其补偿作用不强，顾客不愿意进行分享，而在正面体验下，奖励小的情况下消费者也会因为正面体验愿意进行分享，因此在负面体验下奖励额度对分享意愿影响的差值相比于正面体验更大。

2. 理论贡献

本研究的理论贡献主要有以下几方面：第一，丰富了推荐奖励计划的相关研究。本研究考察了奖励额度和顾客体验两者对消费者朋友圈分享行为的影响，研究结果表明奖励额度大小对分享意愿具有显著影响，此结论与朱翊敏等（2011）的研究结论相似，丰富和补充了奖励额度在推荐奖励计划中的研究。同时，本研究通过数据证实了正面顾客体验比负面顾客体验带来更高的消费者分享意愿，研究结论丰富了目前关于顾客体验的相关研究，可为企业实施推荐奖励计划提供了一定的理论支撑。第二，本研究揭示了奖励额度对分享意愿影响的中介机制。研究发现，在不区分顾客体验情况下，奖励额度对分享意愿的影响部分是通过获得奖励动机。第三，本研究揭示了顾客体验和奖励额度对消费者朋友圈分享行为的影响机制。以往关于推荐奖励计划的研究多集中在“奖励”本身上，而如今越来越多的消费者更加重视自身的消费体验，区别于以往的研究，本研究加入了顾客体验这一变量，结果表明顾客体验对奖励额度影响消费者朋友圈分享行为具有调节作用，揭示了在正面体验和负面体验下奖励额度对消费者朋友圈分享行为的差异影响，调节变量的选取对未来分享奖励计划的相关研究提供借鉴意义。第四，研究结论丰富了学术上关于分享行为的相关研究。以往关于消费者分享行为研究主要聚焦于分享体验对分享者品牌至爱的影响（杨德锋等，2014）、自我构建方式对分享推荐意愿的影响（孙潇雅和周颖，2017）等，不同于以往对第三方社交平台消费者分享行为的研究，本研究聚焦于微信朋友圈这种新型社交媒体，主要考察了奖励额度和顾客体验共同对消费者微信朋友圈分享行为的影响，研究结果丰富了分享行为相关研究。

3. 管理启示

研究结论具有一定实践意义。从总体上看，企业给予的奖励额度越高，消费者获得奖励动机和分享意愿就越高，因此建议企业可以在控制成本的基础上，尽量高地给予消费者奖励。其次，顾客体验在分享奖励计划中具有重要作用。一般来说具有正面顾客体验比负面顾客体验带来更高的分享意愿，因此企业要注意保证自身产品或服务的质量，不能单纯依靠奖励来刺激消费者的分享行为。分享奖励计划效果在不同的顾客体验和奖励额度下的作用也不同。对于具有正面体验的消费者来说，高奖励额度比低奖励额度带来更高的分享意愿，但是在获得奖励动机上差别不大，这种分享意愿主要受到自身正面体验的影响。对于具有负面体验的顾客来说，设置高奖励额度会带来较高的获得奖励动机和分享意愿，企业如果为了增加消费者的分享，建议选择高奖励额度的分享计划。

4. 研究局限与未来研究方向

本研究存在以下不足和研究展望：首先，我们研究的是线下实体就餐时的推荐奖励计划的实施，而没有对线上商家运用推荐奖励计划的情况进行考察，未来我们可以对比考察线上和线下关于推荐奖励计划的实施情况。其次，本研究主要针对成都在校大学生展开研究，样本数量有限，未来可以多增加样本数量，同时可以调查不同年龄层次的消费者对推荐奖励计划的不同反应。再次，本研究只考察了餐饮行业实施的推荐奖励计划中奖励额度和顾客体验对顾客朋友圈分享行为的影响，未来可深入研究奖励额度和顾客体验在不同产品类别下对顾客朋友圈分享行为的影响。最后，本研究主要考察了不同的顾客体验对奖励额度影响消费者分享行为的调节作用，而没有考察正面顾客体验和负面顾客体验下，奖励额度对分享意愿影响的不同中介机制，未来可以考察更多中介变量在其中的作用机制。

4.3 其他相关拓展研究——B2C环境下消费者持续网络信任的实证研究①

近年来，网络购物日益为消费者所接受。中国互联网络信息中心（CNNIC）发布第45次《中国互联网络发展状况统计报告》显示，截至2020年3月，我国网民规模为9.04亿，互联网普及率达64.5%（CNNIC，2020）。虽然网络购物的有用性和易用性对消费者的购物态度有积极的影响（李国鑫等，2012），但网上交易也有信息不对称、缺乏控制、机会主义等特征。网上交易的这些特征导致了消费者对网络购物的不

① 此部分主要内容来自于：曾慧，郝辽钢，于贞朋.B2C环境下消费者持续网络信任的实证研究［J］. 管理现代化，2014，34（6）：34-36.

信任，网络信任的缺失成为电子商务健康快速发展必须解决的瓶颈问题（Lee 和 Turban，2001）。同时，各大 B2C 商家恶性的价格竞争和频繁的商品价格变换，使消费者对 B2C 商家的促销策略和促销诚意产生了不满和不信任。而相关研究发现，消费者信任是赢得消费者的首要因素（Gefen，2000），B2C 消费者对商家的信任不仅会提高消费者的购买意愿，还会将个人需求数据提供给商家，以便商家能更好地提供满足客户需求的产品或服务（Yoon，2002）。

Gefen 和 Straub（2004）研究发现，网络信任对消费者的购买意愿有显著的正向影响，也影响着消费者满意度和消费者忠诚。网络信任的发展具有阶段性，根据消费者有无购物经验可分为初始网络信任和持续网络信任。与初始信任相比，受消费者与商家交互水平显著影响的持续网络信任更能体现网络信任的动态性，更能决定消费者的购买意愿（陈明亮等，2008）。因此，如何在激烈的 B2C 网络竞争环境下维护消费者的持续网络信任，将已有消费者转化为忠诚消费者，这对 B2C 电商企业的迅速发展有重大意义。

目前国内外学者对持续网络信任的研究较少，尚未形成成熟的理论体系，在网络持续信任与一般意义上的网络信任界定上也较为模糊。因此，为了更好地对消费者网络购物行为进行研究，本研究将持续网络信任界定为：消费者与电商企业经过一次交易之后，对该电商企业下一次交易行为的一种主观期望。我国学者陈明亮等（2008）研究发现，持续网络信任对消费者的购买意愿有积极影响，虽然该研究还发现持续网络信任受客户响应能力、联系沟通水平等因素影响显著，但并未将客户响应与联系沟通因素具体化。在网络购物的过程中，消费者通过在线客服等方式与网络商家沟通联系，及时获得相关信息，将有助于提高消费者满意度。同时，消费者对物流服务的感知也会影响消费者对整个网购过程的感受与评价，如发货的速度、退货的友好性、订单查询的便利性等都会影响消费者对网购质量的评价。谢佩洪等（2011）研究发现良好的物流配送服务对提升 B2C 消费者的满意度有积极的影响。同时，相关文献研究发现消费者对产品价值的感知也是影响消费者满意与消费者忠诚的重要因素（卞文良等，2011），消费者收到的商品是否和预期的一致、是否完好等因素都会影响消费者对网络服务质量的感受与评价。从以上分析可知，在线客服感知、物流服务感知及产品价值感知对消费者满意有一定的影响。而现有研究发现，消费者满意与消费者信任之间有密切的联系（Gefen 和 Straub，2004；陈明亮等，2008；Heikkilä，2002），如 Heikkilä（2002）以 Nokia 网络公司客户为调查样本，研究发现较高的客户满意度对客户与服务提供者之间的信任、共享信息的数量与质量等有显著的正向影响。

综上所述，为了进一步完善 B2C 环境下网络信任的理论体系，本研究将深入探讨在线客服感知、物流服务感知及产品价值感知对消费者持续网络信任的影响机制。

4.3.1　文献回顾与研究假设

1. 网络信任相关概念

信任是一方对另一方的一种主观期望，这种期望包括兑现承诺、诚实性和可靠性（Hosmer，1995）。Mayer 等（1995）从信任主体、关系人和信任风险三个方面阐述信任的概念并构建了信任影响模型，强调人的关系是信任的基础，而对信任风险和被信任方特征的感知会影响信任的主观倾向。McKnight 等（2002）通过引入制度因素和第三方等环境因素进一步完善了 Mayer 等（1995）的信任模型，并对信任理念与信任意图进行了阐述与区分。Suh 和 Han（2003）从网络购物的角度对信任进行了阐述，指出网络信任是一方在面临可能会由另一方的行为而带来损失的情况下，仍然愿意完成交易的一种心理状态。我国学者严中华等（2004）提出了 B2B 环境下买卖双方的信任模型，认为制度条件、结构保证和情境规范是信任建立的重要影响因素。邵兵家等（2006）针对 B2C 环境下的网络信任，研究发现消费者特征、网站的易用性并非是网络信任的重要影响因素，而隐私与安全保护、公司品牌和知名度对消费者网络信任有显著的影响。王传美等（2009）将影响网络信任的因素分为网站形象、消费者个性、商家信誉和消费者满意四大部分，同时构建了消费者网络信任度指数评估模型。

信任的发展是一个动态的过程，包括信任的建立、信任的维持和信任的发展三个阶段（Walczuch 和 Lundgren，2004）。网络信任的建立即初始网络信任，是指顾客第一次接触网上店铺对其在交易中的行为产生的一种心理期望，顾客的这种初始网络信任会受到感知信用评分、感知客户评论、感知产品等因素的影响（马钦海等，2012）。持续网络信任则指顾客在与购物网站交易之后建立起来的信任，与顾客的初始网络信任相比，持续网络信任更好地体现网络信任的动态性，决定消费者的购买意愿，从而将已有消费者转化为忠实消费者（陈明亮等，2008）。综合已有文献发现，国内外学者对初始网络信任的研究相对较多，Koufaris 和 Hampton－Sosa（2004）构建了一个关于初始信任的概念模型，并通过问卷调查的方式对模型进行了检验，证实了消费者对公司声誉的感知以及购买产品和服务的愿望会显著地影响消费者的初始网络信任。王全胜等（2009）验证了 B2C 网站设计因素与消费者初始信任的关系，证明了网站结构和网站内容对消费者初始信任有着直接的积极影响，社会存在感在其中承担着部分中介作用，网站视觉效果对消费者初始信任的影响虽不显著，但却对社会存在感有显著的影响。Lee 和 Choi（2011）从服务提供者与服务接受者两个角度，研究了在 IT 外包中初始信任与持续信任对双方利益的影响，证实了持续网络信任对合作双方，尤其是服务提供者的利益有显著的正向影响。陈明亮等（2008）分别建立了初始网络信任模型与持续网络信任模型，并对两类网络信任模型的形成与作用机制进行了对比，证实了初始网络信任受网站信誉、网站安全性等因素影响明显，而持续网络信任更容易受到商家响应能力和联系沟通水平等因素的影响。维持在线消费者的持续信任有助于增强消费者的购买意愿，对 B2C 商家具有重要意义。因此，本研究将深入探讨消费者持续网络信任的影响机制，以便为 B2C 商家的经营活动提供理论依据。

2. 产品价值感知与持续网络信任

Zeithaml 等（1996）从消费者角度对消费者价值进行了阐述，将其理解为一种综合性的效用评价，这种效用评价是基于消费者在交易的过程中对其所得到的与所付出的感知比较（Zeithaml，1988）。我国学者李惠璠等（2012）研究发现，消费者价值对消费者满意度与消费者忠诚均有显著的正向影响。消费者网络购物的最终目的是为了获得想要的产品，消费者对所获得产品的满意程度与对所获产品价值感知的大小将影响消费者对 B2C 商家全面服务质量的评价。产品价值感知体现的是消费者对其所获产品的价值与所付出的成本之间的主观权衡感受（Zeithaml，1988），B2C 消费者对所购商品价值感知的大小在较大程度上影响着消费者对 B2C 商家的评价，较高的消费者商品价值感知有利于提高企业形象，而 B2C 商家的企业形象会影响人们的期望（ECST technical committee，1998），B2C 商家对消费者期望的满足程度在一定程度就决定了消费者对 B2C 商家持续网络信任的大小。同时，较高的产品感知价值和企业形象也有利于提高消费者的满意度（李惠璠等，2012）。故本研究提出以下假设：

H1：产品价值感知对网络顾客满意有显著的正向影响关系。

H2：产品价值感知对持续网络信任有显著的正向影响关系。

3. 在线客服感知与持续网络信任

Yang 等（2004）结合客户服务管理、信息系统管理及产品组合管理的理论与概念，建立了在线服务质量的测量模型，并验证了在线服务质量的六个维度：可靠性、响应速度、竞争力、易用性、安全性及产品组合。谢佩洪等（2011）在研究转型时期我国 B2C 电子商务中消费者满意的影响因素时发现，B2C 商家的客户服务对消费者满意度有积极的正向影响。只有建立完善的客户服务体系、及时的响应机制才会满足客户越来越高的服务要求，提高消费者的满意度。同时，B2C 消费者在整个网络购物过程中，B2C 商家借助各种沟通媒介及时地解答消费者问题、介绍商品特征将有助于提升消费者的社会存在感，进而影响消费者的信任感（Gefen 和 Straub，2004）。本研究将在线客服感知定义为：消费者对在线客服人员的响应性、解答问题的能力及热情程度等方面的整体感受与评价。在线客服能够使 B2C 商家及时地与消费者沟通，对消费者疑问进行及时解答，使消费者获得及时的相关信息，提升了消费者的社会存在感。而相关研究也证实在线商家与消费者经常的联系沟通对建立消费者的持续网络信任有积极的正向影响（陈明亮等，2008），同时良好的客户服务也是影响网络顾客满意的重要因素（谢佩洪等，2011）。故本研究提出以下假设：

H3：在线客服感知对网络顾客满意有显著的正向影响关系。

H4：在线客服感知对持续网络信任有显著的正向影响关系。

4. 物流服务感知与持续网络信任

近年来，物流服务对电商企业提升企业口碑与企业竞争力的作用日益明显，也受到了国内外学者的重视。Srinivasan 等（2002）研究证实了网上商家发货的准时性、退货政策的友好性等物流服务因素，通过影响在线消费者忠诚，从而提升企业口碑和再次购买意愿。我国学者常亚平等（2009）在研究网络消费者忠诚时，将网络服务质量维度划分为服务过程质量、服务结果质量和服务补救质量，其中服务结果质量涉及了物流服务，如商家送达货品准时性、配送人员是否给予充分验货时间等，这些物流服务因素通过服务结果质量，间接影响着网络消费者忠诚。本研究将物流服务感知定义为：消费者对网上商家的发货速度、查询订单的便利性等物流服务因素的整体感受与评价。物流服务作为 B2C 商家和消费者在现实生活中唯一的直接接触方式，承载着 B2C 商家对消费者的承诺。订单的处理速度、发货的准确性和退货的方便性等对 B2C 商家的企业形象、消费者满意和消费者忠诚有显著的影响（卞文良等，2011），有利于消费者产生或者维持对 B2C 商家的持续网络信任。故本研究提出以下假设：

H5：物流服务感知对网络顾客满意有显著的正向影响关系。

H6：物流服务感知对持续网络信任有显著的正向影响关系。

5. 网络顾客满意、持续网络信任与顾客忠诚

关于网络顾客满意、持续网络信任与顾客忠诚之间的影响关系，国内外学者从不同的角度做了大量研究。Harris 和 Goode（2004）研究指出，顾客信任除了影响顾客满意外，也是影响顾客忠诚的重要因素。卞文良等（2011）研究发现，网络顾客满意与顾客对物流服务的感知都会对顾客忠诚有显著影响。常亚平等（2009）研究发现，网络顾客满意对网络信任有显著的正向影响，该研究指出顾客先前网购的满意程度的积累是影响顾客信任的重要前提，与本研究对顾客持续网络信任的界定内容一致。同时该研究指出网络顾客信任显著影响着顾客忠诚，这与 Gefen 和 Straub（2004）的消费者网络信任对网络忠诚有显著影响的研究结论一致。因此，本研究提出以下假设：

H7：网络顾客满意对持续网络信任有显著的正向影响关系。

H8：持续网络信任对网络顾客忠诚有显著的正向影响关系。

根据以上所述，本研究的研究概念模型如图 4－12 所示：

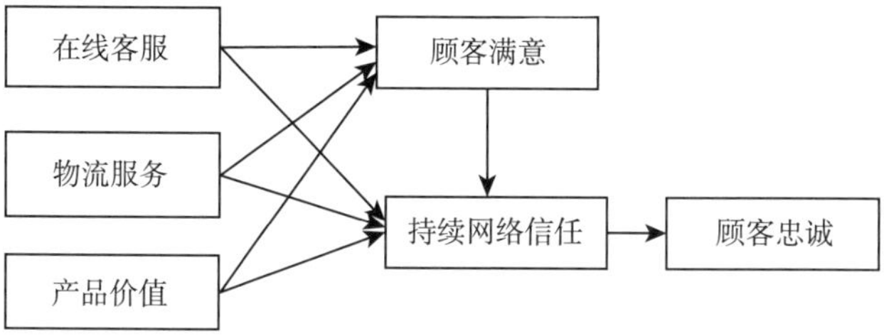

图 4－12　研究概念模型

4.3.2　测量工具

消费者持续网络信任的测量量表主要参考 Lee 和 Choi（2011）使用的量表，首先将其翻译为中文，然后结合中国 B2C 网络购物的具体环境，最终形成了含 5 个测量指标的初始量表。在线客服感知的测量量表是作者在自身理论知识和相关文献学习的基础上（Lee 和 Choi，2011；李惠璠等，2012），并经过实地多次深度访谈，自行开发的具有 5 个测量指标的量表。物流服务感知、产品价值感知和顾客忠诚的测量量表主要借鉴卞文良等（2011）使用的量表，并结合其他相关文献（Wolfinbarger 和 Gilly，2003；王永清和严浩仁，2000；Cai 和 Xu，2007）进行了相应修改，最后形成了具有 5 个测量题项的物流服务感知、3 个测量题项的产品价值感知和 4 个题项的顾客忠诚。顾客满意的量表主要参考了 Harris、Goode（2004）和王永清、严浩仁（2000）。所有题项均采用李克特 7 级量表，1 分表示非常不同意，7 分表示非常同意，1～7 分表示的同意程度逐步增加。除了对以上维度的测量，本调查问卷还进行了人口统计学变量测量，包括被试者的性别、年龄、网购频率等。

4.3.3　实证研究与数据分析

4.3.3.1　预调查与探索性因子分析

为了保证调查的有用性，提高问卷的信度和效度，本研究在成都某高校内对有 B2C 网络购物经验的研究生进行了预调查。在该高校内共随机发放问卷 60 份，得到 49 份有效问卷，有效回收率为 81.7%，其中男生 20 份，女生 29 份。

本研究使用 SPSS18.0 软件对预调查收集的数据采用主成分分析法对各测量题项进行了探索性因子分析，以特征值大于 1 为评估标准确定因子个数，删除了 2 个负荷量小于 0.5 的题项（“在该网站选择商品很少有缺货现象”与“商品出现问题时，退货手续简单、方便”），同时 Cronbach's Alpha 系数均大于 0.7，且累积方差解释率都大于 50%，这说明各因子对测量指标有很好的解释度，最终形成了 6 个维度 25 个测量指标的测量量表。

4.3.3.2 正式调查和信度、效度检验

1. 数据收集

在正式的调研过程中，共随机发放问卷 400 份，回收 370 份，剔除掉前后回答自相矛盾、无网购经验及网购网站为 C2C 的无效问卷，总共得到 B2C 网站的有效问卷 258 份，有效回收率为 64.5%。本次调查的主要对象是高等院校大学生，以成都、重庆两地的高等院校为主，调查场所主要是学校图书馆、教学楼及学生寝室等。258 份有效问卷中，男性占 41.5%，女性占 58.5%；年龄主要集中在 20～30 岁；调查样本中成都占 50.6%，重庆占 49.4%。

2. 信度、效度检验

为了保证假设检验的有效性，本研究使用 Amos17.0 软件中的极大似然估计方法对数据进行了验证性因子分析，以检验数据的信度和效度，分析结果如表 4-6 所示。

表 4-6 验证性因子分析结果

潜变量	题项代码	标准化系数	*T* 值	*CR*	*AVE*
产品价值感知	T1	0.782	—	0.771	0.5333
	T2	0.795	11.662***		
	T3	0.595	8.937***		
物流服务感知	T4	0.695	—	0.873	0.580
	T5	0.742	10.295***		
	T6	0.697	9.781***		
	T7	0.853	11.470***		
	T8	0.809	11.041***		

（续）

潜变量	题项代码	标准化系数	T 值	CR	AVE
在线客服感知	T9	0.787	—	0.890	0.618
	T10	0.769	12.996***		
	T11	0.843	14.486***		
	T12	0.786	13.346***		
	T13	0.741	12.417***		
顾客满意	T14	0.884	—	0.886	0.721
	T15	0.877	19.095***		
	T16	0.783	15.666***		
消费者持续网络信任	T17	0.762	—	0.873	0.578
	T18	0.773	12.829***		
	T19	0.738	12.154***		
	T20	0.761	12.601***		
	T21	0.768	12.723***		
顾客忠诚	T22	0.668	—	0.84	0.570
	T23	0.877	11.797***		
	T24	0.782	10.863***		
	T25	0.673	9.565***		
χ^2=617.445（df=260，χ^2/df=2.375）RFI=0.837，NFI=0.858，IFI=0.913，TLI=0.898，CFI=0.912，$RMSEA$=0.073					

注：*** 表示 $p<0.001$.

从表 4－6 可知，6 个潜变量的建构信度 CR 值均大于 0.7，这表明变量的测量具有很好的建构信度。同时 6 个潜变量对应的各个测量变量的标准化负荷系数均大于 0.5，并且在 $p<0.001$ 的水平上具有统计显著性。在表中可知平均方差提取量（AVE）均大于 0.5，这表明该测量量表具有较高的收敛效度。接着，我们对其进行区别效度检验，结果显示 AVE 的值均大于各潜变量之间相互系数的平方，说明各个潜变量之间有较好的区别效度（表 4－7）。

表 4-7　区别效度分析结果

潜变量	1	2	3	4	5	6
产品价值感知	**0.533**					
物流服务感知	0.473	**0.580**				
在线客服感知	0.148	0.274	**0.618**			
消费者持续网络信任	0.510	0.549	0.350	**0.578**		
顾客满意	0.493	0.493	0.353	0.780	**0.721**	
顾客忠诚	0.359	0.327	0.327	0.679	0.573	**0.570**

由于本研究所使用的测量量表主要是根据国内外学者的研究成果，同时征求大量专家的意见，经过多次修改而成，因此内容效度也符合要求。综上所述，该量表具有较好的效度。

4.3.3.3　结构方程模型分析

在验证了各测量量表的信度和效度后，我们用 Amos 17.0 建立结构方程模型，并利用极大似然估计法计算路径系数和模型拟合指标，分析结果如图 4-13 所示。

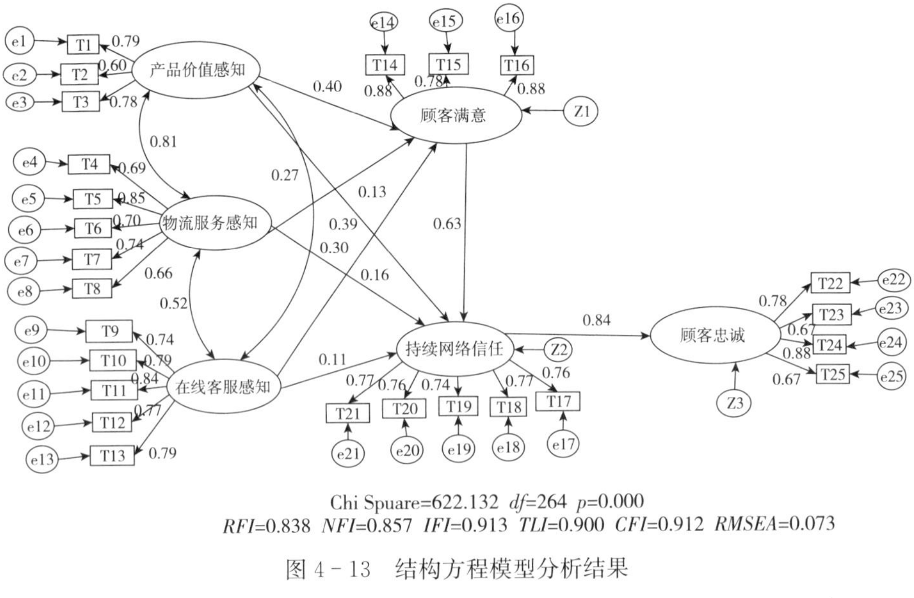

图 4-13　结构方程模型分析结果

从图 4-13 可以看出，理论模型的卡方值为 622.132，自由度为 264，

$\chi^2/df=2.357$，小于 3。*RFI*、*NFI*、*IFI*、*TLI*、*CFI* 分别为 0.838、0.857、0.913、0.900、0.912，*RMSEA* 的值为 0.073，小于 0.08。由以上分析结果可知，该结构方程模型的拟合程度可以接受。

4.3.3.4　假设检验

表 4-8 给出了反映各个潜变量之间结构关系的标准化路径系数和 *T* 值。

表 4-8　假设检验结果

假设	假设路径关系	标准化路径系数	*T* 值	假设检验结果
H1	产品价值感知→顾客满意	0.402	4.758***	支持
H2	产品价值感知→持续网络信任	0.128	2.070**	支持
H3	在线客服感知→顾客满意	0.299	4.893***	支持
H4	在线客服感知→持续网络信任	0.109	2.034**	支持
H5	物流服务感知→顾客满意	0.269	3.101**	支持
H6	物流服务感知→持续网络信任	0.156	2.205**	支持
H7	顾客满意→持续网络信任	0.625	7.242***	支持
H8	持续网络信任→顾客忠诚	0.863	9.547***	支持

注：*** 表示 $p<0.001$，** 表示 $p<0.05$.

从表 4-8 中可以看出，假设 H1、H2、H3、H4、H5、H6、H7、H8 均得到了实证数据的支持。其中物流服务感知、产品价值感知、在线客服感知到持续网络信任的路径系数分别是 0.156、0.128、0.109，并在 $p<0.05$ 的水平上具有统计显著性，从而可知物流服务感知、产品价值感知、在线客服感知均正向影响消费者的持续网络信任，其中物流服务感知对消费者的持续网络信任影响最为显著，其次是产品价值感知，在线客服感知对消费者持续网络信任的影响最小。物流服务感知、产品价值感知和在线客服感知除了对消费者持续网络信任有显著影响外，还对网络顾客满意有显著正向影响，其到顾客满意的路径系数分别为 0.269、0.402 和 0.299。同时，由表 4-8 可知网络顾客满意对持续网络信任有显著影响，而持续网络信任又是网络顾客忠诚的显著影响因素，路径系数分别为 0.625、0.863，在 $p<0.001$ 的水平上均有统计显著性。综上，假设 H1～H8 得到验证。

4.3.5 结论与展望

1. 结论与启示

本研究通过构建 B2C 环境下消费者持续网络信任的模型，探讨了 B2C 环境下消费者持续网络信任的影响机制，并通过实地问卷调查，验证了产品价值感知、在线客服感知及物流服务感知对消费者持续网络信任的影响情况，为 B2C 商家赢得消费者持续信任提供了途径和方法。

通过对 B2C 环境下持续网络信任模型研究发现：在线客服感知、物流服务感知和产品价值感知均显著正向影响消费者的持续网络信任；物流服务感知对消费者的持续网络信任影响最显著，B2C 商家发货的及时性、商品配送查询的方便性等物流因素对持续信任有显著的影响；其次是产品价值感知；最后是在线客服感知，服务的响应速度、客服人员的专业素质、服务态度等客服服务因素，通过在线客服感知维度都显著地影响消费者的持续信任。同时，在线客服感知、物流服务感知和产品价值感知也显著地影响网络顾客满意，网络顾客满意对持续网络信任有显著的影响，而本研究也证实了持续网络信任对顾客忠诚有显著的正向影响。

根据该研究结论，提高消费者持续网络信任与顾客满意，可以从提高产品价值感知、在线客服感知和物流服务感知三个方面出发。首先要提高网站的产品质量，产品质量是企业持续经营的前提，企业要做到诚信经营，产品不能以次充好；其次注重提高在线客服水平，如提高在线客服人员的专业素质、强调回复消费者问题的及时性、注重客服人员与消费者交流的服务态度等；最后要注重提高物流服务质量，如慎重选择物流服务商，尽量选择快捷、专业的物流合作商，其发货的及时性、退货的友好性、订单查询的便利性等物流服务对消费者的持续网络信任具有重要影响。

2. 研究局限与展望

本研究还存在以下局限：首先是样本数量的局限性，希望在以后的研究中尽可能地扩大样本量，使得结论更具有代表性；其次是仅研究了 B2C 环境下的持续网络信任问题，没有对 C2C 环境进行相关研究，使得研究结论的推广有待进一步深入，因此希望以后可以在 C2C 环境下进行消费者持续网络信任的研究探讨。虽然与传统的购物方式相比，网络购物能使消费者在很短的时间内浏览较多的购物网站，但消费者在更换与之交易的网站时会面临更多的经济风险成本、学习成本等，因此，可以把消费者相关的转移成本引入到网络顾客信任研究中。

4.4　本章小结

本章探讨了消费者参与促销（需要顾客付出努力才能得到促销优惠）情境下带来的影响，分别考察了消费者参与好评奖励计划和参与微信朋友圈分享奖励计划的影响。参与在线好评以获得商家奖励，参与朋友圈转发信息以获得商家奖励，这两种方式都是目前比较常见的参与式促销活动。通过这部分研究让我们了解到不同的奖励计划活动对消费者的影响不同，研究结论对企业的促销活动设计具有启示意义。关于参与式促销对消费者参与意愿的研究可对未来相关研究提供理论借鉴。

在本章中除了用 4.1 节和 4.2 节考察消费者参与促销带来的影响外，也进行了拓展研究介绍。在 B2C 环境下商家也常会要求顾客做出一定努力而给以优惠，本章在 4.3 节专门考察了消费者在 B2C 环境下持续网络信任受到哪些因素的影响，得到的研究结论也为奖励计划在网络上的实施提供依据。

本章主要聚焦于消费者的参与意愿/分享意愿等前端变量的研究，主要考察的是消费者是否愿意参与这种奖励分享计划。接下来的第 5 章将考察顾客参与了这种需要付出努力的促销后的反应，包括参与后的后续推荐意愿以及后续的删除行为等。请注意第 4 章是考察顾客是否愿意参与，第 5 章是考察顾客参与促销后的影响。

第5章　消费者参与促销后的积极和消极行为研究

5.1　消费者参与促销后的积极行为研究——不同参与促销方式对消费者后续推荐意愿的影响研究[①]

随着互联网和移动终端的发展，越来越多的消费者以各种形式参与企业的在线评价、在线分享等企业奖励参与计划。如消费者为了获得一定的奖励，消费者需要按照商家要求将产品评价信息分享到朋友圈并集赞、关注商家公众号、下载商家App，甚至可能需要邀请几个好友一起拼单购买等。一方面，商家的奖励参与计划往往要求消费者参与其中，从而利用消费者参与传播产品信息，提高产品销售额等；另一方面，消费者的在线参与使企业迅速获得产品知名度的同时，由于时间和精力的投入，消费者自身对产品或企业的情感和行为也会发生变化，如有研究证实通过对产品的触摸和想象可以使消费者产生心理所有权（Peck和Shu，2009）。不同的参与促销方式将带给消费者不同的影响。

现有研究对顾客在线参与行为的讨论多集中在影响顾客参与的因素及顾客自身特征对参与可能性的影响，如曾慧等（2018）通过两个实验综合考察了商家奖励对顾客的好评意愿和店铺评价的影响，该研究表明低努力程度的奖励计划比高努力程度的奖励计划带来更高的好评意愿和店铺评价，同时这种影响受交易倾向的调节；对于高交易倾向的个体，不同努力程度的奖励计划对顾客好评意愿和店铺评价的影响差异不显著；同时该研

①　此部分主要内容来自：于贞朋，曾慧（通讯作者），郝辽钢．转发朋友圈集赞还是关注公众号？——在线参与方式对顾客后续行为的影响研究［J］．信息系统学报，2021（24）：38-49.

究还证实了产品满意度在奖励计划对顾客好评意愿和店铺评价影响中的调节作用。类似的研究还证实了奖励额度对在线推荐意愿的影响（朱翊敏，2013）。国外学者 Ryu 和 Feick（2007）的研究表明，顾客的推荐意愿受奖励大小、关系强度、品牌强度和奖励分配方式的交互影响，如对于弱关系，把奖励分配给推荐者产生的推荐意愿小于把奖励分配给被推荐者，而对于强关系，把奖励分配给被推荐者产生的推荐意愿小于把奖励分配给推荐者，同时该研究证实了对于弱品牌，奖励的存在对推荐意愿有重要影响，而对于强品牌，奖励的存在对推荐意愿的影响减弱，类似的研究结论可见 Wirtz 和 Chew（2002）的研究。还有一些国内外学者通过文本分析的方法从可读性和信息质量等角度对在线评论有用性进行了探讨（张艳辉等，2017；郝媛媛等，2010）。综上所述，虽然国内外学者从不同角度对顾客在线参与行为展开了大量研究，却忽略了参与奖励计划后顾客自身对产品或企业的情感和行为的变化。

已有研究表明心理所有权可以影响个体对产品的态度和心理依附，进而影响行为，如积极的产品评价等（Kamleitner 和 Feuchtl，2015）。有学者将顾客参与视为顾客参与到企业生产和服务过程的程度（Bitner 等，1997），顾客参与方式不同，投入的时间、精力和情感也不同。在顾客参与过程中，顾客付出了努力，与企业有一定互动行为，关系嵌入更深，进而有更高的心理所有权，从而影响后续购买等行为。如有研究指出顾客参与新产品构思过程可以使顾客与品牌之间产生心理联结等感情纽带，引发品牌依恋（王海忠等，2017）。因此，不同顾客在线参与方式由于所付出努力程度的不同对关系嵌入和心理所有权的影响也存在差异，进而影响后续推荐意愿。这种影响作用会受交易倾向的影响，交易倾向是指顾客对促销的一般反应倾向（Lichtenstein 等，1990）。我们提出高交易倾向者更多地将自身的参与行为视为获得奖励的一次交易，因此在付出努力之后对目标物的占有欲更强，即有更高的心理所有权，而较少产生关系的嵌入，而低交易倾向者刚好相反。

基于以上分析，本研究基于心理所有权的视角，通过设计 2（顾客在线参与促销方式：匿名、非匿名）×2（交易倾向：高交易倾向、低交易倾向）的纸—笔实验来考察顾客在线参与的后续情感和行为变化，并揭示其内在机制。具体而言：①探讨匿名性与非匿名性两种顾客在线参与方式（关注公众号 vs 转发朋友圈集赞）对顾客后续情感（关系嵌入和心理所有权）的差异影响；②探讨匿名性与非匿名性两种顾客在线参与方式（关注公众号 vs 转发朋友圈集赞）对顾客后续行为（后续推荐意愿）的差异影响；③考察顾客自身特征（交易倾向）在其中的调节作用；④探讨关系嵌入、心理所有权在在线参与方式与推荐意愿关系中的中介影响及心理所有权在关系嵌入对推荐意愿影响中的中介作用。

接下来的内容中将顾客在线参与促销方式简写为在线参与方式，主要是指顾客通过匿名的方式和非匿名的方式参与商家的活动以获得促销优惠。本部分将考察这两种形式（匿名 vs 非匿名）对顾客后续推荐意愿的影响。

5.1.1 文献回顾与研究假设

1. 顾客参与

顾客参与是指顾客在产品生产和服务的提供过程中所投入的精力、体力等行为，如顾客帮助企业分享信息，给予企业一些建议等（Bolton 和 Saxena - Iyer，2009；张正林和杨小红，2016）。也有学者将顾客参与到企业生产和服务过程的程度视为顾客参与（Bitner 等，1997）。根据已有研究，顾客参与可划分为高、中、低三个层次。其中，低程度的顾客参与是指顾客只在服务过程中出现则可，如快餐餐厅；中等程度的顾客参与是指顾客需要提供一定信息，投入到服务创造过程中，如理发店；高程度的顾客参与是指在服务过程中，顾客将作为重要的一部分，如瘦身服务业等。通过文献回顾发现国内外学者围绕顾客参与展开了较多研究，主要包括顾客参与和顾客满意的关系（Chang 等，2009；Chan 等，2010；武文珍和陈启杰，2017）、顾客参与和口碑推荐的关系（胡孝平和李玺，2017；Franke 等，2010；Fuchs 等，2010；张德鹏等，2015）及顾客参与和关系嵌入的关系（Ritter 和 Walter，2003；Granovetter，1992；Uzzi，1997；Bonner 和 Walker，2004）等。在顾客参与和满意的关系研究中，通过国内外文献回顾发现学者们针对顾客参与和顾客满意关系研究较多，不同学者加入不同调节变量和不同中介变量考察其中的影响关系。如有研究证实了自我一致性在顾客参与和顾客满意之间的中介作用（Chang等，2009）。Chan等（2010）研究发现顾客参与对顾客满意的影响受到共创经济价值和关系价值的中介作用。武文珍和陈启杰（2017）基于共创价值视角考察了顾客参与行为对满意和行为意向的影响，该研究同时考察了感知员工支持在其中的调节作用。

关于顾客参与和口碑推荐方面的文献较少，但也有部分学者对此方面较为重视，如胡孝平和李玺（2017）研究结果表明，顾客参与行为在顾客心理授权对顾客推荐、反馈等顾客公民行为的影响关系中发挥完全中介作用。顾客参与产品设计和创新会使得顾客与企业频繁互动和互相理解支持，从而有利于提高用户对产品或服务质量的感知和体验（Franke等，2010；Fuchs等，2010），促进顾客基于自身体验的口碑传播。张德鹏等（2015）考察了顾客参与创新和顾客口碑推荐之间的关系，引入心理所有权作为中介变量，结果表明心理所有权在顾客参与创新对口碑推荐意愿的影响过程中具有中介作用，胜任感对创新顾客的心理效应形成起调节作用。

在顾客参与和关系嵌入的关系中，Ritter和Walter（2003）认为关系表征变量，如相互信任、承诺和适应性等会对顾客参与有积极影响。有学者认为关系嵌入主要注重顾客与企业之间的互动过程，参与者通过对其与企业之间的关系互动效益的理解，影响自身参与行为（Granovetter，1992）。此外，有学者认为顾客对企业的关系嵌入会促进企业与顾客进行更有效的信息交流、传递和分享（Uzzi，1997），从而可以提升新产品开发优势（Bonner和Walker，2004）。由此可见，顾客参与会影响顾客的关系嵌入，从而影响其行为。姚山季和王永贵（2012）引入关系嵌入考察了顾客参与对新产品开发绩效的影响。Athaide等（2003）研究发现企业与顾客之间的关系质量显著影响顾客参与的新产品开发、联系强度和顾客满意。张欣等（2014）从关系视角出发考察了顾客参与行为的驱动因素。目前学术界对顾客参与行为研究较多，也证实了顾客参与和顾客满意、口碑推荐和关系嵌入等变量之间的关系。

本研究基于现有理论和实际情境，将奖励参与计划下的顾客在线参与定义为：顾客通过自己的努力，如在线评论、关注商家公众号或转发朋友圈集赞等参与商家要求的任务从而获得奖励的行为。

2. 心理所有权

心理所有权（psychological ownership）反映的是顾客与企业或其产品之间的某种情感联系，是顾客对企业或其产品产生的一种归属感和占有感（Avey 等，2009；张辉等，2012），是个体感觉目标物或目标物的一部分属于自己的一种心理状态（Avey 等，2009）。心理所有权产生的三个根源主要有个体的自我效能感、空间感和自我认同（Pierce 等，2003）。而控制、亲密了解和自我投入是心理所有权产生需要的三种机制（Pierce 等，2003）。有学者讨论了集体心理所有权的含义，并指出其是通过互动的动态机制产生的，反映了“我们”和“我们的”的一种心理状态（Pierce 和 Jussila，2010）。张德鹏等（2015）指出顾客参与创新任务过程中与企业互动频繁，需要一定的时间和精力的投入，对心理所有权的产生有显著的正向影响。

目前国内外学者也证实了心理契约和心理所有权对个体的态度和行为有重要影响（张德鹏等，2015；赵建彬等，2015；Chatterjee 等，2013）。如赵建彬等（2015）研究证实关系嵌入会对心理所有权产生正面影响。张德鹏等（2015）考察了顾客心理所有权对顾客后续推荐意愿的正向影响作用。心理所有权会让顾客对目标产品产生“心理禀赋”，损失厌恶会增强购买意愿（Chatterjee 等，2013）。由此可见，顾客心理所有权对顾客行为有重要影响。

3. 不同在线参与方式对顾客后续情感和行为的影响

鉴于顾客在线参与在社会中的应用现状，本研究将不涉及顾客自身社会网络的顾客参与行为，如关注公众号、下载 App 等，视为匿名顾客在线参与方式；将涉及顾客自身社会网络的，如分享产品信息或店铺信息到朋友圈并集赞，邀请朋友助力等活动，视为非匿名的顾客在线参与方式。前者的参与几乎是匿名的，不需要动用顾客的社会网络，顾客自身付出努力参与就可以得到奖励，而后者常需要利用顾客的社会网络关系，如转发信息到自己朋友圈并集赞等，此时顾客参与在线活动是被其他朋友知晓的，属于非匿名状态（暴露）。根据研究需要本研究主要选择对比转发朋友圈集赞这种非匿名的在线参与方式和关注公众号这种匿名的在线参与方式带来的后续差异影响。匿名的顾客在线参与（关注公众号），他人一般并不知道自己参与了此类在线参与活动。而非匿名的在线参与方式（转发朋友圈集赞）一方面会让顾客感知到自身的参与行为会被其他朋友知晓，担心他人对自己的评价不好，或担心自我形象受到损害，带来更高的感知社会成本（Ryu和Feick，2007；Verlegh等，2013），故顾客在非匿名参与时需要衡量的因素更多，投入的精力更多。另一方面，非匿名的在线参与方式（转发朋友圈集赞）往往需要参与者更多的社会网络关系嵌入才能完成商家的任务以获得优惠，致使个体在面临非匿名在线参与方式的时候往往投入的情感和努力更多，参与程度更高。因此，对于不同的在线参与方式，顾客投入的精力、情感和努力等都存在明显的差异。现有研究表明关系嵌入主要注重顾客与企业之间的互动过程（Granovetter，1992），在顾客参与过程中，顾客参与程度越高，与企业互动越深，则关系嵌入越深。张德鹏等（2015）认为顾客在参与创新任务过程中，时间和精力的投入等有助于心理所有权的产生。据此，本研究提出顾客在线参与行为有利于引发顾客对产品或企业的归属感和占有感，从而有助于顾客心理所有权的产生，参与程度越高，心理所有权越高。根据自我一致性理论，对于非匿名顾客在线参与行为（转发朋友圈集赞），由于参与行为的"暴露"，为了使自身的前后行为一致，降低他人对其隐藏动机的推断，继而降低感知社会成本（Verlegh等，2013），个体的推荐意愿会强于匿名的在线参与方式（关注公众号）的推荐意愿。据此，我们提出以下假设：

H1：非匿名的顾客在线参与方式（转发朋友圈集赞）比匿名的顾客在线参与方式（关注公众号）带来更高的关系嵌入。

H2：非匿名的顾客在线参与方式（转发朋友圈集赞）比匿名的顾客在线参与方式（关注公众号）带来更高的顾客心理所有权。

H3：非匿名的顾客在线参与方式（转发朋友圈集赞）比匿名的顾客在线参与方式（关注公众号）带来更高的后续推荐意愿。

4. 交易倾向的调节作用

交易倾向（deal proneness）是指顾客将促销作为一种交易，因而对促销的一般反应倾向（Lichtenstein等，1990）。高交易倾向的个体更容易对促销做出反应（Wirtz和Chew，2002）。高交易倾向的个体比低交易倾向的个体更喜欢促销活动，对促销活动反应更强烈（Wirtz 和 Chew，2002；Lichtenstein 等，1990）。有研究表明高交易倾向的个体比低交易倾向的个体对好评奖励计划反应更强烈（曾慧等，2018），如淘宝商家推出好评奖励计划，高交易倾向的个体比低交易倾向的个体更愿意参与到其中以获得相应奖励（曾慧等，2018）。因此，相对于低交易倾向的顾客，高交易倾向的顾客更多将参与过程看作是一种特殊的交易，而非感情的投入。即个体投入的越多，对交换商品（目标物）的渴望越强，心理所有权越高，但这个过程较少涉及关系的投入，与商家的关系嵌入水平也较低。而低交易倾向者恰恰相反，一旦发生了顾客在线参与的行为，低交易倾向顾客会因为投入程度的差别变得对关系嵌入更加敏感。但由于其较低的交易倾向，不会对目标物抱有强烈的渴望。基于此，本研究提出以下研究假设：

H4：交易倾向在不同顾客在线参与方式与关系嵌入和心理所有权关系中具有调节作用。

H4a：对于高交易倾向的顾客，非匿名的在线参与方式（转发朋友圈集赞）比匿名的顾客在线参与方式（关注公众号）带来更高的顾客心理所有权；对于低交易倾向者，不同顾客在线参与方式对顾客心理所有权的影响差异消失。

H4b：对于低交易倾向的顾客，非匿名的在线参与方式（转发朋友圈集赞）比匿名的顾客在线参与方式（关注公众号）带来更高的关系嵌入；对于高交易倾向者，不同顾客在线参与方式对顾客关系嵌入的影响差异消失。

5. 关系嵌入、心理所有权和推荐意愿的关系

有学者指出顾客与企业之间的互动过程中，参与者通过对与企业之间的关系互动效益的理解，影响其参与行为（Granovetter，1992）。有学者指出顾客对企业的关系嵌入会促进企业与顾客进行更有效的信息交流和传递（Bonner 和 Walker，2004），而良好的关系质量对顾客满意有积极影响（Athaide 等，2003）。由此可见，关系嵌入对顾客的态度和后续行为有积极影响。因此，我们推断关系嵌入对个体推荐意愿有显著正向影响。而顾客较高的心理所有权，有利于提高产品的好评意愿（Kamleitner 和

Feuchtl，2015）。因此，我们推测顾客在线参与过程中，顾客时间、精力和情感的投入有利于心理所有权的增加，而心理所有权的产生，对个体推荐意愿有积极的影响。关系双方通过一段时间互动后会形成一定的关系嵌入，关系双方慢慢了解从而产生认同，带来更高的心理所有权。赵建彬等（2015）研究证实关系嵌入会对心理所有权有积极的正向影响。已有研究表明个体的心理所有权对产品评价（Kamleitner 和 Feuchtl，2015）和推荐意愿（张德鹏等，2015）有积极影响。据此，本研究假设如下：

H5：关系嵌入是不同顾客在线参与方式与推荐意愿影响关系中的中介变量。

H6：心理所有权是不同顾客在线参与方式与推荐意愿影响关系中的中介变量。

H7：心理所有权是关系嵌入与推荐意愿影响关系中的中介变量。

综上所述，本研究模型如图 5－1 所示：

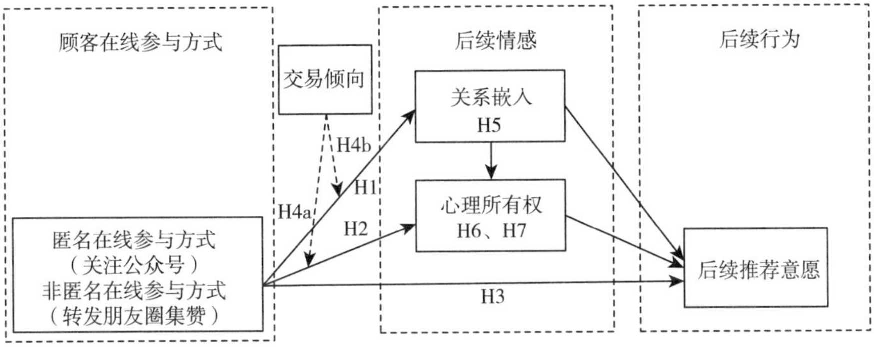

图 5－1　研究模型

5.1.2　研究设计

5.1.2.1　研究方法和实验设计

基于研究目的，本实验主要采取 2（顾客在线参与方式：匿名、非匿名）×2（交易倾向：高交易倾向、低交易倾向）的设计，其中顾客在线参与方式采用组间设计，顾客交易倾向采用组内设计，共形成 2 组不同情境的实验问卷。本实验主要在四川成都某高校进行，调查者在学生课堂上进行现场实验问卷收集。为了保证实验的随机性，每位被试被随机指派到两组实验问卷中的一组进行回答，被试在调查者的指导下先阅读实验情景，然后再进行相关问题的回答。此次实验总共发放问卷200份，剔除回答不完整问卷，最后有效回收问卷172份。其中男性60名，女性112名。

匿名的在线参与实验情景描述示例：

前段时间，您参加了某餐厅举行的优惠奖励活动，即要求您关注该餐厅的公众号可获得全场8折的折扣优惠。最后，您完成了该餐厅的任务获得了餐厅的奖励，并购买了该餐厅的产品。

实验情景主要选择餐饮行业，餐饮行业应用这种顾客在线参与形式较多，具有一定现实背景，同时餐饮行业也是在人们生活中接触频率较高的行业之一。非匿名的顾客在线参与方式主要选用顾客转发朋友圈并集赞的方式作为对比，匿名的顾客在线参与方式选用顾客关注公众号的方式作为对比，这两种在线参与方式也是实际情景中较为常见的参与方式，并通过实验操控来检验。本研究所有测量题项都在已有成熟量表的基础上进行，其中关系嵌入量表主要参照Chien等（2012）、赵建彬等（2015）所设计的量表，包括4个题项，如“您与该餐厅联系频繁”，其信度系数为0.733。心理所有权的量表主要参考Fuchs等（2010）、Peck和Shu（2009）、Dyne和Pierce（2004）量表，包括5个测量题项，如“您觉得这是您的产品（餐厅）”，信度系数为0.829。推荐意愿改编自Ryu和Feick（2007）、Blodgett等（1997），包含2个题项，如“您会强烈向您的朋友（熟人）推荐该餐厅产品”，信度系数为0.708，相关系数为0.550。交易倾向的测量量表主要借鉴Lichtenstein等（1990）、Wirtz和Chew（2002）所编制的量表，包括6个测量题项，如“您更喜欢购买有促销活动的品牌或服务”，其信度系数为0.781。本实验所有信度系数均大于0.7，由此可见本研究所有量表可靠性较高。

5.1.2.2 实验操控性检验

本实验选择转发朋友圈集赞代表非匿名的顾客在线参与方式，选择关注公众号代表匿名的顾客在线参与方式，因此本研究操控了两种参与方式的感知匿名性。结果发现转发朋友圈比关注公众号有更多的人知晓

($M_2=5.17>M_1=3.21$)，且差异显著 ($p<0.05$)；同时，关注公众号比转发朋友圈的感知匿名性更高 ($M_1=3.95>M_2=2.81$，$p<0.05$)。同时本实验将奖励折扣控制在 8 折，操控了两种顾客在线参与方式下顾客对折扣的感知大小差异，结果发现这种差异不显著 ($M_1=3.88$，$M_2=3.62$，$p>0.05$)。综上，本实验操控成功。

5.1.2.3　假设检验

1. 主效应检验

首先我们对不同顾客在线参与方式影响顾客关系嵌入、心理所有权和后续推荐意愿进行方差分析，结果表明非匿名的顾客在线参与（转发朋友圈集赞）比匿名的在线参与（关注公众号）带来更高的关系嵌入 ($F=11.729$，$p<0.05$)、更高的心理所有权 ($F=14.883$，$p<0.05$) 和更高的后续推荐意愿 ($F=6.415$，$p<0.05$)，如表 5-1 所示。假设 H1、H2 和 H3 得到验证，均值结果见图 5-2 所示。

表 5-1　顾客在线参与方式对顾客反应的方差分析

源	因变量	Ⅲ 型平方和	*df*	均方	*F*	*Sig.*
顾客在线参与方式	关系嵌入	8.298	1	8.298	11.729	0.001
	心理所有权	13.152	1	13.152	14.883	0.000
	后续推荐意愿	5.225	1	5.225	6.415	0.012

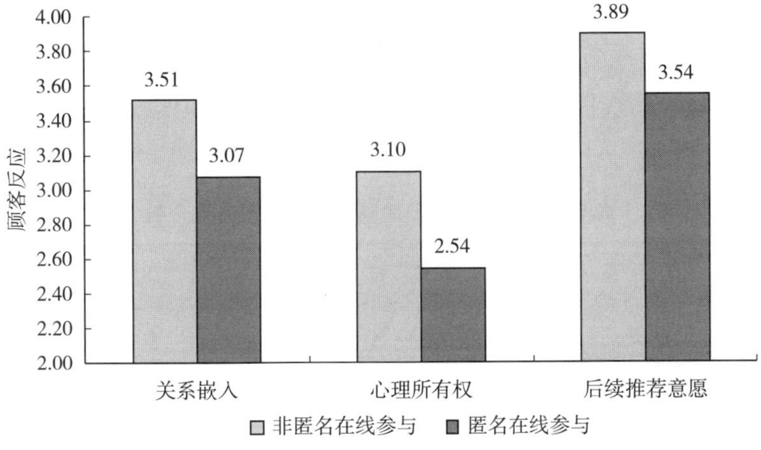

图 5-2　顾客在线参与方式对关系嵌入、心理所有权和推荐意愿的影响

2. 调节变量检验

我们对交易倾向在顾客在线参与方式影响顾客反应中的调节作用进行了数据分析。参照已有文献的处理方法（曾慧等，2018；Wirtz 和 Chew，2002），我们将顾客交易倾向均值小于等于 4 的代表低交易倾向顾客，用“0”表示，交易倾向均值大于 4 的代表高交易倾向顾客，用“1”表示。通过方差分析，结果表明顾客交易倾向对顾客在线参与方式与顾客关系嵌入（$F=4.453$，$p<0.05$）和心理所有权（$F=3.978$，$p<0.05$）均有显著调节作用。如表 5－2 所示，假设 H4 成立。

表 5－2　交易倾向的调节作用方差分析

源	因变量	Ⅲ 型平方和	*df*	均方	*F*	*Sig.*
参与方式×交易倾向高低	关系嵌入	3.060	1	3.060	4.453	0.036
	心理所有权	3.428	1	3.428	3.978	0.048

接着，本研究将交易倾向分为高交易倾向和低交易倾向两组进行方差处理，结果表明：在低交易倾向组下，参与方式对关系嵌入的影响差异显著（$F=14.271$，$p<0.05$），而对心理所有权的影响差异不显著（$F=0.663$，$p>0.05$）；而在高交易倾向组下，参与方式对关系嵌入的影响差异不显著（$F=1.278$，$p>0.05$），而对心理所有权的影响差异显著（$F=18.873$，$p<0.05$），如表 5－3 所示，不同交易倾向的个体对不同参与方式与后续情感和行为关系的敏感度不一样，高交易倾向顾客更容易因为较高的参与程度而产生较高的心理所有权，而低交易倾向顾客更容易因为较高的投入程度而产生较强的关系嵌入，见图 5－3 和图 5－4。假设 H4a、H4b 成立。

表 5－3　高、低交易倾向的调节作用方差分析

交易倾向高低	源	因变量	Ⅲ 型平方和	自由度	均方	*F*	显著性
低	参与方式	关系嵌入	9.538	1	9.538	14.271	0.000
		心理所有权	0.654	1	0.654	0.663	0.418
高	参与方式	关系嵌入	0.895	1	0.895	1.278	0.261
		心理所有权	14.650	1	14.650	18.873	0.000

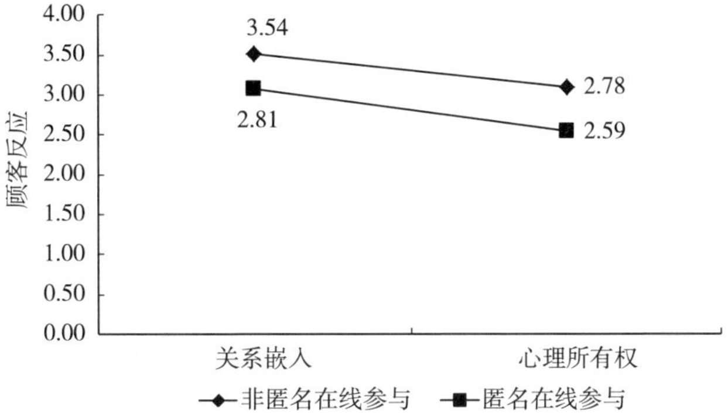

图5-3　低交易倾向下在线参与方式对顾客的影响

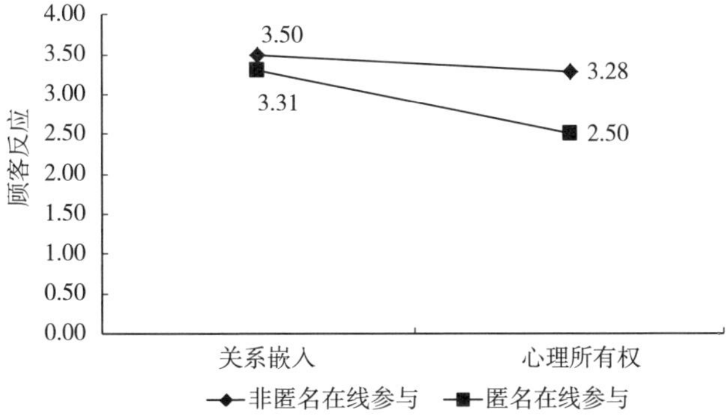

图5-4　高交易倾向下在线参与方式对顾客的影响

3. 中介变量的检验

本研究中介变量的检验，在 SPSS 中选择回归分析中的 PROCESS，参照已有分析方法进行 Bootstrap 中介变量检验（如 Zhao 等，2010；Hayes 等，2011；Hayes，2013），将顾客在线参与方式作为自变量，推荐意愿作为因变量，关系嵌入和心理所有权作为中介变量，选择模型 6，设定样本量为 5 000，设置置信区间为 95%。借鉴陈瑞等（2013）数据解读方法，表 5-4 结果表明加入中介变量后顾客在线参与方式对推荐意愿的影响作用不显著（$p=0.257>0.05$，$LLCI=-0.117$，$ULCI=0.433$）；同时“顾客在线参与方式—关系嵌入—推荐意愿”的中介路径显著（$BootLLCI=0.025$，$BootULCI=0.237$，在 95%置信区间不包括零），作用大小为0.101；“顾客在线参与方式—关系嵌入—心理所有权—推荐意愿”的中介路径显著（*BootLLCI*=0.007，*BootULCI*=0.081，在95%置信区间不包括零），作用大小为0.032；“顾客在线参与方式—心理所有权—推荐意愿”的中介路径显著（*BootLLCI*=0.010，*BootULCI*=0.165，在95%置信区间不包括零），作用大小为0.060。由此可见，关系嵌入和心理所有权是顾客在线参与方式对推荐意愿影响的中介变量，心理所有权是关系嵌入对推荐意愿影响的部分中介变量，假设H5～H7成立。

表5-4　关系嵌入和心理所有权在顾客在线参与方式与推荐意愿之间的中介效应分析

	Direct effect of X on Y（加入中介变量后顾客在线参与方式对推荐意愿的影响）					
	Effect	*SE*	*LLCI*	*ULCI*	*t*	*p*
顾客在线参与方式	0.158	0.139	−0.117	0.433	1.137	0.257
	Indirect effect of X on Y（中介变量的影响）					
	Effect	*Boot SE*	*Boot LLCI*	*Boot ULCI*		
Total	0.192	0.059	0.091	0.325		
关系嵌入（M_1）	0.101	0.051	0.025	0.237		
关系嵌入（M_1）、心理所有权（M_2）	0.032	0.018	0.007	0.081		
心理所有权（M_2）	0.060	0.037	0.010	0.165		

5.1.3　结论与展望

随着关注公众号、在线评论或转发朋友圈集赞等在线参与计划的普遍使用，国内外学者也从不同角度开展了大量研究，如奖励金额（朱翊敏，2013）和产品满意度（曾慧等，2018）等因素对参与意愿的影响等，也有学者对在线评论有效性的影响因素展开了研究（张艳辉等，2017）。为了弥补现有研究对在线参与行为后续影响的研究不足，本研究考察了不同在线参与方式（关注公众号vs转发朋友圈集赞）对顾客参与过后的关系嵌入、心理所有权和推荐意愿的影响，同时考察了交易倾向的调节作用，揭示了顾客在线参与行为后续情感和行为的内在机理。本研究结论在完善了顾客在线参与行为相关研究领域的同时，也为企业营销实践的开展提供了建议和指导，具有一定的理论和实践意义。

本研究结论表明，顾客的在线参与促销方式对顾客参与后的情感和行为有显著影响，同时该影响关系受交易倾向的调节。具体而言，非匿名的在线参与方式（转发朋友圈集赞）比匿名的在线参与方式（关注公众号）带来更高的关系嵌入、更高的顾客心理所有权和推荐意愿。该研究结论在一定程度上证实了关系嵌入、心理所有权和推荐意愿受顾客自身参与程度的影响，顾客投入的时间、精力和情感越多，则关系嵌入程度越高、心理所有权越高，进而推荐意愿越强烈，这与以往的研究结论一致（张德鹏等，2015）。

同时，本研究结论证实了交易倾向在不同顾客在线参与方式与关系嵌入和顾客心理所有权影响关系中具有调节作用。首先，对于高交易倾向的顾客，非匿名的在线参与方式（转发朋友圈集赞）比匿名的在线参与方式（关注公众号）带来更高的顾客心理所有权；对于低交易倾向者，不同顾客在线参与方式对顾客心理所有权的影响差异消失。其次，对于低交易倾向的顾客，非匿名的在线参与方式（转发朋友圈集赞）比匿名的在线参与方式（关注公众号）带来更高的关系嵌入；对于高交易倾向者，不同顾客在线参与方式对顾客的关系嵌入影响差异消失。该研究结论表明交易倾向对顾客心理所有权和关系嵌入的调节作用存在明显差异，对于高交易倾向的顾客，非匿名的参与方式（转发朋友圈集赞）更容易产生心理所有权，而对于低交易倾向的顾客，非匿名的参与方式（转发朋友圈集赞）更容易产生关系嵌入。本结论在现有研究的基础上进一步表明交易倾向在顾客在线参与行为中的重要影响。与此同时，研究结果还证实了关系嵌入和心理所有权是不同顾客在线参与方式与顾客推荐意愿关系中的中介变量；心理所有权是关系嵌入对推荐意愿影响的中介变量。研究结果表明关系嵌入对顾客心理所有权的产生有积极影响，这与赵建彬等（2015）研究结论一致，丰富了已有相关研究。

根据本研究结论，企业在营销活动实践中，在保证参与率的前提下，应尽量使用类似转发朋友圈集赞这种非匿名的顾客在线参与计划，这样更容易对顾客产生“持续影响”。转发朋友圈集赞这种非匿名的在线参与方式使得顾客对企业或产品印象更加深刻，也更有利于积极后续行为的形成

（推荐行为等）。值得注意的是具有不同交易倾向的个体对不同在线参与方式与后续情感和行为关系的敏感度不一样。对于非匿名的参与方式（转发朋友圈集赞），高交易倾向顾客更容易产生较高的心理所有权，而低交易倾向顾客更容易产生较强的关系嵌入。这也从侧面说明，无论是高交易倾向者还是低交易倾向者，非匿名的顾客在线参与计划（转发朋友圈集赞）总会使顾客产生较高的心理所有权或引发较强的关系嵌入，进而带来积极的推荐意愿等积极的后续行为。

最后，本研究具有一定的局限性。首先，本研究选取了“转发朋友圈集赞”和“关注公众号”分别作为非匿名和匿名的顾客在线参与方式，并证实了对后续积极行为的影响。在现实生活中，在线参与计划多种多样，未来可以考虑更多的参与方式划分标准，以对比不同在线参与方式对顾客的差异影响。其次，本研究行业主要针对餐饮业，选择餐饮业具有一定现实背景，为了拓展研究结论，未来可以考察更多行业在顾客促销参与方式上的应用效果。再次，本研究的调查样本主要针对大学生，未来可以对比考察不同收入人群针对此类参与方式的差异反应，同时也可以深入分析性别在此效应中的影响作用。最后，在研究方法上，本研究主要采用实验问卷展开，未来可以进行现场实验或眼动实验等，多种方法的结合来证实和考察不同在线参与方式对顾客的差异影响。

5.2 消费者参与促销后的消极行为研究——消费者“薅羊毛”行为研究

消费者参与促销后除了会对企业产生有利的影响外（如增加消费者心理所有权、推荐意愿和使用意愿等），也会对企业产生一些不利的影响（“薅羊毛”行为）。接下来此部分内容我们将介绍关于消费者“薅羊毛”行为相关研究。“薅羊毛”行为主要是指消费者获得促销优惠后没有继续按照商家活动要求进行或者违背商家的诉求而进行一些操作等，如转发了朋友圈信息后立即删除等。当然，随着时代的发展，“薅羊毛”的界定越来越宽泛，除了指消费者做一些不利于商家的行为外，常见的消费者参与大幅度的促销活动也可以称为“薅羊毛”。比如有些商家在宣传促销时会主动让消费者来“薅羊毛”。如花小猪打车软件曾宣传“花小猪喊你来薅羊毛啦”等。由此可见，关于“薅羊毛”的应用在营销界越来越普遍。根据研究需要，本研究主要考察的“薅羊毛”行为是指这种不利于商家活动宣传方面的行为，即消费者在获得促销优惠后就删除朋友圈信息或者取消关注公众号等行为。

现实生活中，在商家进行有奖分享活动的同时，消费者也在利用商家的营销手段和优惠政策，在各类平台上有选择性地参加活动，以低成本甚至零成本获取实质性的利益（李鑫，2016）。但是在实际情况中，消费者在获取利益之后，会将商家设定的参与条件进行删除，例如取消关注公众号，卸载App，删除好评或者删除分享的朋友圈等，这就是当下较为常见的“薅羊毛”现象。消费者此类行为违背了商家的营销初衷，损害了商家的利益，如商家希望通过消费者朋友圈的分享能增加知晓度等。本研究的“薅羊毛”行为是指消费者参与商家优惠活动后的删除行为。接下来本书将介绍我们关于消费者“薅羊毛”行为的研究成果。

随着移动互联网的快速发展与普及，越来越多的消费者活跃在网络移动平台上，企业口碑传播的方式不再局限于面对面或者人员线下宣传等传统方式（朱翊敏，2013），口碑营销的手段也随之不断变化，依托网络的推荐奖励计划被越来越广泛地运用。目前，这种方式在线上电商销售中运用得较为广泛，例如淘宝商家为了获得更多正面的口碑，经常利用“好评奖励”，即在消费者完成产品购买后，通过产品附带好评奖励卡片或好评奖励短信等方式来告知消费者好评可获一定现金返现或其他优惠等奖励。同时，线下的商家也逐步广泛地运用此手段，例如到餐厅就餐，商家便会告知消费者如果在微信朋友圈晒出餐厅的照片或者菜品照片，则可以获得一定金额的优惠或者折扣等。随着社交网络和微信、微博等社交平台的迅速发展，人们经常通过在各种网络平台上晒图或者发表相关评论和感受来分享自己的关于娱乐、美食、旅游和购物等消费体验（杨德锋等，2014）。基于此，以朋友圈等社交分享行为作为产品或服务推广与销售的重要营销工具，通过奖励消费者来达到口碑宣传效果的口碑推荐方式被越来越多的线上和线下的商家充分运用（朱翊敏和于洪彦，2015）。同时，商家以此方式增加商业活动的价值，吸引更多的消费者（刁雅静等，2019）。目前，国内外学者开展了大量关于“推荐奖励”方面的研究，但是大多数是关于推荐奖励计划实施过程中如何引导和刺激消费者积极参与口碑推荐及其影响因素研究，如有研究发现奖励额度、关系强度（朱翊敏和于洪彦，2015）以及奖励类型（朱翊敏和于洪彦，2016）等会对消费者的推荐意愿产生影响。同时，推荐计划能够对顾客忠诚度（朱至文和张黎，2016）、品牌至爱（杨德锋等，2014）等产生影响。而对消费者参与推荐奖励计划之后的后续消极行为（如删除行为等）的研究相对较少。回顾已有研究，也发现有学者考察了被迫好评的后续负面行为，研究指出推荐奖励计划虽然能促进企业进行优良口碑传播和推广，然而也可能会产生一些消极的后续行为，例如删除评论、拒绝未来口碑推荐等（李研等，2017）。宋宏磊和张博（2019）研究分析了在好评奖励活动下，购物体验和奖励额度对消费者后续消极行为影响及内在作用机制，结果发现购物体验和奖励额度在其中具有交互作用。除此之外，也有学者针对促销结束后顾客的不公平感进行研究，如罗津等（2020）研究了有不同类型自我构建的消费者对于消极框架促销的结束与积极框架促销结束产生的不公平感是不同的。独立自我构建消费者对于失去积极框架的促销会有更强的价格不公平感反应，而相依自我构建消费者对于消极框架促销结束会有更强的价格不公平感。

微信朋友圈分享信息变得越来越普遍，顾客的朋友圈分享信息内容受到越来越多的商家关注，商家希望利用顾客朋友圈来扩大其产品或企业知名度等，因此常会给顾客一定促销优惠奖励来促使顾客进行分享，而顾客在分享后是否保留这条信息对商家较为重要，故顾客分享后的删除行为值得深入探讨。本部分内容将通过两个研究来考察顾客参与朋友圈分享奖励计划活动后的后续消极行为（删除行为），即不同顾客体验和顾客抗拒体验对删除行为将产生怎样影响？研究结论将为商家或企业进行推荐奖励计划实践提供借鉴和启示，丰富学术上关于推荐奖励计划的相关研究，具有一定的实践和理论意义。

5.2.1 研究一：顾客体验不同下的消费者“薅羊毛”行为研究

本研究我们将考察顾客在不同体验情境下的“薅羊毛”行为。在正面和负面顾客体验下，顾客完成了微信朋友圈分享计划后，其删除朋友圈信息的意愿是怎样的？同样，商家为了鼓励顾客进行朋友圈分享给以的奖励大小常常是不同的，高奖励额度和低奖励额度在其中是否具有调节作用？是怎样调节的？本研究也将考察以上问题。

5.2.1.1 文献回顾和研究假设

1. 顾客体验对后续行为的影响

Schmitt（1999）指出顾客体验是指企业与顾客之间互相交流所产生的感知和情感等要素的综合感受。宋宏磊和张博（2019）研究表明在不同的顾客购物体验下，消费者参与推荐奖励计划活动的后续行为是不同的。因此，本研究将考察顾客体验带来的不同影响。本研究将顾客体验分为正面的顾客体验和负面的顾客体验。正面的顾客体验代表顾客对于整体产品或服务较为满意，负面的顾客体验代表顾客对于整体产品或服务较为不满，为负面消极的。本研究将从顾客体验出发，分别探讨正面和负面两个不同的顾客体验下消费者参与推荐奖励计划的不同后续行为。

关于推荐奖励计划的后续行为研究相对较少，但是也有学者对此方面较为关注。关于奖励计划后的后续行为变量较多，如删除行为、取消关注行为等。结合已有关于推荐奖励计划后消费者后续删除评论行为研究的文献（李研等，2017；宋宏磊和张博，2019），我们发现删除行为多少会反映分享奖励计划的效果，故本研究将顾客的删除行为作为顾客参与分享奖励计划后对消费者后续消极行为的重要考察变量。

李研等（2017）研究指出负面的顾客体验会由于认知一致性较低而增加消费者的心理抗拒感从而产生降低顾客对企业口碑的评价和增加删去被迫好评的意愿等消极影响，同时，若顾客对产品的体验较好时，实际体验和口碑内容的一致性会较高，进而带来的抗拒体验会更低，从而删除行为较少。宋宏磊和张博（2019）在其研究中指出，在推荐奖励计划情境下，消费者若为负面的顾客体验，则很可能因为分享或发表好评信息并获得奖励而产生愧疚感从而删除先前发表的信息，相反，若为正面的顾客体验，消费者对分享或发表好评信息会增加心理认同感，进而删除行为等后续负面行为就会减少。这说明不同的顾客体验会产生不同的后续行为，顾客在负面体验的情境下会由于认知一致性失调、抗拒体验强烈、心理愧疚感，或感知损失、不满，甚至愤怒（宋宏磊和张博，2019）而产生在参与推荐分享计划并享受推荐奖励之后，删去评论或分享信息等负面后续行为。同时，其研究结果也证实了购物体验在好评奖励活动中的重要作用。

据此，本研究认为，顾客在转发商家信息到朋友圈后，如果对此商家产品的体验是正面的，那么其内心是认可的，具有自我一致感；而如果对此商家产品的体验是负面的，内心其实是不认可的，只是为了奖励而进行转发，也担心自己的转发给朋友圈好友带来不好的后果，因此得到奖励后这种删除朋友圈信息的意愿将更高。基于此，本研究提出以下假设：

H1：在有奖分享情景下，负面的顾客体验比正面的顾客体验带来更高的删除行为（删除意愿）。

2. 奖励额度的调节作用

Kuester 和 Benkenstein（2014）指出推荐奖励计划可以提高顾客的正面态度以及忠诚度，并且此行为会受到推荐奖励额度的影响。奖励额度是指企业为了激励顾客的推荐行为而向其提供的一定的奖励金额（朱翊敏，2013），会影响消费者获得的利益，并影响感知奖励价值，从而对消费者的意愿及相关行为产生影响（Long 和 Schiffman，2000）。朱翊敏（2013）实证研究表明，由于消费者感知收益等因素，消费者在高额度奖励下的推荐意愿更高。其他研究表明相较于无奖励的情况，有奖励的情况可以带来更高的店铺评价，当顾客在对产品或服务满意时，会因为额外奖励带来的附加价值而增加感知获益，进而提高店铺评价，然而当顾客对产品或服务不满意时，会因为内外动机失调等消极情绪而降低店铺评价（曾慧等，2018）。由此可知，奖励额度会对顾客对于企业的评价和态度有重要影响，不同的奖励额度影响消费者额外获益的多少，从而影响消费者的感知价值（朱翊敏，2013）。具体而言，不管奖励额度高低，当顾客体验为正时都比体验为负时带来更低的删除意愿，因为负面顾客体验下顾客还将信息分享到朋友圈，这将可能损害其他看到消息朋友的利益。但是在高奖励额度下，顾客本来要删除的，然而考虑到高额的奖励作为弥补，这种删除意愿将会降低，因此在低奖励额度下顾客体验带来的影响更大。基于此，本研究提出以下假设：

H2：顾客体验对删除意愿的影响受到奖励额度的调节作用。具体而言，无论在高奖励额度还是低奖励额度下，正面的顾客体验比负面的顾客体验带来更低的删除意愿，但在低奖励额度下这种差值比高奖励额度下更大。

5.2.1.2　研究方法与研究设计

本实验采用 2（奖励额度高低：较高额度、较低额度）×2（顾客体验：正面顾客体验、负面顾客体验）的实验设计，总共形成了 4 份对比性的实验情景问卷。遵循随机性原则，4 份不同版本问卷被随机打乱顺序后发放。每位被测者将会被随机分配到 4 个实验情景之一，并要求被试者首先设想自己经历了该组情景描述情况后再回答相关问题。参与实验的被试主要为成都市某高校在校大学生，选择大学生作为主要研究对象是由于大学生外出就餐的情况相对较为普遍，并且大学生对于社交朋友圈互动较活跃，加之经济能力有限，会对朋友圈分享奖励活动比较感兴趣，因此我们认为采用在校大学生作为调查样本合适。实验调查以班级为单位，剔除无效问卷，最后得到有效问卷 214 份。

由于本实验情景主要选取在顾客外出就餐情景下遇到的商家分享奖励计划活动，因此在实验中我们选取了打 5 折和打 9 折分别代表高奖励额度和低奖励额度（Hardesty 和 Bearden，2003；韩睿和田志龙，2005）。本研究用一个题项来测量删除意愿："如果您把此餐厅名字和菜品照片分享到了朋友圈，在享受优惠之后您会删除那条朋友圈"。在问卷最后获得人口统计学变量，包括年龄、性别等。本实验的问卷量表采用 Likert 七级量表，其中 1 代表非常不同意，7 代表非常同意。接下来，本研究所有数据均采用 SPSS16.0 软件进行处理。

5.2.1.3　数据结果分析

1. 数据操控

本实验主要考察顾客在参与分享奖励计划的情景下，不同顾客体验对其朋友圈分享后续消极行为的影响，并且考察了奖励额度大小在其中的调节作用。因此分别对奖励额度大小和对不同产品或服务等给消费者带来正面或负面的体验进行操控。数据结果指出正面顾客体验比负面顾客体验带来更高的满意度（$M_1=5.48$，$M_2=1.98$，$F=634.264$，$p<0.05$）。同时，不同实验情景下设置的不同折扣大小，会使顾客感知到的奖励额度大

小不同，高奖励额度比低奖励额度带来更高的消费者感知体验（$M_{高}=5.51$，$M_{低}=2.88$，$F=253.689$，$p<0.05$）。综上，本实验操控成功。

2. 假设检验

为了验证本研究假设，我们进行方差分析，结果如表 5-5 所示。通过方差分析发现（表 5-6）消费者在正面的体验情景下的删除意愿（$M_1=5.15$）的均值显著低于在负面的体验情景下的删除意愿（$M_2=5.74$）。检验结果表明，在有奖分享奖励情景下，正面的顾客体验比负面的顾客体验带来更低的删除意愿，故假设 H1 成立。

表 5-5　顾客体验对删除意愿的方差分析

源	因变量	Ⅲ 型平方和	*df*	均方	*F*	*Sig.*
顾客体验	删除意愿	18.599	1	18.599	6.446	0.012

表 5-6　顾客体验对删除意愿的描述性统计分析

	顾客体验	均值	标准差	N
删除意愿	正面	5.15	1.689	114
	负面	5.74	1.709	100

同时，为了检验奖励额度在顾客体验与消费者后续行为中的调节作用，我们进行了方差分析。结果发现，奖励额度对顾客体验影响删除意愿的调节作用不显著（$F=0.373$，$p=0.542>0.05$），如表 5-7 所示。假设 H2 不成立。

表 5-7　奖励额度对顾客体验与删除意愿的调节检验

源	因变量	Ⅲ 型平方和	*df*	均方	*F*	*Sig.*
顾客体验×奖励额度	删除意愿	1.080	1	1.080	0.373	0.542

通过以上分析我们发现，顾客体验会影响顾客“薅羊毛”行为，其中在有奖分享奖励情景下，正面的顾客体验比负面的顾客体验带来更低的删除意愿；而奖励额度在其中的调节作用不显著。究其原因可能是因为朋友圈转发涉及顾客自身的形象等，因此删除行为最主要的影响因素还是顾客体验正面与否，奖励在其中发挥的作用不大。

5.2.2 研究二：消费者抗拒体验不同下的“薅羊毛”行为研究

5.2.2.1 文献回顾和研究假设

不同的顾客由于本身特质不同，其抗拒体验大小也不同。其中抗拒体验强的顾客反抗和压迫感更强烈，而抗拒体验弱的顾客反抗和压迫感更弱（李东进等，2015；Brehm，1966；李研等，2017）。因此，针对这种有奖分享奖励计划，不同抗拒体验的消费者参与分享奖励活动后会有不同反应。Jin 和 Huang（2014）在研究中指出在推荐奖励计划中，当推荐行为实施不当时，金钱奖励所带来的感知社会成本会抵消这种好处，甚至会削弱这种奖励的激励效果。可以看出在推荐奖励计划中，感知社会成本作为一个重要因素影响着推荐者的推荐行为。根据已有研究和本研究的研究情境，删除意愿参照栗芸（2006）和 Dodds 等（1991）的研究，是指消费者考虑或愿意删除朋友圈等。感知社会成本是指由推荐奖励计划的金钱奖励产生的，使得推荐者觉得自己的推荐行为损害了个人形象以及人际关系（Jin 和 Huang，2014）的一种成本。李东进等（2016）研究表明消费者的心理抗拒是“微信红包”信息对消费者参与意愿影响的中介变量。对于抗拒体验较强消费者来说，其本身感觉到商家规定的参与条件对其自由分享的限制较大，失去控制感，而且如果参加了该活动会觉得自己的分享行为在朋友眼中就是为了利益而进行的，会损害个人形象，因此感知社会成本较高。而且抗拒体验较强的消费者为了恢复被拿走的自由，会采取删除分享的朋友圈此类与之前截然相反的行为以期重获控制感，因此删除意愿较高。因此，本研究提出以下假设：

H3：抗拒体验较强的消费者比抗拒体验较弱的消费者带来更高的感知社会成本。

H4：抗拒体验较强的消费者比抗拒体验较弱的消费者带来更高的删除意愿。

H5：感知社会成本是抗拒体验对删除意愿的中介变量。

5.2.2.2 研究方法与研究设计

由于研究需要，本实验采用2（空间距离：远 vs 近）×2（抗拒体验：

强 vs 弱）的实验设计，其中抗拒体验主要是组内设计，空间距离是组间设计，故形成 2 份对比性的实验情景问卷。实验问卷主要通过某收费平台进行发放，最后有效回收问卷 211 份，其中男生 106 份，女生 105 份。被试职业包括企业职员、机关或事业单位工作者、在读学生等。被试年龄以 26～35 岁所占比例最高。

删除意愿测量改编自 Dodds 等（1991），以“如果您把此餐厅名字和菜品照片分享到了朋友圈，在享受优惠之后您删除那条朋友圈的意愿很强”等三个选项进行测量，信度系数为 0.927。感知社会成本借鉴 Jin 和 Huang（2014）、Ryu 和 Feick（2007）和王如意（2010）的研究，包括三个题项，如“您认为在您分享之后，您朋友圈的好友会感到不舒服”等，信度系数为 0.861。抗拒体验的测量主要来自 Jonas 等（2009）和李研等（2017）的研究，包括六个题项，如“您觉得让您将餐厅名字和菜品照片分享到朋友圈在很大程度上困扰了您”等，信度系数为 0.812。本研究采用李克特 7 级量表，1 代表非常不同意，7 代表非常同意，在问卷最后测量了被试的人口统计学变量，包括年龄、性别、职业等。

5.2.2.3 数据结果分析

1. 操控性检验

通过方差检验发现，消费者对分享朋友圈并集赞的操作的感知难易程度没有显著差异（$M_{远}=5.42$，$M_{近}=5.61$，$F=1.206$，$p>0.05$）。同时，本实验设计的折扣力度为 8 折，在两个实验情景中消费者对折扣优惠力度感知无显著差异（$M_{远}=4.91$，$M_{近}=4.93$，$F=0.014$，$p>0.05$）。综上，本实验操控成功。

2. 研究假设检验

我们将通过数据分析抗拒体验高低不同的消费者在参与有奖分享计划后的删除行为，变量包括了删除意愿。同时不同抗拒体验的消费者的很大区别在于感知社会成本的高低不同，故通过方差分析了抗拒体验对感知社会成本和删除意愿的影响，结果发现：强抗拒体验消费者比弱抗拒体验消费者带来更高的感知社会成本（$M_{强}=4.45$，$M_{弱}=2.71$，$F=120.567$，$p<0.05$）和删除意愿（$M_{强}=5.10$，$M_{弱}=4.04$，$F=24.074$，$p<0.05$）。结果见表 5-8 和图 5-5 所示。假设 H3 和假设 H4 成立。

表5-8　抗拒体验对感知社会成本和删除意愿的影响

源	因变量	Ⅲ型平方和	*df*	均方	*F*	*Sig.*
抗拒体验强弱	感知社会成本	145.037	1	145.037	120.567	0.000
	删除意愿	53.645	1	53.645	24.074	0.000

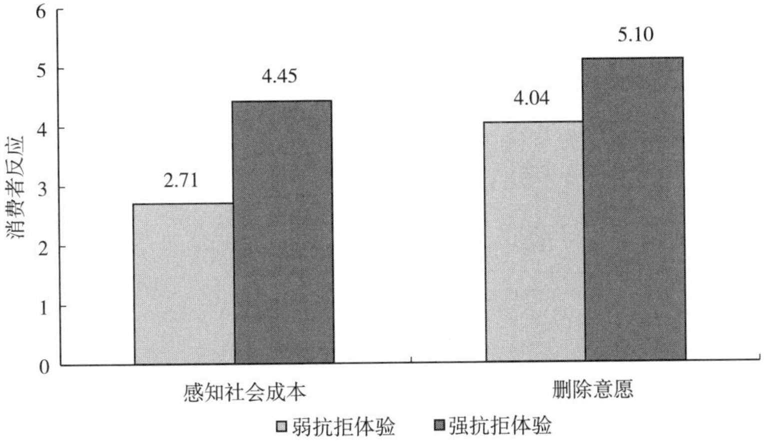

图5-5　抗拒体验对消费者“薅羊毛”的影响

接着，我们进行中介作用分析，通过逐步回归分析了感知社会成本在抗拒体验与删除意愿中的中介作用。结果发现，加入感知社会成本后模型拟合优度显著提高，故感知社会成本是抗拒体验对删除意愿影响的中介变量，如表5-9所示。假设H5成立。

表5-9　回归分析

模型		非标准化系数		标准化系数	*t*	显著性
		B	标准错误	Beta		
1	（常量）	2.975	0.308		9.648	0.000
	抗拒体验	1.063	0.217	0.321	4.907	0.000
1	（常量）	2.476	0.297		8.326	0.000
	抗拒体验	0.151	0.252	0.046	0.601	0.549
	感知社会成本	0.522	0.087	0.456	5.984	0.000

因变量：删除意愿。

5.2.3 结论与启示

1. 研究结论

（1）研究一主要考察了在有奖分享奖励计划情境下，不同的顾客体验对消费者后续消极行为的影响，以及考虑奖励额度的调节作用的影响。研究结果表明，在有奖分享奖励计划情境下，正面的顾客体验比负面的顾客体验带来更低的删除分享朋友圈信息的意愿。这是因为当顾客体验为正面时，消费者对商家提供的服务或产品总体感到满意，且能够获得分享信息后的奖励，进而比负面的顾客体验带来更低的删除意愿。同时，通过研究发现奖励额度在顾客体验对消费者删除意愿影响中的调节作用不显著。虽然消费者可能会因获得额外利益补偿而对店铺评价有所改变，但是可能由于产品或服务本身不好以及为了减少推荐的不恰当性，因此在删除意愿上奖励额度都不会起作用。

（2）研究二考察了不同抗拒体验的顾客对待这种有奖分享奖励活动（微信朋友圈分享）的后续反应，结果发现，相对于具有弱抗拒体验的顾客来说，强抗拒体验的顾客的感知社会成本和删除意愿更高，同时感知社会成本是抗拒体验对删除意愿影响的中介变量。

2. 理论贡献

本研究理论贡献如下：第一，本研究丰富了“网络推荐奖励计划”的相关理论研究。虽然以往学者们在推荐奖励计划方面有大量的研究，但是以往关于网络推荐奖励计划的研究主要集中在了解推荐奖励计划实行过程中消费者参与意愿的影响因素从而利用奖励推动口碑传播的研究，例如推荐奖励计划中消费者参与意愿影响因素与消费者行为研究，如杨特和邵建红（2015）考察了推荐奖励计划下的口啤对消费者购买意愿的影响，而较少学者研究关于顾客参与推荐奖励计划之后的后续消极行为的影响。虽然我们也发现有学者对顾客参与好评奖励活动的后续负面行为展开研究（宋宏磊和张博，2019），但这方面的研究总体较少。本研究在已有研究基础之上基于正面和负面两种不同的顾客体验，研究不同顾客体验下顾客参与推荐奖励计划后对删除行为这种后续行为的影响，丰富了推荐奖励计划对消费者后续行为的理论研究，也为后续相关研究提供一定的借鉴意义。第二，本研究以推荐奖励计划为背景，考察了顾客抗拒体验对顾客后续删除行为的影响，揭示了具有不同抗拒体验的消费者在参与商家朋友圈有奖分享活动后的行为，特别是违背商家初衷和损害商家利益的删除行为，对商家实施推荐奖励计划具有重要的实际借鉴意义。第三，本研究弥补了学术上对“薅羊毛”研究的不足，现有对“薅羊毛”的研究主要集中在法律方面等（如李鑫，2016），但是目前市场上消费者的“薅羊毛”行为越来越普遍，很多商家利用消费者此类行为开展营销活动，而营销界对消费者“薅羊毛”行为的关注较少，鲜有文献分析该行为和揭示其影响机制。区别于目前的研究，本研究分析了顾客不同体验和顾客不同抗拒体验大小下，消费者参与商家朋友圈分享奖励活动后的“薅羊毛”行为及其中介机制，研究结论弥补了现有研究不足，具有一定意义，同时也为未来的研究提供方向和借鉴。

3. 管理启示

本研究结果表明，在有奖分享奖励计划情境下，正面的顾客体验比负面的顾客体验带来更低的删除分享信息意愿。根据此研究结论，建议在现实交易中企业要想获得更高品质的口碑和更多的口碑分享宣传，首先要确保自身提供的产品质量或服务质量，以便消费者形成积极的、正面的顾客体验，对企业产品或服务整体满意，而不是单纯依靠奖励来刺激消费者进行好评或分享宣传。这是由于只有在消费者对服务或对产品本身感到满意的情况下，这种推荐奖励方法才会更加有效，才能带来更低的消极行为。建议企业应该针对不同体验的顾客实行差异化的推荐奖励活动，对于正面体验的顾客可以提供较低额度的奖励来激励其进行口碑分享或好评，而针对负面体验的顾客应该侧重关注其购后不满与认知失调的消极情绪，给予周到合理的服务弥补，以减少其不满。同时，商家在开展微信朋友圈分享活动时，要注意区别顾客特征，尤其针对高抗拒体验特质的顾客多用建议等词语，尽量减少顾客的抗拒体验。这是因为抗拒体验较强的消费者比抗拒体验较弱的消费者带来更高的感知社会成本和删除意愿。

4. 研究局限与未来研究方向

本研究存在以下不足：首先，本研究主要考察了“分享奖励计划”下不同顾客体验下的顾客参与后的删除行为，但在现实中也存在较多其他的参与奖励活动后的“薅羊毛”行为，例如取消关注公众号，删除所下载的App等，因而可以继续考察其他奖励计划下的“薅羊毛”行为。其次，本研究探讨了正面和负面两个顾客体验下消费者参与推荐奖励计划的后续行为，而现实交易情境中还存在中性的顾客体验，即差强人意的情况，故后续可以考察更多不同顾客体验下的后续行为，以更加全面探讨顾客体验带来的影响。同时，本研究考察推荐奖励计划对消费者行为方面的影响，而未对此情景下的消费者心理路径进行深层次的剖析与揭示，特别是对消费者在推荐奖励计划中的内在心理作用机制的研究。未来我们也可以继续考察奖励推荐或分享对消费者行为的影响，尤其是奖励行为带来的后续心理路径的影响。再次，本研究两个实验情景都是以餐饮业实施的推荐奖励计划为背景，没有考虑到其他行业和领域。因此，未来研究可以将研究视角转向其他行业和领域的推荐奖励计划。最后，本研究的背景是基于微信朋友圈的分享行为，但是消费者在不同社交平台上的分享行为也会受到不同因素的影响，未来可考察消费者在不同分享平台的反应以及行为。

5.3 本章小结

本章考察了消费者参与促销后的积极行为和消极行为。消费者参与促销后的积极行为研究中，我们主要对比了不同在线参与促销方式（非匿名vs匿名）对顾客后续行为的影响。结果表明，不同参与促销方式对消费者后续推荐意愿是不同的，且受到消费者交易倾向的调节作用。具体而言，非匿名的在线参与方式（转发朋友圈集赞）比匿名的在线参与方式（关注公众号）带来更高的关系嵌入、更高的顾客心理所有权和推荐意愿。除此之外，本研究结论还证实了顾客交易倾向在不同顾客在线参与促销方式与关系嵌入和顾客心理所有权影响关系中具有调节作用。

本章还进一步考察了消费者参与促销后的“薅羊毛”行为，主要考察的是消费者转发信息到朋友圈以获得商家奖励后的删除行为。通过两个实证研究分别证实了，在奖励计划情境下不同的顾客体验和顾客抗拒体验对消费者后续消极行为的差异影响。研究结果表明，在网络推荐奖励计划情境下，正面的顾客体验比负面的顾客体验带来更低的删除分享信息的意愿；抗拒体验强的顾客比抗拒体验弱的顾客带来更高的感知社会成本和删除意愿，且感知社会成本是抗拒体验对删除意愿影响的中介变量。

通过本章的研究使得本书对促销的研究更加深入和系统，从普通促销到参与式促销，从参与意愿到参与后的后续行为。研究结论对未来促销领域研究具有重要作用。现实生活中，随着移动互联网的普及，这种参与式促销活动越来越普遍，研究结论对企业将具有实践指导意义。

第 6 章　总结

6.1　本书实证研究各章结论总结

本书较系统地整理了促销相关理论和文献，并通过一系列实证研究证实了不同促销方式对消费者的差异影响。本书第 3 章系统讨论了普通促销对消费者的差异影响，第 4 章讨论了参与式促销对消费者的差异影响。第 3 章和第 4 章都是探讨顾客参与促销前的行为，包括购买意愿和参与意愿等。而第 5 章主要聚焦在顾客参与促销后的后续行为研究，如顾客的后续推荐意愿和“薅羊毛”行为。通过第 3 章到第 5 章的实证研究将普通促销延伸到参与式促销对消费者的影响，同时将顾客参与意愿过渡到参与后的行为研究。通过这样的系统研究，使得关于促销的研究更加全面。为了使本研究的研究结果能更加清晰地展现出来，接下来我们对本书中各章节的研究结论进行总结如下：

6.1.1　普通促销对消费者的影响研究结论

6.1.1.1　促销框架对消费者的影响研究

1. 满送促销和满减促销对消费者的差异影响

研究结果表明：满减促销比满送促销能带来更高的消费者感知价值、购买意愿和品牌资产；满减促销与满送促销对消费者感知价值、购买意愿和品牌资产的影响受到产品涉入度的调节作用影响。具体而言，针对高涉入度产品，满减促销比满送促销能带来更高的消费者感知价值、购买意愿和品牌资产，而在低涉入度产品下满减促销与满送促销的差异消失。消费者感知价值是不同促销表述方式影响购买意愿的完全中介变量，同时消费者购买意愿又是不同促销表述方式影响品牌资产的完全中介变量。即消费者通过对不同促销表述方式的感知价值进行认知和判断，从而决定自己的购买意愿，进而对被促销品品牌资产产生影响。

2. 买一赠一和买两件打五折促销对消费者的差异影响

（1）买一赠一和买两件打五折对中国消费者的差异影响

本研究通过两个实验来验证在网络环境下不同促销表述形式对消费者的影响。实验一结果表明：买一赠一比买两件打五折能带来更高的消费者购买意愿；买一赠一和买两件打五折对消费者购买意愿的影响受到被促销品本身品牌资产高低的调节作用影响，对于品牌资产低的产品，买一赠一比买两件打五折能带来更高的购买意愿，而对于品牌资产高的产品，买一赠一与买两件打五折的差异消失。实验二结果表明：买一赠一比买两件打五折能带来更高的被促销品品牌资产；不同促销表述形式对被促销品品牌资产的影响受被促销品感知风险的调节，针对高感知风险被促销品，买一赠一比买两件打五折能带来更高的品牌资产，而针对低感知风险的被促销品，买一赠一与买两件打五折的差异消失。

（2）买一赠一和买两件打五折促销的跨文化比较研究

本研究基于框架效应探讨了网络环境下两类常见促销框架（买一赠一和买两件打五折）对消费者的跨文化影响研究，实证研究结果发现：

买两件打五折促销比买一赠一促销带来更高的感知风险，且买一赠一促销方式比买两件打五折促销方式能带来更高的消费者感知质量、感知价值和购买意愿。本研究还证实了消费者感知风险、感知质量、感知价值和购买意愿之间的影响关系。同时，通过对促销框架影响消费者购买意愿的作用机制分析，证实消费者感知质量和感知风险是促销框架影响消费者感知价值的中介变量，同时消费者感知价值是促销框架影响消费者购买意愿的中介变量。通过比较中国消费者和巴基斯坦消费者对不同促销框架的反应证实了促销框架对消费者感知质量、感知风险、感知价值和购买意愿的影响受到消费者文化因素的调节作用。具体而言，相对中国消费者，高不确定性规避文化背景下的巴基斯坦消费者的感知风险水平更高，因而会加大对这两种促销方式风险的感知差异，进而比中国消费者对买两件打五折促销方式的评价更低。

3. 打折促销和买赠促销对消费者的差异影响

本研究通过实证研究考察了打折促销（减少损失型促销）与买赠促销

(获得收益型促销）对消费者影响的两个边界条件：消费者调节聚焦倾向和时间压力。研究结果表明：消费者调节聚焦对促销框架影响消费者感知价值和预期后悔具有调节作用影响，针对促进聚焦倾向消费者，买赠促销比打折促销带来更高的消费者感知价值和预期后悔，而针对防御聚焦倾向消费者，打折促销比买赠促销带来更高的感知价值和预期后悔。同时，时间压力对促销框架影响消费者感知价值和预期后悔也具有调节作用影响，针对促销时间限制紧迫情境下，打折促销比买赠促销带来更高的消费者感知价值和预期后悔，而针对促销时间限制宽松情境下，两种促销框架对消费者的影响差异消失。除此之外，本实验还证实了消费者感知价值和预期后悔均正向显著影响购买意愿，且消费者感知价值和预期后悔是促销框架影响购买意愿的中介变量。

4. 打五折和"一元当两元用"促销对消费者的差异影响

研究证实普通促销呈现方式（如打五折）比新颖性促销呈现方式（如一元当二元用）带来更高的感知价值、感知质量、购买意愿和品牌忠诚。同时，产品涉入度调节促销框架对消费者感知价值、感知质量和购买意愿的影响。具体来说，在高涉入度产品下，促销框架对消费者感知价值、感知质量和购买意愿的影响差异被消除；而在低涉入度产品下，促销框架对消费者感知价值、感知质量和购买意愿的影响差异显著。

6.1.1.2 其他相关拓展研究——平面广告促销信息对消费者影响的眼动研究

本研究结果表明：消费者在注视时间、注视次数和回扫次数上均是现价＞原价＞促销节省，且差异显著。性别在现价、原价、促销节省与注视次数上调节作用显著。具体而言：针对男性，在注视次数上现价＞促销节省＞原价，而针对女性，在注视次数上现价＞原价＞促销节省。消费者在注视时间、注视次数上，均是高价产品＞中价产品＞低价产品，且差异显著；但在回扫次数上，中价产品＞高价产品＞低价产品，且差异显著。消费者在高促销力度下的注视时间和注视次数上均显著高于低促销力度。这是因为高促销力度能为消费者带来更多的促销节省，从而使其感知到更多的交易效用，进而产生更高的购买意愿。

6.1.2 参与式促销对消费者的影响研究结论

1. 消费者参与在线好评奖励计划对消费者的影响研究

本研究运用社会交易理论，通过两个实验揭示了电子商务商家的“好评奖励计划”对消费者的影响机制。

实验一研究表明无论在有奖励还是无奖励情况下，消费者在产品满意时的好评意愿都显著强于不满意情况时的好评意愿。当消费者对产品本身感到满意时，相对于无奖励方式，有奖励方式能带来更高消费者好评意愿和店铺评价，而在消费者对产品不满意时，有奖励却比无奖励方式带来更低的好评意愿和店铺评价。实验二考察了影响消费者在线好评的因素，并考虑了消费者交易倾向的边界作用。研究结果表明相对努力程度较高的好评奖励计划，消费者对所需付出努力程度较低的好评奖励计划的好评意愿和店铺评价更高。同时，高交易倾向消费者比低交易倾向消费者对好评奖励计划的好评意愿和店铺评价更高。消费者所需付出的努力程度对好评意愿和店铺评价的影响均受到消费者交易倾向的显著调节作用，即对于低交易倾向消费者，努力程度较低的好评奖励计划比努力程度较高的好评奖励计划带来更高的消费者好评意愿和店铺评价，而对于高交易倾向消费者，这种差异消失。

2. 消费者参与朋友圈分享奖励计划对消费者的影响研究

通过实证研究，本研究得到以下结论：第一，奖励额度大小对消费者朋友圈的分享行为有不同影响。在有奖分享的情境下，消费者在高奖励额度下比低奖励额度下的获得奖励动机更强，同时高奖励额度下的分享意愿比低奖励额度下更强，获得奖励动机在奖励额度对消费者分享意愿影响中起部分中介作用。第二，在有奖分享的情境下，正面的顾客体验比负面的顾客体验带来更高的消费者分享意愿。第三，在有奖分享情景下，顾客体验对奖励额度影响消费者获得奖励动机具有调节影响：在正面顾客体验下，奖励额度在对消费者获得奖励动机上的影响差异不显著；而在负面顾客体验下，高奖励额度比低奖励额度带来更高的获得奖励动机。第四，顾客体验对奖励额度影响消费者朋友圈的分享意愿具有调节影响：在正面体验下，高奖励额度和低奖励额度对消费者分享意愿的影响差异显著；在负面体验下，高奖励额度和低奖励额度对消费者分享意愿的影响差异显著，但两者之间的差值比在正面体验下更大。

3. 其他相关拓展研究——B2C环境下消费者持续网络信任的实证研究

通过对B2C环境下持续网络信任模型研究发现：在线客服感知、物流服务感知和产品价值感知均显著正向影响消费者的持续网络信任；物流服务感知对消费者的持续网络信任影响最显著，B2C商家发货的及时性、商品配送查询的方便性等物流因素对持续信任有显著的影响；其次是产品价值感知；最后是在线客服感知，服务的响应速度、客服人员的专业素质、服务态度等客服服务因素，通过在线客服感知维度都显著地影响消费者的持续信任。同时，在线客服感知、物流服务感知和产品价值感知也显著地影响网络顾客满意，网络顾客满意对持续网络信任有显著的影响，而本研究也证实了持续网络信任对顾客忠诚有显著的正向影响关系。

6.1.3 消费者参与促销后的积极和消极行为研究结论

1. 消费者参与促销后的积极行为研究——不同参与促销方式对消费者后续推荐意愿的影响研究

本研究结论表明不同顾客的在线参与促销方式对顾客参与后的情感和行为有显著影响，同时该影响关系受交易倾向的调节。具体而言，非匿名的在线参与方式（转发朋友圈集赞）比匿名的在线参与方式（关注公众号）带来更高的关系嵌入、更高的顾客心理所有权和推荐意愿。除此之外，本研究还证实了交易倾向在不同顾客在线参与方式与关系嵌入和顾客心理所有权影响关系中具有调节作用。首先，对于高交易倾向的顾客，非匿名的在线参与方式（转发朋友圈集赞）比匿名的在线参与方式（关注公众号）带来更高的顾客心理所有权；对于低交易倾向者，不同顾客在线参与方式对顾客心理所有权的影响差异消失。其次，对于低交易倾向的顾客，非匿名的在线参与方式（转发朋友圈集赞）比匿名的在线参与方式（关注公众号）带来更高的关系嵌入；对于高交易倾向者，不同顾客在线参与方式对顾客的关系嵌入影响差异消失。该研究结论表明交易倾向对顾客心理所有权和关系嵌入的调节作用存在明显差异，对于高交易倾向的顾客，非匿名的参与方式（转发朋友圈集赞）更容易产生心理所有权，而对于低交易倾向的顾客，非匿名的参与方式（转发朋友圈集赞）更容易产生关系嵌入。研究结果还证实了关系嵌入和心理所有权是不同顾客在线参与方式与顾客推荐意愿关系中的中介变量；心理所有权是关系嵌入对推荐意愿影响的中介变量。

2. 消费者参与促销后的消极行为——“薅羊毛”行为研究

研究一主要考察了在网络推荐奖励计划情境下，不同的顾客体验对消费者后续消极行为的影响，以及考虑奖励额度的调节作用的影响。首先，研究结果表明，在网络推荐奖励计划情境下，正面的顾客体验比负面的顾客体验带来更低的删除分享信息的意愿。研究还发现奖励额度在顾客体验对消费者删除意愿的影响中的调节作用不显著。这可能是由于消费者虽然因为获得额外利益补偿而对店铺评价有所改变，但是可能由于产品或服务本身不好以及为减少推荐的不恰当性，在删除意愿上奖励额度都不会起作用。研究二考察了不同抗拒体验的顾客参与这种有奖推荐（微信朋友圈分享）的后续反应，结果发现相对于具有弱抗拒体验的顾客来说，强抗拒体验的顾客的感知社会成本和删除意愿更高，同时感知社会成本是抗拒体验对删除意愿影响的中介变量。

6.2 本书的研究意义

本书通过一系列研究考察不同促销方式对消费者反应的影响。研究结论具有一定理论和实践意义。

理论上，本书通过一系列实验考察了不同促销方式（满送 vs 满减；买一赠一 vs 买两件打五折；打折促销 vs 买赠促销；打五折 vs 一元当两元用）对消费者的影响。研究结论丰富了目前促销领域的相关研究，尤其是关于促销框架方面的研究。本书还考察了不同促销框架对不同国家消费者的差异影响，跨文化的比较研究丰富了促销的研究领域和范围，为未来的跨文化促销研究提供了基础。除此之外，本书还考察了需要顾客参与的促销对消费者的差异影响。研究结论丰富了学术界关于顾客参与相关研究，并且将普通促销研究结论进行了拓展，使得关于促销方面的研究更加丰富。本书各项研究中都考察了相应调节变量的作用，调节变量的选取为未来研究提供借鉴。本书最后考察了顾客参与促销后的积极和消极行为，这样的研究使得本书的逻辑结构更加完整，研究更加系统，不仅仅只考察了促销对消费者前端的购买意愿的影响，也考察了对消费者后续口碑推荐意愿和删除意愿的影响。

实践上，本书关于促销的相关研究结论为企业带来了积极的营销启示意义。企业要有慎用促销方式的意识，不同的促销方式带给消费者的心理感受是不同的，进而购买意愿也不同，因此要根据不同的情况选用不同的促销方式。首先，本书对比了几组促销方式带来的差异影响，这些研究结论的具体启示意义见对应章节的研究结论。其次，本书的跨文化对比研究也给企业带来一定启示意义，在实践中应根据不同文化背景下的消费者开展不同促销以达到良好的促销效果。最后，关于顾客参与式促销的研究结论为企业在制定促销活动时提供借鉴意义。奖励额度、顾客体验、产品满意度、所需付出努力程度高低等都会对促销效果产生影响，未来企业在设计参与式促销活动时要综合考虑这些因素带来的影响，以设计出更能吸引消费者的促销活动。关于参与式促销结束后带给消费者的后续行为影响研究结论也为企业提供了思考，不要只顾及眼前的促销效果，还需要思考后续给消费者带来的影响。总之，本书的一系列研究结论为未来促销的研究提供了思路和借鉴意义，同时为企业的促销实践提供了参考意义。

6.3 研究局限性和未来研究方向

6.3.1 研究局限性

本研究也存在一些局限性。首先，本研究在普通促销对消费者影响研究部分，主要选取了满送 vs 满减、买一赠一 vs 买两件打五折、打折促销 vs 买赠促销、打五折 vs 一元当两元用这几类促销对比研究不同的促销方式带来的影响，这部分的研究结论更适合在这些促销形式下。未来还可以选取一些更加具有代表性的促销进行对比。其次，本书的跨文化比较研究只选取了中国和巴基斯坦两国消费者进行比较，未来可以考察更多国家消费者对促销的反应。再次，本书中大多数研究都采用的是实验研究法、问卷调查法，也有研究用到了眼动实验，但是方法还是不够丰富，未来可以选用更多营销研究方法来考察促销带来的影响。本书关于参与式促销的研究中，还可以增加更多实验去考察参与式促销带来的影响。最后，在“薅羊毛”行为的研究上，本书主要考察的是消费者在进行朋友圈分享行为后的删除意愿。消费者“薅羊毛”形式多样，如关注公众号后的取消关注行为，下载 App 后的删除行为等，不同形式下的“薅羊毛”其影响作用不同，未来还可以继续进行考察。

6.3.2 促销的未来研究方向

除了以上研究局限和展望外，本书经过对促销领域的相关研究总结，还整理出如下促销未来研究方向。

（1）促销的跨文化研究还可以继续进行。通过对已有文献的回顾发现，促销研究较多聚焦于本国内，不同国家之间的对比研究相对较少。虽然本著作中考察了买一赠一促销和买两件打五折促销对中国和巴基斯坦消费者的差异影响，未来还可以针对其他国家继续进行促销的对比研究。

（2）促销的脑电和眼动研究可以加强。目前也有文献通过眼动实验和脑电实验来考察消费者对促销的不同反应，如龚艳萍等（2015）采用事件相关电位技术（ERP）考察了促销信息模糊程度不同的两类促销（打折促销 vs 赠品促销）对消费者影响的神经机制，结果发现消费者面对打折促销和赠品促销刺激时，脑电波 P2、N2 和 P3 的波峰幅值具有显著差异，消费者对赠品类促销感知到更高的决策风险，即从神经层面得到结论认为消费者更喜欢打折类促销。因此借鉴此类研究未来也可深入考察促销带给消费者的不同影响。

（3）多种研究方法的结合。随着互联网的发展，越来越多的研究结合大数据开展，促销效果也可以通过大数据来检验。未来可以多通过爬虫等方法爬取网络数据来分析顾客对促销的态度等。除此之外，还可以增加田野实验等方法，总之，未来可以多种方法结合起来考察促销对消费者的影响。

（4）增加顾客参与式促销的相关研究。普通促销的研究越来越深入，研究也比较成体系。未来可以考虑多研究需要顾客参与的促销，即考察参与式促销对顾客的差异影响。商家给以顾客促销折扣不单单是到店就可以得到，现在常常会要求顾客转发微信朋友圈等。除此之外，包括微信火车票购买，也常会要求顾客分享给好友助力从而加速抢票等，由此可见参与式促销越来越普遍，而关于这方面的研究还比较缺乏，未来可以围绕参与式促销展开研究。

（5）增加消费者“薅羊毛”相关研究。除了考察参与式促销带给消费者的积极作用，未来也可以继续考察参与式促销带给消费者后续的消极作用，如“薅羊毛”行为。关于“薅羊毛”行为的研究目前还很少，未来可以专门考察消费者的“薅羊毛”行为，如对企业不利的“薅羊毛”行为和正常情况下的“薅羊毛”行为。

参 考 文 献

CNNIC. 第45次中国互联网发展统计报告 [R]. 北京：中国互联网络信息中心，2020.

白琳 . 金额/比率陈述方式和调节匹配对消费者购买意愿的影响 [J]. 管理工程学报，2010 (1)：35-40.

卞文良，鞠颂东，徐杰，丁静之 . 在线 B2C 顾客物流服务感知及相关因素的实证研究 [J]. 管理工程学报，2011，25 (2)：13-20.

曹丽，李丹丹，李纯青 . 基于 ZIP 模型和 Logistic 模型估计的顾客满意度、口碑推荐和新顾客购买决策关系研究 [J]. 预测，2012，31 (4)：15-21.

曹丽，李纯青，尤颖 . 基于团购网的消费者网络口碑推荐动机研究 [J]. 西安工业大学学报，2014，34 (5)：374-384.

常亚平，肖万福，覃伍，阎俊 . 网络环境下第三方评论对冲动购买意愿的影响机制：以产品类别和评论员级别为调节变量 [J]. 心理学报，2012，44 (9)：1244-1264.

常亚平等 . BZC 环境下网络服务质量对顾客忠诚的影响机理 [J]. 系统工程理论与实践，2009，29 (6)：94-106.

陈传红，李雪燕 . 网络购物节促销策略对消费者参与意愿影响及个人特征的调节作用 [J]. 管理评论，2021，33 (03)：159-169.

陈明亮等 . 初始网络信任和持续网络信任形成与作用机制比较 [J]. 科研管理，2008，29 (5)：187-195.

陈荣 . 预期后悔与体验后悔在消费者动态选择过程中的作用机制 [J]. 南开管理评论，2007，10 (3)：29-34.

陈瑞，郑毓煌，刘文静 . 中介效应分析：原理、程序、Bootstrap 方法及其应用 [J]. 营销科学学报，2013，9 (4)：120-135.

戴国良 . 不同促销方式对网络口碑传播意愿的影响 [J]. 中国流通经济，2019 (10)：43-50.

戴鑫，程思，戢惠 . 消费者促销国际研究的特点及趋势—基于 2001—2011 年 SSCI 数据库的文献分析 [J]. 管理学报，2013，10 (6)：925-935.

刁雅静，何有世，王念新，王志英 . 朋友圈社交行为对购买意愿的影响研究：认同与内化的中介作用及性别的调节作用 [J]. 管理评论，2019，31 (1)：136-146.

范秀成 . 顾客体验驱动的服务品牌建设 [J]. 南开管理评论，2001，4 (6)：16-20.

范秀成．品牌权益及其测评体系分析［J］．南开管理评论，2000，3（1）：9－15．
冯英健．网络营销基础与实践［M］．第四版．北京：清华大学出版社，2013．
符国群，佟学英．品牌，价格和原产地如何影响消费者的购买选择［J］．管理科学学报，2003，6（6）：12．
付东普，王刊良．评论回报对在线产品评论的影响研究—社会关系视角［J］．管理科学学报，2015，18（11）：1－12．
高充彦，郝辽钢，贾建民．抽奖促销与赠券促销有效性比较研究：一个促销价值模型［J］．管理评论，2009，21（12）：80－85．
高媛，李阳，孟宪忠，等．品牌体验如何影响品牌忠诚—兼论产品卷入的调解效应［J］．软科学，2011，25（7）：126－130．
龚艳萍，侯伟，田爽．打折还是赠品？不仅仅是因为省钱—消费者对网络促销信息决策模糊性的神经机制研究［J］．营销科学学报，2015，11（2）：99－117．
郭晓凌．品牌质量差异，消费者产品涉入程度对品牌敏感的影响研究［J］．南开管理评论，2007，10（3）：13－18．
郭永新，王高，齐二石．品牌，价格和促销对市场份额影响的模型研究［J］．管理科学学报，2007，10（2）：59－65．
韩睿，田志龙．促销类型对消费者感知及行为意向影响的研究［J］．管理科学，2005，18（2）：85－90．
韩睿．巧用广告提高降价促销效果分析［J］．现代管理科学，2005（5）：57－58．
郝辽钢，高充彦，贾建民．价格折扣呈现方式对促销效果影响的实证研究［J］．管理世界，2008（10）：106－114．
郝辽钢．消费者对促销的反应及促销效果研究（博士学位论文）［D］．西南交通大学，2008．
郝媛媛，叶强，李一军．基于影评数据的在线评论有用性影响因素研究［J］．管理科学学报，2010，13（8）：78－88．
郝媛媛，邹鹏，李一军，叶强．基于电影面板数据的在线评论情感倾向对销售收入影响的实证研究［J］．管理评论，2009，21（10）：95－103．
侯建荣，赵慧，张宋燕．文化差异会影响中西消费者预付卡办卡意愿吗？—以上海电影院行业为例［J］．中国管理科学，2015（23）：143－149．
胡孝平，李玺．顾客心理授权对顾客公民行为的影响研究——基于顾客参与的中介作用［J］．商业经济研究，2017（23）：49－52．
黄静，刘洪亮，郭昱琅．在线促销限制对消费者购买决策的影响研究——基于精细加工可能性视角［J］．商业经济与管理，2016，295（5）：76－85．
黄静，王伊礼，王锦堂．组合促销与消费者思维加工模式对冲动性购买的影响研究［J］．

学海，2018（03）：140-147.

黄静，吴宏宇，姚琦．奖励类型对顾客推荐意愿之影响研究［J］．武汉大学学报（哲学社会科学版），2013，66（3）：96-100.

黄炜，余辉，李岳峰．基于微信用户行为的分享预测模型研究［J］．情报理论与实践，2016，39（11）：89-94.

贾建民．行为经济学和决策制定——2002年度诺贝尔经济科学奖评论之一［J］．中外管理导报，2002（10）：5-8.

江明华，董伟民．价格促销的折扣量影响品牌资产的实证研究［J］．北京大学学报：哲学社会科学版，2003，40（5）：48-56.

江明华，董伟民．价格促销频率对品牌资产的影响研究［J］．管理世界，2003（7）：144-146.

金立印．促销活动效果比较研究——诱因类型，获得时机和条件限制对促销效果的影响［J］．管理评论，2008，20（8）：34-42.

井淼，周颖，王方华．网上购物感知风险的实证研究［J］．系统管理学报，2007，16（2）：164-169.

井淼，周颖，吕巍．互联网购物环境下的消费者感知风险维度［J］．上海交通大学学报，2006，40（4）：607-610.

科特勒，凯勒，洪瑞云，等．营销管理［M］．第5版（英文版、亚洲版）王永贵，等，译．北京：中国人民大学出版社，2011：580.

李东进，刘建新，马明龙，等．微信红包，消费者抢还是不抢——基于参与动机与心理抗拒中介模型的解释［J］．营销科学学报，2016，12（1）：18-37.

李东进，张成虎，李研．脱销的利与弊：以感知稀缺性与心理抗拒感为中介的相似品购买意愿研究［J］．营销科学学报，2015，11（2）：34-50.

李国鑫，等．我国电子商务用户网络购物行为的影响因素及其演变：基于2006年及2009年数据的实证研究［J］．管理评论，2012，24（7）：56-62.

李惠璠，罗海成，姚唐．企业形象对顾客态度忠诚与行为忠诚的影响模型——来自零售银行业的证据［J］．管理评论，2012，24（6）：88-97.

李惠璠，等．市场规范与社会规范冲突视角下的奖励推荐计划作用机制［J］．心理科学进展，2015，23（1）：11-21.

李琪，阮燕雅．在线评论认真书写的激励机制——以优惠券为例［J］．系统管理学报，2016，25（3）：477-483.

李婷婷，李艳军．“好评返现”如何影响消费者在线评论？——双通道心理账户的中介作用［J］．营销科学学报，2016，12（1）：133-152.

李巍，王志章．网络口碑发布平台对消费者产品判断的影响研究［J］．管理学报，2011，

8 (9): 1345-1352.

李鑫. P2P 网贷市场中的“羊毛党”及其对平台的影响 [J]. 金融评论, 2016, 8 (06): 32-47+122.

李研, 黄苏萍, 李东进. 被迫好评情景下消费者后续行为意愿研究 [J]. 管理科学, 2017, 30 (5): 17-27.

李研. 促销购买限制对消费者反应的影响研究(博士学位论文)[D]. 南开大学, 2014.

栗芸. 微信病毒式营销因子及其对消费者分享意愿的影响研究 [D]. 暨南大学, 2016.

林晖芸, 汪玲. 调节性匹配理论述评 [J]. 心理科学进展, 2007, 15 (5): 749-753.

凌斌, 王重鸣. 时间距离对于验证性信息加工的影响 [J]. 心理学报, 2014, 46 (8): 1176-1191.

刘红艳, 李爱梅, 王海忠, 卫海英. 不同促销方式对产品购买决策的影响——基于解释水平理论视角的研究 [J]. 心理学报, 2012, 44 (008): 1100-1113.

刘磊, 王承璐. 调节定向与促销描述对消费者购买倾向的交互影响研究 [J]. 营销科学学报, 2012, 8 (2): 34-44.

刘龙珠, 胡赛全, 赵小华, 等. 决策过程后悔还是结果后悔? ——调节聚焦对后悔类型的影响 [J]. 中国软科学, 2013 (12): 173-184.

卢长宝, 黄彩凤. 时间压力、认知闭合需要对促销决策中“不买后悔”的影响机制 [J]. 经济管理, 2014 (3): 145-158.

卢长宝, 秦琪霞, 林颖莹. 虚假促销中消费者购买决策的认知机制: 基于时间压力和过度自信的实证研究 [J]. 南开管理评论, 2013, 16 (2): 92-103.

卢长宝, 于然海, 曹红军. 时间压力与促销决策信息搜寻的内在关联机制 [J]. 科研管理, 2012, 33 (10): 151-160.

卢长宝, 王传声. 过多促销品会导致过多选择效应吗? ——时间压力的调节作用 [J]. 经济管理, 2018 (3): 109-127.

卢泰宏, 黄胜兵, 罗纪宁. 论品牌资产的定义 [J]. 中山大学学报(社会科学版), 2000, 4 (1): 1.

罗纪宁. 论参考价格在企业定价策略中的运用 [J]. 华东经济管理, 2000, 14 (3): 36-37.

罗津, 吕巍, 窦文静. 自我构建和促销框架对价格不公平感的影响 [J]. 系统管理学报, 2020, 29 (05): 949-956.

罗永泰, 卢政营. 消费品促销组合的博弈分析及促销方式变革 [J]. 南开管理评论, 2004, 7 (3): 24-28.

马钦海, 赵佳, 张跃先, 郝金锦. C2C 环境下顾客初始信任的影响机制研究: 网上购物经验的调节作用 [J]. 管理评论, 2012, 24 (7): 70-98.

彭璐珞，孙鲁平，彭泗清．“减价 30%”还是“打 7 折”？一个基于调节匹配理论的促销框架效应［J］．营销科学学报，2012，8（2）：99－114.

邵兵家，孟宪强，张宗益．中国 B2C 电子商务中消费者信任前因的实证研究［J］．科研管理，2006，27（5）：143－149.

沈德立，白学军，臧传丽，等．词切分对初学者句子阅读影响的眼动研究［J］．心理学报，2010，42（2）：159－172.

盛光华，龚思羽，岳蓓蓓，欧一霖．促销信息框架对绿色购买行为的影响机制——基于非绿替代吸引力的调节作用［J］．大连理工大学学报（社会科学版），2020，41（04）：38－47.

盛金根，左娟，夏曦，等．基于网页版式的网页营销策略研究［J］．营销科学学报，2011，7（4）：115－119.

施卓敏，李璐璐，吴路芳．“爱礼品”还是“要包邮”：哪种促销方式更吸引你？—影响网上促销框架和网络购买意愿关系的调节变量研究［J］．营销科学学报，2013，9（1）：105－117.

水延凯等．社会调查课程［M］．北京：中国人民大学出版社，2010.

宋宏磊，张博．消费者参与好评奖励活动的后续负面行为与心理路径——一个调节中介模型［J］．中国流通经济，2019，33（11）：75－85.

孙潇雅，周颖．自我构建理念对网络分享推荐意愿的影响研究［J］．软科学，2017，31（04）：104－107.

汪旭晖，王东明，冯文琪．偷偷地送什么？隐藏式赠品促销对网络店铺忠诚的影响研究［J］．北京工商大学学报（社会科学版），2017，32（3）：33－43.

王传美，鲁耀斌，童恒庆．基于 SEM 的 B2C 电子商务信任评价模型及算法［J］．南开管理评论，2009，9（6）：104－108.

王国才，刘文静，王希凤．不同促销方式下促销购买限制的作用情境研究—框架效应视角［J］．南开管理评论：1－17［2021－11－09］.

王海忠，闫怡，何朕鑫．消费者参与新产品构思对线上社群成员自我——品牌连接和品牌依恋的影响［J］．管理学报，2017，14（3）：400－413.

王怀勇，刘永芳．决策过程中的调节匹配效应及其机制［J］．心理科学，2014，37（1）：182－189.

王李艳，隋光远，王永辉，等．视觉选择性注意中性别差异的眼动研究［J］．心理科学，2010，(2)：409－411.

王丽丽，吕巍，黄静，等．捆绑价格促销对冲动性购买影响研究［J］．管理评论，2008，11：28－35.

王琦，孙雁，张晓航，等．产品与赠品的契合度对不确定赠品促销的影响［J］．管理科学，2018，31（2）：120-130.

王琴，王良燕．激励类型对促销效果影响的实证研究：基于生命史理论的研究视角［J］. 系统管理学报，2018，27（04）：4-10.

王全胜等．B2C网站设计因素与初始信任关系的实证研究［J］. 管理学报，2009，6（4）：70-98.

王如意．奖励顾客推荐：奖励类型对推荐可能性的影响［D］. 复旦大学．2010.

王晓玉．推荐奖励计划对消费者推荐意愿的影响［J］. 当代经济管理，2010，32（3）：32-37.

王秀丹．微信营销对消费者分享意愿的影响研究［D］. 杭州电子科技大学，2015.

王学川，杨克勤．社会调查的实用方法与典型实例［M］. 北京：清华大学出版社，2011.

王永清，严浩仁．顾客满意度的测评［J］. 经济管理，2000，8：36-38.

温飞，沙振权．网络商店的在线口碑传播：信任的中介及性别的调节作用［J］. 管理评论，2011，23（11）：41-48.

吴健安，郭国庆，钟育赣．市场营销学［M］. 北京：高等教育出版社，2007.

吴佩勋．感知质量和感知风险对自有品牌购买意向的影响［J］. 中国流通经济，2012，26（2）：83-89.

吴世经，曾国安，陈乙．市场营销学［M］. 成都：西南财经大学出版社，2009.

武文珍，陈启杰．基于共创价值视角的顾客参与行为对其满意和行为意向的影响［J］. 管理评论，2017，29（9）：167-180.

谢佩洪，魏农建，刘霞．转型时期我国B2C电子商务中顾客满意度影响因素的实证研究［J］. 科研管理，2011，32（10）：109-117.

谢毅，彭泗清．品牌信任和品牌情感对口碑传播的影响：态度和态度不确定性的作用［J］. 管理评论，2014，26（2）：80-91.

严中华，关士续，米加宁．基于制度的B2B电子商务信任模式的理论研究［J］. 科研管理，2004，25（2）：76-81.

阎国利．眼动分析法在广告心理学研究中的应用［J］. 心理学动态，1999，7（4）：50-53.

阎俊，蒋音波，常亚平．网络口碑动机与口碑行为的关系研究［J］. 管理评论，2011，23（12）：84-91.

杨德锋，江霞，赵平．奖励能改变分享者原有的品牌至爱吗——奖励在体验分享中的影响研究［J］. 南开管理评论，2014，17（3）：4-18.

杨德锋，王新新．2-梯队自有品牌感知质量，感知价值，品牌知识和态度对商店忠诚的影响作用［J］. 营销科学学报，2008，4（1）：69-85.

杨德锋，王新新．价格促销对品牌资产的影响：竞争反应的调节作用［J］. 南开管理评论，2008，(3)：20-30.

杨特，邵建红．推荐奖励计划下口碑对消费者购买意愿影响的实证研究［J］．山东社会科学，2015（S2）：197-198.

姚山季，王永贵．顾客参与新产品开发及其绩效影响：关系嵌入的中介机制［J］．管理工程学报，2012，26（4）：39-48.

殷国鹏．消费者认为怎样的在线评论更有用？——社会性因素的影响效应［J］．管理世界，2012，12：115-124.

于春玲，王霞，包呼和．奖励推荐计划口碑对接收者的影响［J］．南开管理评论，2011，14（4）：59-68.

曾慧，郝辽钢．不同促销方式对促销效果的影响研究［J］．信息系统学报，2016，16：51-62.

曾慧，郝辽钢，于贞朋．好评奖励能改变消费者的在线评论吗？——奖励计划在网络口碑中的影响研究［J］．管理评论，2018，30（2）：117-126.

曾慧．促销框架对消费者反应的影响研究［D］．西南交通大学，2017.

张德鹏，林萌菲，陈晓雁，等．顾客参与创新对口碑推荐意愿的影响研究：心理所有权的中介作用［J］．管理评论，2015，27（12）：131-140.

张辉，白长虹，牛振邦．品牌心理所有权、品牌承诺与品牌公民行为关系研究［J］．管理科学，2012，25（4）：79-90.

张黎，范亭亭，王文博．降价表述方式与消费者感知的降价幅度和购买意愿［J］．南开管理评论，2007，10（3）：19-28.

张舒，王成强，李强，李慧．在线社会网络环境下基于朋友圈的推荐［J］．南京师大学报（自然科学版），2018，41（04）：72-78.

张晓飞，董大海．网络口碑传播机制研究述评［J］．管理评论，2011，23（2）：88-92.

张欣，姚山季，王永贵．顾客参与新产品开发的驱动因素：关系视角的影响机制［J］．管理评论，2014，26（5）：99-110.

张艳辉，李宗伟，赵诣成．基于淘宝网评论数据的信息质量对在线评论有用性的影响［J］．管理学报，2017，14（1）：77-85.

张跃先，吴美芝，马钦海．免费赠品会让顾客欣喜吗？——利益一致性框架下的观点［J］．东北大学学报（社会科学版），2021，23（02）：38-47.

张正林，杨小红．顾客参与、顾客满意与顾客信任的作用机制研究——基于两种自律导向的调节分析［J］．预测，2016，35（1）：43-48.

赵大丽，孙道银，张铁山．社会资本对微信朋友圈用户知识共享意愿的影响研究［J］．情报理论与实践，2016，39（03）：102-107.

赵海霞，李一鸣．大学生微信朋友圈转发行为与动机对内容提供商的启示［J］．图书馆学研究，2018 (17)：41-47.

赵建彬，景奉杰，余樱．品牌社群顾客间互动、心理契约与忠诚关系研究 [J]. 经济经纬，2015，32 (3)：96-101.

周丹，姚忠，窦一凡．消费者预算约束对推荐奖励策略的影响研究 [J]. 管理科学学报，2017，20 (8)：80-92.

周瑞春．网络消费社会中的共同体想象与重构——以“羊毛党”网络民族志考察为例 [J]. 河南师范大学学报（哲学社会科学版），2020，47 (05)：74-82.

朱桂阳，贾涛，林峰．短期折扣及买赠促销下非即时易腐品订货策略 [J]. 工业工程与管理，2019，24 (05)：1-8+15.

朱翊敏，于洪彦．奖励额度、分配方案与关系强度对网络推荐意愿的影响 [J]. 经济经纬，2015，32 (05)：120-125.

朱翊敏，于洪彦．奖励类型与调节聚焦对顾客推荐意愿的影响研究 [J]. 商业经济与管理，2016，291 (1)：43-52.

朱翊敏，周素红，刘容．推荐奖励计划中消费者意愿研究 [J]. 商业研究，2011 (08)：83-90.

朱翊敏．奖励额度和努力程度对网络推荐意愿的影响—关系强度的调节作用 [J]. 软科学，2013，27 (10)：10-15.

朱至文，张黎．客户推荐计划对现有客户忠诚度的影响 [J]. 商业经济与管理，2016 (01)：53-61.

邹开亮，王米娜．《民法典》救济标价错误网络商家合同权益的路径初探——以“羊毛党”恶意下单现象为例 [J]. 价格理论与实践，2020 (08)：29-33.

“Phil” Klaus P, Maklan S. EXQ: A multiple-item Scale for Assessing Service Experience [J]. Journal of Service Management, 2012, 23 (1): 5-33.

Aaker J L, Lee A Y. “I” seek pleasures and “we” avoid pains: The role of self-regulatory goals in information processing and persuasion [J]. Journal of Consumer Research, 2001, 28 (1): 33-49.

Aaker J L, Williams P. Empathy versus pride: the influence of emotional appeals across cultures [J]. Journal of Consumer Research, 1998, 25 (2): 241-261.

Aaker J L. Accessibility or diagnosticity? Disentangling the influence of culture on persuasion processes and attitudes [J]. Journal of Consumer Research, 2000, 26 (4): 340-357.

Agarwal S, Teas R K. Cross-national applicability of a perceived risk-value model [J]. Journal of Product & Brand Management, 2004, 13 (4): 242-256.

Aggarwal P, Vaidyanathan R. Use it or lose it: Purchase acceleration effects of time-limited promotions [J]. Journal of Consumer Behaviour, 2003, 2 (4): 393-403.

Allenby G M, Rossi P E. Quality perceptions and asymmetric switching between brands [J]. Marketing science, 1991, 10 (3): 185-204.

Athaide G A, Stump R L, Joshi A W. Understanding new product co-development relationships in technology-based, industrial Markets [J]. Journal of Marketing Theory and Practice, 2003, 11 (3): 46-58.

Avey J B, Avolio B J, Crossley C D, et al. Psychological ownership: theoretical extensions, measurement and relation to work outcomes [J]. Journal of Organizational Behavior, 2009, 30 (2): 173-191.

Avnet T, Higgins E T. How Regulatory Fit Affects Value in Consumer Choices and Opinions [J]. Journal of Marketing Research, 2006, 43 (1): 24-27.

Ayoun B M, Moreo P J. The influence of the cultural dimension of uncertainty avoidance on business strategy development: a cross-national study of hotel managers [J]. International Journal of Hospitality Management, 2008, 27 (1): 65-75.

Bai X, Yan G, Liversedge S, et al. Reading spaced and unspaced Chinese text: evidence from eye movements [J]. Journal of Experimental Psychology: Human Perception and Performance, 2008, 34 (5): 1277-1287.

Baron R M, Kenny D A. The moderator - mediator variable distinction in social psychological research: conceptual, strategic, and statistical considerations [J]. Journal of Personality and Social Psychology, 1986, 51 (6): 1173-1182.

Bauer R A. Consumer behavior as risk taking [J]. Dynamic marketing for a changing world, 1960: 398.

Bei L T, Simpson E M. The determinants of consumers' purchase decisions for recycled products: an application of acquisition - transaction utility theory [J]. Advances in consumer research, 1995, 22: 257-257.

Bell D E. Regret in decision making under uncertainty [J]. Operations research, 1982, 30: 961-981.

Beneke J, Greene A, Lok I, et al. The influence of perceived risk on purchase intent - the case of premium grocery private label brands in South Africa [J]. Journal of Product & Brand Management, 2012, 21 (1): 4-14.

Biswas A, Blair E A. Contextual effects of reference prices in retail advertisements [J]. The Journal of Marketing, 1991: 1-12.

Bitner M J, Faranda W T, Hubbert A R. Customer contributions and roles in service delivery [J]. International Journal of Service Industry Management, 1997, 8 (3): 193-205.

Biyalogorsky E, Gerstner E, Libai B. Customer Referral Management: Optimal Reward Programs [J]. Marketing Science, 2001, 20 (1): 82 - 95.

Blattberg R C, Neslin S A. Sales promotion: Concepts, methods, and strategies [M]. Prentice Hall, 1990.

Blattberg R C, Wisniewski K J. Price - induced patterns of competition [J]. Marketing science, 1989, 8 (4): 291 - 309.

Blodgett J G, Hill D J, Tax S S. The effects of distributive, procedural, and interactional justice on post complaint behavior [J]. Journal of Retailing, 1997, 73 (2): 185 - 210.

Bolton R, Saxena - Iyer S. Interactive services: a framework, synthesis and research directions [J]. Journal of Interactive Marketing, 2009, 23 (1): 91 - 104.

Bolton R N, Kannan P K, Bramlett M D. Implications of Loyalty Program Membership and Service Experiences for Customer Retention and Value [J]. Journal of the Academy of Marketing Science, 2000, 28 (1): 95 - 108.

Bonner J M, Walker O C. Selecting influential business - to - business customers in new product development: relational embeddedness and knowledge heterogeneity considerations [J]. Journal of Product Innovation Management, 2004, 21 (3): 155 - 169.

Brehm J W. A Theory of Psychological Reactance [M]. New York: Academic Press, 1966.

Buil I, de Chernatony L, Martínez E. Examining the role of advertising and sales promotions in brand equity creation [J]. Journal of Business Research, 2013: 115 - 122.

Buil I, Martínez E, de Chernatony L. The influence of brand equity on consumer responses [J]. Journal of Consumer Marketing, 2013, 30 (1): 62 - 74.

Byoungho J, Jin Yong P, Jiyoung K. Cross - cultural examination of the relationships among firm reputation, e - satisfaction, e - trust, and e - loyalty [J]. International Marketing Review, 2008, 25 (3): 324 - 337.

Cacioppo J T, Petty R E. Effects of message repetition and position on cognitive response, recall, and persuasion [J]. Journal of personality and social psychology, 1979, 37 (1): 97.

Cai S, Xu Y. Effects of outcome, process and shopping enjoyment on online consumer behavior [J]. Electronic Commerce Research and Applications, 2007, 5 (4): 272 - 281.

Campbell L, Diamond W D. Effects of framing on the perception of sales promotions [C] //Rotzoll K B. Annual Conferences of the American Academy of Advertising, San Diego. 1989.

Casaló L V, Flavián C, Guinalíu M, et al. Avoiding the Dark Side of Positive Online Consumer Reviews: Enhancing Reviews' Usefulness for High Risk - Averse Travelers [J]. Journal of Business Research, 2015, 68 (9): 1829 - 1835.

Cesario J, Grant H, Higgins E T. Regulatory fit and persuasion: Transfer from "feeling right" [J]. Journal of personality and social psychology, 2004, 86 (3): 388 - 404.

Chan K W, Chi K Y, Lam S S K. Is customer participation in value creation a double - edged sword? Evidence from professional financial services across cultures [J]. Journal of Marketing, 2010, 74 (3): 48 - 64.

Chang C C, Chen H Y, Huang I C. The Interplay between customer participation and difficulty of design examples in the online designing process and its effect on customer satisfaction: mediational analyses [J]. Cyberpsychology & Behavior, 2009, 12 (2): 147 - 154.

Chang E C, Tseng Y F. Research note: e - store image, perceived value and perceived risk [J]. Journal of Business Research, 2013, 66 (7): 864 - 870.

Chatterjee P, Irmak C, Rose R L. The Endowment effect as self - enhancement in response to threat [J]. Journal of Consumer Research, 2013, 40 (3): 460 - 476.

Chatterjee P. Framing online promotions: shipping price inflation and deal value perceptions [J]. Journal of Product & Brand Management, 2011, 20 (1): 65 - 74.

Chen S F S, Monroe K B, Lou Y C. The effects of framing price promotion messages on consumers' perceptions and purchase intentions [J]. Journal of Retailing, 1998, 74 (3): 353 - 372.

Chen Y, Xie J. Online Consumer Review: Word - of - Mouth as a New Element of Marketing Communication Mix [J]. Management Science, 2008, 54 (3): 477 - 491.

Chernev A. Goal - Attribute Compatibility in Consumer Choice [J]. Journal of Consumer Psychology, 2004, 14 (1 - 2): 141 - 150.

Chiang H H, Lin H Y, Tu S C. Analyzing behaviors influencing use of mobile coupons from the perspective of transaction utility [J]. Social Behavior and Personality: an international journal, 2013, 41 (3): 433 - 441.

Chien S H, Chen Y H, Hsu C Y. Exploring the impact of trust and relational embeddedness in e - marketplaces: an empirical study in Taiwan [J]. Industrial Marketing Management, 2012, 41: 460 - 468.

Choi S, Kim M A. Comparative study of perceptions toward scratch and save promotions in Canada and Korea [J]. Journal of Product & Brand Management, 2008, 17 (4): 265 - 271.

Cohen J B. Involvement: Separating the State from its Causes and Effects [R]. presented at the NYU Symposium Involvement, June, 1982.

Crespo - Almendros E, Del Barrio - García S, Alcántara - Pilar J M. What type of online sales promotion do airline users prefer? Analysis of the moderating role of users' online experience level [J]. Tourism & Management Studies, 2015, 11 (1): 52 - 61.

Crespo - Almendros E, Del Barrio - García S. Do online discounts and free gifts damage brand image of service? The moderating role of promotion - proneness [J]. Service Business, 2016, 10 (1): 31 - 58.

Darke P R, Chung C M. Effects of pricing and promotion on consumer perceptions: it depends on how you frame it [J]. Journal of Retailing, 2005, 81 (1): 35 - 47.

Della Bitta A J, Monroe K B, Mcginnis J M. Consumer perceptions of comparative price advertisements [J]. Journal of marketing research, 1981: 416 - 427.

Delvecchio D, Lakshmanan A, Krishnan H S. The Effects of Discount Location and Frame on Consumers' Price Estimates [J]. Journal of Retailing, 2009, 85 (3): 336 - 346.

Dholakia U M. An Investigation of the Relationship Between Perceived Risk and Product Involvement [J]. Advances In Consumer Research, 1997, 24 (1): 159 - 167.

Diamond L. Economic development and democracy reconsidered [J]. American Behavioral Scientist, 1992, 35 (4/5): 450.

Diamond W D, Campbell L. The Framing of Sales Promotions: Effects on Reference Price Change [J]. Advances In Consumer Research, 1989, 16 (1): 241 - 247.

Diamond W D, Johnson R R. The Framing of Sales Promotions: An Approach to Classification [J]. Advances In Consumer Research, 1990, 17 (1): 494 - 500.

Diamond W D, Sanyal A. The Effect of Framing on the Choice of Supermarket Coupons [J]. Advances in Consumer Research, 1990, 17 (1): 488 - 493.

Dobele A, White C, Minh D P, et al. The impact of extrinsic and intrinsic rewards on referral strength in a professional service context [A] //ANZMAC: Shifting the Focus from Mainstream to Offbeat [C]. Sydney, Australia, 2008, 12: 1 - 3.

Dodds W B, Monroe K B, Grewal D. Effects of price, brand, and store information on buyers' product evaluations [J]. Journal of marketing research, 1991: 307 - 319.

Dodds W B. In search of value: how price and store name information influence buyers' product perceptions [J]. Journal of Services Marketing, 1991, 5 (3): 27 - 36.

Dosi G. Technological paradigms and technological trajectories: A suggested interpretation of the determinants and directions of technical change [J]. Research Policy, 1982, 11 (3): 147 - 162.

Doti J L, Sharir S. Households' grocery shopping behavior in the short - run: theory and evidence [J]. Economic Inquiry, 1981, 19 (2): 196 - 208.

Dyne L V, Pierce J L. Psychological ownership and feelings of possession: three field studies predicting employee attitudes and organizational citizenship behavior [J]. Journal of Organizational Behavior, 2004, 25 (4): 439 - 459.

ECST Technical Committee. European customer satisfaction index - foundation and structure for harmonized national pilot projects [R]. Report Prepared for the ECSI Steering Committee, 1998.

Eisenbeiss M, Wilken R, Skiera B, et al. What makes deal - of - the - day promotions really effective? The interplay of discount and time constraint with product type [J]. International Journal of Research in Marketing, 2015, 32 (4): 387 - 397.

Eisingerich A B, Rubera G. Drivers of brand commitment: A cross - national investigation [J]. Journal of International Marketing, 2010, 18 (2): 64 - 79.

Engelen A, Brettel M. Assessing cross - cultural marketing theory and research. Journal of Business Research [J]. Journal of Business Research, 2011, 64 (5): 516 - 523.

Farquhar P H. Managing Brand Equity [J]. Marketing Research, 1989, (30): 24 - 33.

Farquhar P H. Managing brand equity [J]. Journal of Advertising Research, 1990, 30 (4): 7 - 12.

Festinger L. A theory of cognitive dissonance [M]. Stanford university press, 1962.

Filieri R. What Makes an Online Consumer Review Trustworthy? [J]. Annals of Tourism Research, 2016, 58: 46 - 64.

Filieri R. What Makes Online Reviews Helpful? A Diagnosticity - Adoption Framework to Explain Informational and Normative Influences in E - WOM [J]. Journal of Business Research, 2015, 68 (6): 1261 - 1270.

Fishbein M, Ajzen I. Belief, attitude, intention, and behavior: An introduction to theory and research [M]. Massaehusetts: Addison - Wesley Publishing Company, 1975.

Folkes V S. Consumer Reactions to Product Failure: an Attributional Approach [J]. Journal of Consumer Research, 1984, 10 (4): 398 - 409.

Franke N, Schreier M, Kaiser U. The "I Designed It Myself" effect in mass customization [J]. Management Science, 2010, 56 (1): 125 - 140.

Fuchs C, Prandelli E, Schreier M. The psychological effects of empowerment strategies on consumers' product demand [J]. Journal of Marketing, 2010, 74 (1): 65 - 79.

Gamliel E, Herstein R. Effects of message framing and involvement on price deal effectiveness [J]. European journal of marketing, 2012, 46 (9): 1215 - 1232.

Gefen D, Straub D W. Consumer trust in B2C e - commerce and the importance of social presence: experiments in e - products and e - services [J]. Omega, 2004, 32 (6): 407 - 424.

Gefen D. E - commerce: the role of familiarity and trust [J]. Omega, 2000, 28 (6): 725 - 737.

Gilbert D, Jackaria N. The efficacy of sales promotions in UK supermarkets: a consumer view [J]. International Journal of Retail & Distribution Management, 2002, 30 (6): 315 - 322.

Gneezy U, Meier S, Rey - Biel P. When and Why Incentives (don't) Work to Modify Behavior [J]. The Journal of Economic Perspectives, 2011, 25 (4): 191 - 209.

Gneezy U, Rustichini A. Pay Enough or Don't Pay at All [J]. The Quarterly Journal of Economics, 2000, 115 (3): 791 - 810.

Granovetter M. Problems of explanation in economic sociology [J]. Networks & Organizations Structure, 1992, 12: 25 - 56.

Green L. Differential responses to retail sales promotion among African - American and Anglo - American consumers [J]. Journal of Retailing, 1995, 71 (1): 83 - 93.

Grewal D, Monroe K B, Krishnan R. The effects of price - comparison advertising on buyers' perceptions of acquisition value, transaction value, and behavioral intentions [J]. The Journal of Marketing, 1998: 46 - 59.

Hamilton R W, Biehal G J. Achieving your goals or protecting their future? The effects of self - view on goals and choices [J]. Journal of Consumer Research, 2005, 32 (2): 277 - 283.

Hardesty D M, Bearden W O. Consumer evaluations of different promotion types and price presentations: the moderating role of promotional benefit level [J]. Journal of Retailing, 2003, 79 (1): 17 - 25.

Harris L C, Goode M M. The four levels of loyalty and the pivotal role of trust: a study of online service dynamics [J]. Journal of Retailing, 2004, 80 (2): 139 - 158.

Hayes A F, Preacher K J, Myers T A. Mediation and the estimation of indirect effects in political communication research [M]. New York: Routledge, 2011.

Hayes A F. An introduction to mediation, moderation, and conditional process analysis: A regression - based approach [M]. New York, Guilford Press, NY, USA, 2013.

Heikkilä J. From supply to demand chain management: efficiency and customer satisfaction [J]. Journal of Operations Management, 2002, 20 (6): 747 - 767.

Hennig - Thurau T, Gwinner K P, Walsh G, et al. Electronic Word - of - Mouth via

Consumer - Opinion Platforms: What Motivates Consumers to Articulate Themselves on the Internet? [J]. Journal of Interactive Marketing, 2004, 18 (1): 38 - 52.

Herr P M. Priming price: Prior knowledge and context effects [J]. Journal of Consumer Research, 1989: 67 - 75.

Hicks A, Comp S, Horovitz J, et al. Why People Use Yelp. com: An Exploration of Uses and Gratifications [J]. Computers in Human Behavior, 2012, 28 (6): 2274 - 2279.

Higgins E T. Beyond pleasure and pain [J]. American Psychologist, 1997, 52 (12): 1280 - 300.

Higgins E T. Making a good decision: value from fit [J]. American Psychologist, 2000, 55 (11): 1217 - 1230.

Higgins T, Tykocinski O. Self - Discrepancies and Biographical Memory: Personality and Cognition at the Level of Psychological Situation [J]. Personality & Social Psychology Bulletin, 1992, 18 (5): 527 - 535.

Hofstede G H. Culture's consequences: comparing values, behaviors institutions and organizations across nations [M]. Thousand Oaks, CA: Sage Publications, 2001.

Holbrook M B. Integrating compositional and decompositional analyses to represent the intervening role of perceptions in evaluative judgments [J]. Journal of Marketing Research, 1981, 18 (4): 13 - 26.

Hosmer L T. Trust: The connecting link between organizational theory and philosophical ethics [J]. Academy of management Review, 1995, 20 (2): 379 - 403.

Hovland C I, Rosenberg M J. Attitude organization and change [M]. Yale University Press, 1960.

Hubbert A R. Customer co - creation of service outcomes: effects of locus of causality attributions [D]. Unpublished doctoral dissertation, Arizona State University, 1995.

Huff L C, Alden D L. An investigation of consumer response to sales promotion in developing markets: a three country analysis [J]. Advances in Consumer Research, 1999, 26: 41 - 42.

Inman J J, Mcalister L. Do Coupon Expiration Dates Affect Consumer Behavior? [J]. Journal of Marketing Research, 1994 (31): 423 - 428.

Inman J, Peter A C, Raghubir P. Framing the deal: The role of restrictions in accentuating deal value [J]. Journal of Consumer Research, 1997, 24 (1): 68 - 79.

Ioannou M, Rusu O. Consumer - Based Brand Equity: A Cross - Cultural Perspective [J]. Journal of Promotion Management, 2012, 18 (3): 344 - 360.

Jahandideh B, Golmohammadi A, Meng F, et al. Cross - cultural comparison of Chinese and Arab consumer complaint behavior in the hotel context. [J]. International Journal of Hospitality Management, 2014, 41: 67-76.

Jain S P, Maheswaran D. For Better or For Worse? Valenced Comparative Frames and Regulatory Focus [J]. Journal of Consumer Research, 2007, 34 (1): 57-65.

Janis I L, Mann L. Decision Making: A Psychological Analysis of Conflict, Choice, and Commitment [M]. Free Press, 1997.

Jin B, Yong Park J, Kim J. Cross-cultural examination of the relationships among firm reputation, e-satisfaction, e-trust, and e-loyalty [J]. International Marketing Review, 2008, 25 (3): 324-337.

Jin L Y, Huang Y H. When giving money does not work: The differential effects of monetary versus in-kind rewards in referral reward programs [J]. International Journal of Research in Marketing, 2014, 31 (1): 107-116.

Jo M S, Sarigollu E. Cross-cultural differences of price-perceived quality relationships [J]. Journal of International Consumer Marketing, 2007, 19 (4): 59-74.

Jonas E, Graupmann V, Kayser D N, et al. Culture, self, and the emergence of reactance: Is there a "universal" freedom? [J]. Journal of experimental social psychology, 2009, 45 (5): 1068-1080.

Kahnema D, Miller D T. Norm Theory: Comparing Reality To Its Alternatives [J]. Psychological Review, 1986, 93 (2): 136-153.

Kahneman D, Tversky A. Prospect theory: An analysis of decision under risk [J]. Econometrica: Journal of the Econometric Society, 1979: 263-291.

Kamleitner B, Feuchtl S. "As if It Were Mine": Imagery works by inducing psychological ownership [J]. Journal of Marketing Theory & Practice, 2015, 23 (2): 208-223.

Kim H M, Kramer T. The moderating effects of need for cognition and cognitive effort on responses to multi-dimensional prices [J]. Marketing Letters, 2006, 17 (3): 193-203.

Kotler P. Marketing management [M]. Pearson Education India, 2009.

Kotler P. Marketing management: Analysis, planning, implementation, and control [M]. Prentice-Hall Englewood Cliffs, 1988.

Koufaris M, Hampton-Sosa W. The development of initial trust in an online company by new customers [J]. Information & Management, 2004, 41 (3): 377-397.

Kramer T, Kim H M. Processing fluency versus novelty effects in deal perceptions [J]. Journal of Product & Brand Management, 2007, 16 (2): 142-147.

Kuester M, Benkenstein M. Turning Dissatisfied into Satisfied Customers: How Referral

Reward Programs Affect the Referrer's Attitude and Loyalty toward the Recommended Service Provider [J]. Journal of Retailing and Consumer Services, 2014, 21 (6): 897-904.

Kühberger A. The framing of decisions: A new look at old problems [J]. Organizational Behavior and Human Decision Processes, 1995, 62 (2): 230-240.

Lalwani A K, Shavitt S. You get what you pay for? Self-construal influences price-quality judgments [J]. Journal of Consumer Research, 2013, 40 (2): 255-267.

Lan X, Monroe K B. The influence of pre-purchase goals on consumers' perceptions of price promotions [J]. International Journal of Retail & Distribution Management, 2009, 37 (8): 680-694.

Landman J. Regret Persistence of the Possible [M]. New York: Oxford University Press, 1993.

Laroche M, Pons F, Zgolli N, et al. Consumers use of price promotions: a model and its potential moderators [J]. Journal of Retailing and Consumer Services, 2001, 8 (5): 251-260.

Lee A Y, Aaker J L. Bringing the frame into focus: the influence of regulatory fit on processing fluency and persuasion. [J]. Journal of Personality & Social Psychology, 2004, 86 (2): 205-218.

Lee A Y, Keller P A, Sternthal B. Value from Regulatory Construal Fit: The Persuasive Impact of Fit between Consumer Goals and Message Concreteness [J]. Journal of Consumer Research, 2010, 36 (5): 735-747.

Lee E M, Jeon J O, Li Q, et al. The differential effectiveness of scarcity message type on impulse buying: A cross-cultural study [J]. Journal of Global Scholars of Marketing Science, 2015, 25 (2): 142-152.

Lee E, Shin S Y. When do Consumers Buy Online Product Reviews? Effects of Review Quality, Product Type, and Reviewer's Photo [J]. Computers in Human Behavior, 2014, 31 (1): 356-366.

Lee J N, Choi B. Effects of initial and ongoing trust in IT outsourcing: A bilateral perspective [J]. Information & Management, 2011, 48 (2): 96-105.

Lee M K, Turban E. A trust model for consumer internet shopping [J]. International Journal of electronic commerce, 2001, 6: 75-92.

Levin I P, Gaeth, G J. How consumers are affected by the framing of attribute information before and after consuming the product [J]. Journal of Consumer Research, 1988: 374-378.

Levin I P, Schneider S L, Gaeth G J. All frames are not created equal: A typology and critical analysis of framing effects [J]. Organizational Behavior and Human Decision Processes, 1998, 76 (2): 149 - 188.

Li S, Sun Y, Wang Y. 50% off or buy one get one free? Frame preference as a function of consumable nature in dairy products [J]. The Journal of Social Psychology, 2007, 147 (4): 413 - 421.

Liang T P, Turban E. Social Commerce: A Research Framework for Social Commerce [J]. International Journal of Electronic Commerce, 2011, 16 (2): 5 - 13.

Lichtenstein D R, Bearden W O. Contextual influences on perceptions of merchant - supplied reference prices [J]. Journal of Consumer Research, 1989: 55 - 66.

Lichtenstein D R, Netemeyer R G, Burton S. Distinguishing coupon proneness from value consciousness: an acquisition - transaction utility theory perspective [J]. The Journal of Marketing, 1990: 54 - 67.

Liu H H, Chou H Y. The effects of promotional frames of sales packages on perceived price increases and repurchase intentions [J]. International Journal of Research in Marketing, 2015, 32 (1): 23 - 33.

Long M M, Schiffman L G. Consumption Values and Relationships: Segmenting the Market for Frequency Programs [J]. Journal of Consumer Marketing, 2000, 17 (3): 214 - 232.

Loomes G, Sugden R. Regret theory: an alternative theory of rational choice under uncertainty [J]. The Economic Journal, 1982 (92): 805 - 824.

Lowe B. Consumer perceptions of extra free product promotions and discounts: the moderating role of perceived performance risk [J]. Journal of Product & Brand Management, 2010, 19 (7): 496 - 503.

Mansour K B, Kooli K, Utama R. Online trust antecedents and their consequences on purchase intention: an integrative approach [J]. Journal of Customer Behaviour, 2014, 13 (1): 25 - 42.

Martinez - Conde S, Macknik S L, Hubel D H. The role of factional eye movements in visual perception [J]. Nature Reviews Neuroscience, 2004, 5 (3): 229 - 240.

Mayer R C, Davis J H, Schoorman F D. An integrative model of organizational trust [J]. Academy of Management Review, 1995, 20 (3): 709 - 734.

McKnight D H, Choudhury V, Kacmar C. The Impact of Initial Consumer Trust on Intentions to Transact with a Website: A Trust Building Model [J]. Journal of Strategic Information Systems, 2002, 11 (3): 297 - 323.

Meyers - Levy J, Maheswaran D. Exploring message framing outcomes when systematic, heuristic, or both types of processing occur [J]. Journal of Consumer Psychology, 2004, 14 (1): 159 - 167.

Milfelner B, Snoj B, Korda A P. Measurement of Perceived Quality, Perceived Value, Image, and Satisfaction Interrelations of Hotel Services: Comparison of Tourists from Slovenia and Italy [J]. Društvena istraživanja - Časopis za opća društvena pitanja, 2011 (3): 602 - 624.

Monroe K B. Buyers' Subjective Perceptions of Price [J]. Journal of Marketing Research, 1973, 10: 70 - 80.

Moon J, Chadee D, Tikoo S. Culture, product type, and price influences on consumer purchase intention to buy personalized products online [J]. Journal of Business Research, 2008, 61 (1): 31 - 39.

Mudambi S M, Schuff D. What Makes a Helpful Online Review? A study of Customer Reviews on Amazon. Com [J]. MIS Quarterly, 2010, 34 (1): 185 - 200.

Munger J L, Grewal D. The effects of alternative price promotional methods on consumers' product evaluations and purchase intentions [J]. Journal of Product & Brand Management, 2001, 10 (3): 185 - 197.

Ndubisi N O, Malhotra N K, Ulas D, et al. Examining uncertainty avoidance, relationship quality, and customer loyalty in two cultures [J]. Journal of International Consumer Marketing, 2012, 24 (5): 320 - 337.

Olander F. The influence of price on the consumer's evaluation of products and purchases [J]. Pricing strategy, 1970: 50 - 69.

Oliver R L, Swan J E. Consumer Perceptions of Interpersonal Equity and Satisfaction in Transactions: A Field Survey Approach [J]. Journal of Marketing, 1989, 53 (2): 21 - 35.

Pacheco B G, Rahman A. Effects of sales promotion type and promotion depth on consumer perceptions: the moderating role of retailer reputation [J]. The International Review of Retail, Distribution and Consumer Research, 2015, 25 (1): 72 - 86.

Palazon M, Delgado - Ballester E. Effectiveness of price discounts and premium promotions [J]. Psychology and Marketing, 2009, 26 (12): 1108 - 1129.

Palazon V M, Delgado - Ballester E. Sales promotions effects on consumer - based brand equity [J]. International Journal of Marketing Research, 2005, 47 (2): 179 - 204.

Park D H, Lee J, Han I. The Effect of Online Consumer Reviews on Consumer Purchasing Intention: The Moderating Role of Involvement [J]. International Journal of Electronic Commerce, 2007, 11 (4): 125 - 148.

Peck J, Shu S B. The effect of mere touch on perceived ownership [J]. Journal of

Consumer Research, 2009, 36 (3): 434 - 447.

Pentina I, Amialchuk A, Taylor D G. Exploring Effects of Online Shopping Experiences on Browser Satisfaction and E - tail Performance [J]. International Journal of Retail & Distribution Management, 2011, 39 (10): 742 - 758.

Pierce J L, Jussila I. Collective psychological ownership within the work and organizational context: construct introduction and elaboration [J]. Journal of Organizational Behavior, 2010, 31 (6): 810 - 834.

Pierce J L, Kostova T, Dirks K T. The state of psychological ownership: integrating and extending a century of research [J]. Review of General Psychology, 2003, 7 (1): 84 - 107.

Pike S, Bianchi C, Kerr G, et al. Consumer - based brand equity for Australia as a long - haul tourism destination in an emerging market [J]. International Marketing Review, 2010, 27 (4): 434 - 449.

Pillai K G, Kumar V. Differential effects of value consciousness and coupon proneness on consumers' persuasion knowledge of pricing tactics [J]. Journal of Retailing, 2012, 88 (1): 20 - 33.

Raghubir P, Inman J J, Grande H. The Three Faces of Consumer Promotions [J]. California Management Review, 2004, 46 (4): 23 - 42.

Rao A R, Monroe K B. The effect of price, brand name, and store name on buyers' perceptions of product quality: an integrative review [J]. Journal of marketing research, 1989: 351 - 357.

Rayner K, Liversedge S P, White S J. Eye movements when reading disappearing text: The importance of the word to the right of fixation [J]. Vision research, 2006, 46 (3): 310 - 323.

Reeder G D. Mindreading: Judgments about Intentionality and Motives in Dispositional Inference [J]. Psychological Inquiry, 2009, 20 (1): 1 - 18.

Ritter T, Walter A. Relationship - specific antecedents of customer involvement in new product development [J]. International Journal of Technology Management, 2003, 26 (5 - 6): 482 - 502.

Ruffolo I. The Greening of Hotels in the UK and Italy: A Cross - cultural Study of the Promotion of Environmental Sustainability of Comparable Corporaof Hotel Websites [J]. Procedia - Social and Behavioral Sciences, 2015, 198: 397 - 408.

Ryu G, Feick L. A Penny for Your Thoughts: Referral Reward Programs and Referral Likelihood [J]. Journal Of Marketing, 2007, 71 (1): 84 - 94.

Sawyer A G, Dickson P R. Psychological perspectives on consumer response to sales promotion [J]. Research on Sales Promotion: Collected Papers, 1984: 1-21.

Schlesinger L A, Heskett J L. The Service-Driven Service Company. (cover story) [J]. Harvard Business Review, 1991, 69 (5): 71-81.

Schmitt B. Experiential Marketing [J]. Journal of Marketing Management, 1999, 15 (1-3): 53-67.

Schmitt P, Skiera B, Van den Bulte C. Referral Programs and Customer Value [J]. Journal of Marketing, 2011, 75 (1): 46-59.

Schumann J H, Wangenheim F, Stringfellow A, et al. Cross-cultural differences in the effect of received word-of-mouth referral in relational service exchange [J]. Journal of International Marketing, 2010, 18 (3): 62-80.

Shen F. Perceived fit and deal framing: the moderating effect of perceived fit on sales promotions in line and brand extensions [J]. Journal of Product & Brand Management, 2014, 24 (4): 295-303.

Sinha I, Smith M F. Consumers' perceptions of promotional framing of price [J]. Psychology & Marketing, 2000, 17 (3): 257-275.

Sloot L M, Verhoef P C, Franses P H. The impact of brand equity and the hedonic level of products on consumer stock-out reactions [J]. Journal of Retailing, 2005, 81 (1): 15-34.

Snoj B, Pisnik Korda A, Mumel D. The relationships among perceived quality, perceived risk and perceived product value [J]. Journal of Product & Brand Management, 2004, 13 (3): 156-167.

Srinivasan S S, Anderson R, Ponnavolu K. Customer loyalty in e-commerce: an exploration of its antecedents and consequences [J]. Journal of Retailing, 2002, 78 (1): 41-50.

Suh B, Han I. The impact of customer trust and perception of security control on the acceptance of electronic commerce [J]. International Journal of electronic commerce, 2003, 7: 135-161.

Sundaram D S, Mitra K, Webster C. Word of Mouth Communication: A Motivational Analysis [A] // Alba, J. W. Hutchinson, J. W. (Eds), Advances in Consumer Research, Association for Consumer Research, Provo, UT, 1998: 527-531.

Svenson O, Maule A J. Time Pressure and Stress in Human Judgment and Decision Making [M]. New York: Plenum, 1993.

Swan J E, Oliver R L. Postpurchase Communications by Consumers [J]. Journal of

Retailing, 1989, 65 (4): 516 - 533.

Thaler R. Mental accounting and consumer choice [J]. Marketing science, 1985, 4 (3): 199 - 214.

Thaler R. Transaction Utility Theory [J]. Advances in consumer research, 1983, 10 (1): 296 - 301.

Tsai H T, Bagozzi R P. Contribution Behavior in Virtual Communities: Cognitive, Emotional and Social Influence [J]. MIS Q, 2014, 38 (1): 143 - 163.

Uzzi B. Social structure and competition in interfirm networks: the paradox of embeddedness [J]. Administrative Science Quarterly, 1997, 42 (1): 35 - 67.

Valette - Florence P, Guizani H, Merunka D. The impact of brand personality and sales promotions on brand equity [J]. Journal of Business Research, 2011, 64 (1): 24 - 28.

Vaughn R. How advertising works: A planning model revisited [J]. Journal of Advertising Research, 1986, 26 (1): 57 - 63.

Verlegh P W, Ryu G, Tuk M A, et al. Receiver Responses to Rewarded Referrals: the Motive Inferences Framework [J]. Journal of the Academy of Marketing Science, 2013, 41 (6): 669 - 682.

Vieira V A. Antecedents and consequences of perceived value: a metaanalytical perspective [J]. Journal of Customer Behaviour, 2013, 12 (2/3): 111 - 133.

Villarejo - Ramos A F, Sánchez - Franco M J. The impact of marketing communication and price promotion on brand equity [J]. The Journal of Brand Management, 2005, 12 (6): 431 - 444.

Walczuch R, Lundgren H. Psychological Antecedents of Institution - based Consumer Trust in E - retailing [J]. Information & Management, 2004, 42 (1): 159 - 177.

Wangenheim F V, Bayon T. The Chain from Customer Satisfaction Via Word - of - Mouth Referrals to New Customer Acquisition [J]. Journal of the Academy of Marketing Science, 2007, 35 (2): 233 - 249.

Wansink B, Kent R J, Hoch S J. An anchoring and adjustment model of purchase quantity decisions [J]. Journal of Marketing Research, 1998, 35 (1): 71 - 81.

Watson D G, Inglis M. Eye movements and time - based selection: Where do the eyes go in preview search? [J]. Psychonomic bulletin & review, 2007, 14 (5): 852 - 857.

Wirtz J, Chew P. The effects of incentives, deal proneness, satisfaction and tie strength on word - of - mouth behaviour [J]. International Journal Of Service Industry Management, 2002, 13 (2): 141.

Wolfinbarger M, Gilly M C. eTailQ: dimensionalizing, measuring and predicting etail quality [J]. Journal of Retailing, 2003, 79 (3): 183 - 198.

Wu L Y, Chen K Y, Chen P Y, et al. Perceived value, transaction cost, and repurchase - intention in online shopping: A relational exchange perspective [J]. Journal of Business Research, 2014, 67 (1): 2768 - 2776.

Xiao T. A cross - national investigation of an extended technology acceptance model in the online shopping context [J]. International Journal of Retail & Distribution Management, 2010, 38 (10): 742 - 759.

Yang Z, Jun M, Peterson R T. Measuring customer perceived online service quality: scale development and managerial implications [J]. International Journal of Operations & Production Management, 2004, 24 (11): 1149 - 1174.

Ye Q, Law R, Gu B, et al. The influence of user - generated content on traveler behavior: An empirical investigation on the effects of e - word - of - mouth to hotel online bookings [J]. Computers In Human Behavior, 2011, 27 (2): 634 - 639.

Yeshin T. Sales promotion [M]. Cengage Learning EMEA, 2006.

Yoo B, Donthu N, Lee S. An examination of selected marketing mix elements and brand equity [J]. Journal of the Academy of Marketing Science, 2000, 28 (2): 195 - 211.

Yoo B, Donthu N. Developing and validating a multidimensional consumer - based brand equity scale [J]. Journal of Business Research, 2001, 52 (1): 1 - 14.

Yoon S J. The antecedents and consequences of trust in online - purchase decisions [J]. Journal of interactive marketing, 2002, 16 (2): 47 - 63.

Yu Z, Zeng H, Hao L. The Easier You Get It, the Less You Cherish It? Research on the Influence of Coupon Issuing Methods on Consumers from the Perspective of Psychological Ownership [J]. Service Industries Journal, 2021. https: //doi. org/10. 1080/02642069. 2021. 1921153.

Zeithaml V A, Berry L L, Parasuraman A. The Behavioral Consequences of Service Quality [J]. Journal of Marketing, 1996, 60 (2): 31 - 46.

Zeithaml V A. Consumer perceptions of price, quality and value: A means - end model and synthesis of evidence [J]. Journal of Marketing, 1988, 52 (3): 2 - 22.

Zhao X, Lynch J G, Chen Q. Reconsidering baron and kenny: Myths and truths about mediation analysis [J]. Journal of Consumer Research, 2010, 37 (2): 197 - 206.

Zhou K Z, Su C, Bao Y. A paradox of price - quality and market efficiency: a comparative study of the US and China markets [J]. International Journal of Research in Marketing, 2002, 19 (4): 349 - 365.

图书在版编目（CIP）数据

促销策略相关理论与实证研究：从普通促销到参与式促销 / 曾慧著. —北京：中国农业出版社，2022.6
ISBN 978－7－109－29467－7

Ⅰ.①促…　Ⅱ.①曾…　Ⅲ.①促销策略—研究　Ⅳ.①F713.3

中国版本图书馆 CIP 数据核字（2022）第 091745 号

中国农业出版社出版
地址：北京市朝阳区麦子店街 18 号楼
邮编：100125
责任编辑：赵　刚
版式设计：杜　然　　责任校对：周丽芳
印刷：北京中兴印刷有限公司
版次：2022 年 6 月第 1 版
印次：2022 年 6 月北京第 1 次印刷
发行：新华书店北京发行所
开本：720mm×960mm　1/16
印张：15.25
字数：230 千字
定价：78.00 元
